本书为教育部人文社会科学研究一般项目（19YJA740060）、广东省普通高校特色创新项目（2018WTSCX088）及广东省教育科学"十三五"规划普通高校哲学社会科学专项（2019GXJK093）的研究成果

语言服务书系·华文教育研究

东盟国家汉语学习者
汉字习得与教学研究

尉万传　著

暨南大学出版社
JINAN UNIVERSITY PRESS

中国·广州

图书在版编目（CIP）数据

东盟国家汉语学习者汉字习得与教学研究／尉万传著 . —广州：暨南大学出版社，2023.3

（语言服务书系. 华文教育研究）
ISBN 978 - 7 -5668 -3582 -6

Ⅰ.①东…　Ⅱ.①尉…　Ⅲ.①汉语—对外汉语教学—教学研究　Ⅳ.①H195.3

中国版本图书馆 CIP 数据核字（2022）第 254967 号

东盟国家汉语学习者汉字习得与教学研究

DONGMENG GUOJIA HANYU XUEXIZHE HANZI XIDE YU JIAOXUE YANJIU

著　者：尉万传

出 版 人：张晋升
策划编辑：杜小陆
责任编辑：刘宇韬
责任校对：刘舜怡　陈皓琳　林玉翠
责任印制：周一丹　郑玉婷

出版发行：暨南大学出版社（511443）
电　　话：总编室（8620）37332601
　　　　　营销部（8620）37332680　37332681　37332682　37332683
传　　真：（8620）37332660（办公室）　37332684（营销部）
网　　址：http：//www.jnupress.com
排　　版：广州良弓广告有限公司
印　　刷：佛山市浩文彩色印刷有限公司
开　　本：787mm×960mm　1/16
印　　张：14
字　　数：285 千
版　　次：2023 年 3 月第 1 版
印　　次：2023 年 3 月第 1 次
定　　价：49.80 元

目　录

引　言

一、研究背景

语言是文化的载体，具备构建民族身份、改善族际相互关系的功能。语言国际传播与国家形象建设之间是良性互动的关系①。世界主要国家十分重视本国语言的推广，把语言的国际推广作为国家战略，视语言的国际地位为国家、民族、文化强盛的重要标志。随着我国国际地位的提升，中华文化的影响力和辐射力日益增强，汉语的二语教学与国际推广已上升至国家战略层面，汉语国际教育在世界上的传播，已成为提高我国软实力，实现中华民族伟大复兴的重要组成部分②。

语言的三要素是语音、词汇和语法，文字是语言的书写符号系统，是辅助性的交际工具。人们可以没有文字，但不能没有语言。而这并不影响文字在语言教学中应有的地位，汉字尤其如此。应该承认，在以往的对外汉语教学中，汉字教学并没有引起足够的重视，因而，在整个语言系统教学中就显得相对滞后。随着对外汉语学科体系的逐步建立和完善，一方面，各课程之间的配合更加紧密，形成一个有机联系、互为辅助的整体，另一方面，各课程之间分工渐趋明确，形成各自相对独立的课程规范，汉字教学的重要性就逐渐突显出来。同时，对外国学生特别是非汉字文化圈的学习者来说，汉字无疑又是学习初始阶段的"拦路虎"，汉字的难关不跨过，就会影响学习者全面掌握汉语知识技能，汉字难学的问题已经引起了对外汉语教学界众多学者的重视，也引起了关于汉字教学问题的研究和讨论，讨论最深刻的是到底采用"语文一体"的汉字教学模式还是采用"语文分开"的汉字教学模式。"汉字教学是汉语教学的一个组成部分，在汉语教学中如何处理语言和文字的关系，是一个十分复杂的问题。"③"汉字教学是汉语作为第二语言教学不同于其他第二语言教学的最大区别之一。只有突破汉字教学的瓶颈，创建具有特色的汉语作为第二语言教学法，才能全面提高综合运用汉语的能力。"④

---

① 哈嘉莹. 汉语国际传播与中国国家形象构建［M］. 北京：经济贸易大学出版社，2013：5.
② 王国安，要英. 汉语国际推广与中国文化［M］. 上海：学林出版社，2008.
③ 吕必松. 对外汉语教学概论（讲义）［Z］. 国家教委对外汉语教师资格审查委员会办公室，1996.
④ 赵金铭. 汉语作为第二语言教学：理念与模式［J］. 世界汉语教学，2008（1）.

　　为了进一步加强汉字教学在对外汉语教学中的地位，推动汉字教学的快速发展，仅世纪之交的几年里学界就专门举办了几次重要的学术研讨会，1997 年 6 月在湖北宜昌举行了"汉字与汉字教学研讨会"，1998 年 2 月在法国巴黎举行了"国际汉字教学研讨会"，2002 年 8 月在北京举行了"汉语快速识字研讨会"。会议明确了：

　　第一，汉字是记录汉语的工具，要全面研究汉语，汉字是不可忽视的一个方面，因此汉字应该与语音、词汇、语法一样成为汉语教学的重要组成部分。

　　第二，在对外汉语教学中，听、说、读、写四种技能的训练有着有机的内在联系，它们互相促进、互相制约，要全面培养学生用汉语交际的能力，就不能不重视汉字教学。

　　第三，汉字是吸收和了解新知识不可缺少的工具，只有识字，才能大量地阅读汉语的报刊书籍，才能深入了解中华文化。

　　第四，由于汉字是语素文字，所以汉字形、音、义的学习不仅有助于学生理解、记忆所学的字词，而且对学生利用所学语素理解新词新义、增强阅读能力都有很大帮助。

　　第五，采用更能体现汉语固有的内在规律的"语文分开"的"双轨制"教学模式可以提高教学效果和学习效率[①]。

　　事实上，汉字教育是中国语言文化教育的基石。汉字一定程度上被视为汉语的"本体"，在汉语教学中的地位举足轻重。但是汉字难教、难学几乎成了业界的普遍看法。这严重制约了汉语教学效率的提高。加强汉字教学研究、探讨汉字习得规律，已成为汉语国际教育界共识。基于语料库对二语汉字习得及偏误问题进行系统探讨，有助于汉字习得规律的发现，提出更加合理的对外汉字教学对策，必将促进汉语教学效率的提高。关注特定学习者群体——东盟国家汉语学习者的学习背景，基于汉字偏误语料库，运用现代汉字构形学、传统汉字理论认知阐释、二语习得复杂系统理论等研究成果，对其汉字学习的过程进行综合考察，厘清各影响因素之间的动态交互关系，为构建高效率的教学模式提供充分的理据，为汉字二语教学提供切实可行的理论指导。

　　东南亚国家联盟（简称东盟）成立于 1967 年，由马来西亚、菲律宾、泰国、印度尼西亚、新加坡 5 个创始成员国组成。20 世纪 80 年代以来，文莱（1984 年）、越南（1995 年）、老挝（1997 年）、缅甸（1997 年）、柬埔寨（1999 年）5 国先后加入东盟，使这一组织涵盖整个东南亚地区，形成了一个人口超过 5 亿、面积达 450 万平方公里的国家联盟。东盟国家与我国毗邻，一直以来相互之

---

① 黄锦章，刘焱．对外汉语教学中的理论和方法［M］．北京：北京大学出版社，2004：158 - 159.

间往来密切。2013 年 10 月 3 日，中国国家主席习近平在印度尼西亚国会发表演讲时明确提出，中国致力于加强同东盟国家的互联互通建设，愿同东盟国家发展海洋合作伙伴关系，共同建设"21 世纪海上丝绸之路"①。东盟国家成为"一带一路"沿线最为重要的区域之一。近年来，中国与东盟国家搭建了更深入、更广阔、更多元化的交流平台，各项合作不断深化，汉语国际教育的需求也越来越迫切。"一带一路"建设亟待中国语言文化铺路架桥。

东盟国家与我国的文化交往源远流长。东盟国家的华侨华人起到了举足轻重的作用。全世界目前约有 6 000 多万华人②，东盟就约有 4 000 万华侨华人，他们对所在国的经济、文化、教育等领域都做出了杰出的贡献，在发展与我国的关系这方面更是功不可没③。因此，汉语教育在东盟国家一般被称为华文教育④。中国与东盟国家关系的发展具有独特的地域和人文优势，东盟国家历史上一直是汉语国际教育（华文教育）最为重要的区域，是汉语国际教育（华文教育）开展得较好的地区，这里的汉语教育历史悠久、特色鲜明，不仅学习人数众多，而且教育形式多种多样，有全日制各层次教育，也有业余补习班、家庭式补习班、进修班，形成了从小学到大学完整的华文教育体系。目前已有 6 个东盟国家将汉语教学纳入国民教育体系⑤。在"一带一路"大背景下，服务于我国文化发展战略的需要，聚焦于东盟国家汉语学习者群体，深入探究其汉语二语习得机理，探索系统化、高效率的教学模式，对于提高汉语二语教学的整体水平，扩大中国语言文化在国际社会的影响意义深远。

二、研究内容

本书首先通览有关汉语国际教育中汉字教学的相关研究成果，基于已有汉字中介语语料库和第一手语料建立东盟国家汉语学习者的汉字偏误语料库，然后通过对语料库的统计分析，从总体特征和历时演变规律两个方面对其汉字习得进行综合研究；结合对东盟各国的汉语学习背景的深入考察，分析各类型汉字偏误的分布状况及汉字习得规律；全面深入探讨第二语言教学中汉字教学的目标、内

---

① 新华社. 国家主席习近平在印度尼西亚国会发表重要演讲 [EB/OL]. [2017 – 09 – 21]. http://www.gov.cn/ldhd/2013 – 10/03/content_2500118.htm.

② 英媒：中国计划培训三万华文教师 [EB/OL]. [2017 – 09 – 21]. http://world.chinadaily.com.cn/2014 – 12/08/content19044845.htm.

③ 华人华侨将成中国和东盟"一带一路"建设合作桥梁 [EB/OL]. [2017 – 09 – 19]. http://www.china.com.cn/news/2016 – 11/03/content3962787.htm.

④ 崔晓霞，彭妍玲. 东盟国家汉语教学概况及汉语推广战略 [J]. 云南师范大学学报（对外汉语教学与研究版），2011（1）：66 – 75.

⑤ 赖林冬."一带一路"背景下东盟孔子学院的发展与创新 [J]. 南洋问题研究，2017（3）：37 – 52.

容、课程、教材及其实施过程，最后结合汉字习得相关理论研究成果，提出对东盟国家汉语学习者具有针对性的教学对策和学习策略。

基本框架如下：

（1）已有研究概览。

综观迄今为止汉语国际教育中汉字教学的相关研究成果，包括对汉字习得的分相探讨、汉字大纲和教材研究、高效教学的探索，以及汉字习得认知研究、汉字习得策略研究、汉字偏误研究，指出目前第二语言汉字习得和教学研究中存在的问题。

（2）语料库建构。

"汉字偏误标注的汉语连续性中介语语料库"是目前汉字习得研究最为重要的语料库，所收集汉字的偏误语料相当宏富。本书基于这个语料库中东盟国家汉语学习者的汉字偏误语料和笔者多年在汉语国际教育中所掌握的第一手相关语料，把所有语料进行整理、转录、归类、标注，建立一个东盟国家汉语学习者汉字偏误语料库。

（3）背景分析。

考察东盟国家汉语学习背景（如语言政策、华文媒体、华人社团等）；纵览东盟国家汉语汉字教育的历史发展与现状（如各国华文教育变迁，越南"喃字"存亡，"一带一路"建设影响等）；分析东盟汉语学习者群体特征（如华裔和非华裔之分、学习动机的内因与外因之分、文化认同等）对汉语（汉字）学习的影响。

（4）总体特征。

从共时角度来看东盟国家汉语学习者汉字偏误类型。首先依据认知水平分非字、错字、别字、不规范字进行分类标注，然后根据现代汉字构形理论从笔画、部件、整字三个层级进行分类标注、统计。

笔画类偏误：①（非字）笔形类；②笔画关系类；③笔画增减类。

部件类偏误：①（非字）镜像错置类；②部件增减类；③部件混淆类。

整字类偏误：①别字（形近类、音近类、形音皆近类）；②不规范字；③非字。

基于量化分析，探讨各类偏误分布特征及成因，总结共时层面上的汉字习得规律。

（5）历时演变。

参照以上共时维度的研究，从历时角度来探究东盟国家汉语学习者在初、中、高级各阶段各汉字偏误类型的数量分布特征及其原因，概括出汉字习得的历时演变规律（如就认知水平而言，非字、错字、别字和不规范字在各个阶段分布如何；从汉字构形说出发，笔画类、部件类和整字类及其各个小类的数量分布呈现怎样的演变轨迹）。

（6）第二语言汉字教学的目标、内容、课程及模式。

全面系统地探讨第二语言中汉字教学的目标和内容，以及与此相关的课程设置和教材编撰的问题；归纳第二语言汉字教学的原则，分析几种汉字教学模式的特点及存在的问题，指出目前第二语言汉字教学中面临的困难。

（7）第二语言汉字教学过程的实施。

从汉字笔画、汉字部件、整字、形声字、汉字文化、汉字书法这几个方面，结合已有研究成果，探讨第二语言汉字教学具体实施步骤和方法。

（8）东盟国家汉字教学策略。

综合以上分析和探讨，依据二语习得复杂系统理论，找出东盟国家汉语学习者汉字习得中存在的突出问题（如汉字教学从教材到教法是否缺乏系统性、针对性？汉字教学是否真正遵循了其内在的规律性？对汉字认读和书写的习得规律是否未能有所区分，是否做到在不同教学阶段适当分离和侧重？对于东盟国家学习者的汉语学习背景对汉字学习的影响是否重视和熟知？等等），尝试提出相应的教学模式及学习策略。

（9）第二语言汉字教学活动示例。

介绍分别适用于初、中、高级各个阶段的典型实用的汉字教学活动和操作方法，供东盟国家和其他汉语二语教学者参考。

第一章　汉语国际教育中的汉字教学研究

长期以来，汉字教学在整个对外汉语教学中处于滞后状态是不争的事实。而国内母语教学中对初学者（刚入学的小学生）的汉字教学是在学习者已经掌握几千个口语词的基础上进行的，以书写为主要内容，而且学习者对汉字的各种自然属性总体上把握形成时间相对比较漫长（约需5年左右），因此母语教学中的经验可资直接借鉴的部分非常有限。突破汉字教学瓶颈、另辟蹊径的强烈愿望成为推动汉字研究与汉字教学研究深入发展的主要动力[①]。在对外汉语教学中，汉字教学一直处于滞后状态。其中最重要的原因，是以教学为目的的汉字研究开展得还不够，对怎样把汉字研究的成果运用到教学中去不够重视。换言之，是汉字研究与汉字教学实践结合得不够[②]。毋庸讳言，目前的对外汉字教学中，要提高教学效率，尚有许多问题需要先厘清。例如：①汉字教学中，音、形、义的关系应如何处理？汉字的认读与书写教学的关系如何处理？②外国人对汉字与拼音字母在认知上究竟存在着哪些差异？教学中有无区分"汉字文化圈"和"非汉字文化圈"的必要？③如何处理汉字教学与词汇、语音、语法教学的关系？④汉字教学中的理据（传统"六书"）或现代汉字构形学（笔画、部件、部首，单体字，合体字；声旁与形旁）究竟如何运用？⑤目前教材中（含汉字教材）对汉字教学的安排是否妥当？⑥多媒体等现代科学技术能否为汉字教学的改革提供强大支持？

对于国际汉语教学中汉字教学的规律，多年来学界从各个角度进行了很多研究，已经取得一些值得借鉴的成果。本章拟结合上述几个问题，就这些年来对汉字教学研究成果的探索进行梳理，为创新汉字教学模式、提高对外汉字教学效率奠定基础。

第一节　汉字习得分相（笔画、部件、整字；
形、音、义）研究

汉语国际教育中汉字习得的分相研究主要包括从汉字构形层级角度出发的笔

---

① 孙德金. 对外汉字教学研究 [M]. 北京：商务印书馆，2006.
② 万业馨. 从汉字研究到汉字教学 [J]. 世界汉语教学，2004（2）：40.

画、部件和整字的习得研究，以及从传统汉字学和字本位的形、音、义的习得研究。

一、笔画

施正宇（2000）提出了汉字教学存在着"重理据而轻字形，重部件而轻笔画"的问题，呼吁汉字教学应重视笔画。而施家炜（2000）用实验方法考察了零起点欧美留学生部件教学和笔画教学的差异，结果显示这两种教学方法的差异不显著。

孙文访（2006）的研究也表明，在增加笔画、减少笔画、笔画形错三种笔画层面的错误中，"笔画形错"占的比例最高，占全部笔画层面错误的一半左右。王汉卫、苏印霞（2012）以"等级划分"3 000汉字为范围，得出了三个重要数据：对外汉语教学用字笔画32种，教学笔画25种，基础笔画19种。这三个层层递减的数据主要来自笔画个体使用频率的不平均性和笔画系统的生成性，并进一步指出，19种基础笔画不但是完全意义上的笔形基础和生成脉络的基础，而且其综合价值高达97.4%，因而是教学的重点。

王汉卫等（2013）提出笔素的概念，认为它是分析笔画的结果，是汉字构形的最小单位，是对汉字认知有显著影响的单位；认为在汉字学习中笔素序好于笔画序，而笔素笔画双先决的综合序更为合理；难度序是亟待开发的汉字应用程序。王汉卫、苏印霞（2012）以"等级划分"3 000汉字为范围，对笔画进行全面的数据求取和分析，提出以"横折、叉、点、撇"为基本检字元素的外向型检字法，并进行了编码实践。研究显示，该检字法既好学又好用。

二、部件和偏旁

李大遂（2002，2008）主张，偏旁是汉字体系中最重要的结构单位，是汉字形音义系统形成的主要因素，是整个汉字体系的纲。汉字教学要形、音、义兼顾，以偏旁为纲推展汉字教学，可收纲举目张之效，但前提是坚持采用传统的偏旁分析法。

梁彦民（2004）通过对汉字在部件层次上体现出来的区别特征，即部件形体、部件构意功能、部件组合样式、部件布局图式四个方面的分析，阐述了汉字部件区别特征对于对外汉字教学的意义与启示：对外汉字教学应贯彻汉字理据性教学、系统性教学的原则。

邢红兵（2005）参照"基础教学用现代汉语常用字部件规范"的拆分原则，对《（汉语水平）汉字等级大纲》中的2 905个汉字全部进行了拆分，建立了"等级汉字拆分数据库"和"等级汉字基础部件数据库"，在此基础上，对数据库中的相关信息进行了统计。在 2 905 个汉字中，共使用基础部件 515 个，其中成字部件 285 个。从各个等级的数据看，甲级字承担着非常丰富的信息：①75%的基础部件出现于甲级字中，而且这些部件都是构字能力非常强的部件；②甲级字中包含 53% 的基础成字部件，44% 的合体成字部件；③40% 的甲级字直接参与构字；④近 95% 构字能力强的部件在甲级字中出现；⑤甲级字中出现了全部汉字的首层结构方式等。依此建议汉字部件教学是可行的和高效率的，但是最有效的办法应该是将部件教学融入基础字教学之中，以基础字带部件教学。

万业馨（2000）对《大纲》中 2 001 个形声字根据声旁进行整理，得到 819 个声旁字，819 组形声字。根据研究，提出围绕声旁教学的建议：①在教材中将那些常用程度高、构形相对比较简单的声旁字安排在前，但对它们及它们组成的形声字，除完全同音外，不做读音上的类推引导；②对常用程度不如形声字的声旁字，尤其是《大纲》不收甚至属于生僻字的，在教材上安排上可不必考虑先出声旁字，而是直接出形声字，采取先教整字再分析的方法。

三、整字

尤浩杰（2003）利用北京语言大学"汉语中介语语料库"，分析了汉字的笔画数和部件数以及拓扑结构类型等因素对非汉字文化圈学习者掌握汉字情况的影响，并用实验的方法进一步验证了基于上述语料库分析所得的结果。通过数据统计分析，得出两个主要结论：非汉字文化圈学习者对高频汉字的加工只经历笔画和整字两个层次，对低频汉字的加工则经历笔画、部件和整字三个层次，且他们的加工方式主要是序列加工而非平行加工；汉字的独体、包围、横向、纵向四种结构类型中，横向结构是学习者最难掌握的一种结构类型。在此基础上提出了关于非汉字文化圈学习者汉字学习分阶段假设。徐彩华（2007）通过三个实验，以母语水平为基线考察留学生汉字分解水平的发展。结果发现留学生汉字分解能力的形成大致需要一年。三个月时达到"知觉分解"水平，左右、上下结构分解最快，综合结构其次，包围结构再次，此时分解主要受汉字知觉分解难度的影响。一年级末时，留学生的汉字分解特点开始与母语者接近，达到"结构类型分解"水平，左右、综合结构快，上下结构其次，包围结构再次；但总体速度仍慢一些。实验还发现母语背景在学习早期影响汉字分解的速度，汉字圈学生速度更快一些；但母语背景对汉字分解的类型特点没有影响。郝美玲、范慧琴（2008）采用延迟抄写的实验范式，以初学汉语的外国留学生为研究对象，考察部件频率、部件构字数和汉字结构类型对留学生汉字书写的影响。结果发现：部件频率对留学生汉字书写存在直接影响；部件构字数对汉字书写的作用相对较弱，至少对高频部件组成的汉字如此；汉字的结构类型影响留学生的部件分解，左右结构的汉字容易分解，上下结构的汉字则不易分解。建议增加部件的出现次数，讲解时把更多的精力放在培养部件的精确表征上。

四、形音义

王宁（1995）提出的汉字构形学是探讨汉字的形体构成和演变规律的学说，并且符合语言输入的"可理解性原则"，与汉字习得规律密切相关，用可理解的分析和归纳取代机械性的重复训练，对成人的汉字学习具有很强的实用性，是对外汉字教学可资借鉴的理论。施正宇（1998）指出，基础阶段的汉字教学，书写字形是第一位的。按照向量特征的要求书写，不仅能写出符合拓扑性质的方块形体，而且也奠定了识字和用字的基础。加强字形的书写训练是对外汉字教学中的首要任务。朱志平（2002）也认为，汉字的本体是字形，汉字教学必须从字形出发。江新、柳燕梅（2004）的研究显示，拼音文字背景的留学生基于字形的错误在各类汉字错误中最多。

吴门吉等（2006）采用注音、听写、选择填空等实验方法，对欧美、韩国、日本的89名学生的汉字认读与书写习得情况进行了调查，旨在考察不同文字背景对汉字学习的影响。结果显示：①欧美学生的汉字认读（声韵拼合）不如韩国学生；②与声韵拼合成绩相比，所有被试的声调成绩都不好，且不随汉语水平的提高而改善；③欧美学生的汉字书写在初级阶段劣势明显，而中级阶段进步显著；④欧美学生、韩国学生字形书写错误突出，日本学生音近字错误较多；⑤欧美初级组学生的汉字认读与书写成绩存在显著关联性。

刘丽萍（2008）通过实验，分析了汉字笔画数与结构方式对留学生认读和书写汉字的影响以及不同的学习任务对学生汉字学习效果的影响，认为留学生认读汉字的过程中不存在笔画数效应和结构方式效应，而书写汉字的过程中则存在；认读与书写两种任务中，前者的学习效果好于后者。

陈慧（2001）和陈慧、王魁京（2001）通过实验对外国学生形声字的识别规律做了实验研究，发现外国学生能较快意识到形声字的声旁具有表音作用（学习汉语约半年），同时也能较快地意识到形声字声旁的局限性（学习汉语一年左右），但他们对形声字进一步精细加工的能力还没有发展起来；外国学生识别形声字的语境效应不显著，主要是因为他们心理词典里的储存物是以词的形式存在的。张熙昌（2007）通过对2 500个常用字中形声字声旁的考察，说明声旁与形声字的联系是多方面的，不仅表现在声韵调的相同与否上，还表现在相关声母、韵母之间的转化以及某些声旁对形声字具有类推示音的功能上。形声字教学应成为汉字教学的重要手段之一，应注意培养留学生对声旁的意识。李蕊（2008）通过实验考察了形声字的规则性对留学生字形输出能力的影响。结果发现：与本族儿童不同，形声字的规则性对留学生字形输出的正确率没有表现出显著的影响，却影响了同声旁偏误的比例；声旁输出情况比较好，形旁则不太好。与声旁相比，形旁属于比较细微的差别，因此在字形输出的心理加工过程中，很容易处在被忽视的地位。

王骏（2009）以31名非汉字文化圈留学生为对象，定量研究了与其汉字习得水平相关的因素。研究发现，学生的汉字认读能力习得明显优于其汉字书写能力习得，与前者直接相关的因素是口语能力和词汇量，与后者直接相关的因素是部首掌握情况和读写能力。

万业馨（2012）论及拼音与汉字在对外汉语教学中的关系：现代汉语语言资料单、双音节词混用，用汉语拼音拼写普通话时以词为单位这一做法，可以帮助初学者较快进入语言资料，了解汉语节奏；汉字以形声字为主，但形声字与其声旁关系复杂，汉字读音认知策略多样，而拼音先行可以使初学者暂时避开上述困难。

五、笔顺、字频及字量

安然、单韵鸣（2007）的个案分析发现非汉字圈学生笔顺问题并不直接反映其汉语水平，因此可以忽略学生的笔顺问题。

江新（2006）通过实验探讨汉字频率和构词数对非汉字文化圈的留学生汉字学习效果的影响。结果显示，汉字频率对汉字学习效果有影响，而且频率效应的大小受笔画数的制约。

李大遂（2003，2008）通过中高级留学生识字量抽样测试，得出对教学的启示：识字量是反映一个人汉语水平的重要参考数据，应该成为教材编写、班级划分、教材选择和课堂教学的重要依据之一。对外汉语教学要将识字量作为追求的重要目标。测试结果显示：中高级留学生综合识字量偏低；对汉字字音掌握较好，对字形掌握最差；对甲、乙两级汉字掌握不扎实；汉字文化圈学生在识字量方面有明显优势，但高级阶段优势大幅度下降，华裔学生识字量远低于非华裔学生。

第二节　汉字教材、《汉字等级大纲》研究

一、汉字教材研究

王瑞烽（2002）对基础汉语教材汉字教学内容进行较为集中的研究，选取含"汉字教学内容"的13部基础汉语教材，根据它们"汉字教学内容"的编排方

式分为两类，分别从汉字知识、汉字练习、所教生字三个方面进行分析，认为基础汉语教材汉字教学处理较好的方面是：①设置专门的汉字册；②对生字的量做控制。不足之处在于：①汉字教学的无计划性。汉字教学无纲可依，汉字教学内容编排多少，怎样编排，完全依靠编者感觉上的把握。②没有根据汉字教学研究的成果进行改进，大多仍采用"完全随文识字"的方式。

易嵘（2007）、姜安（2007）、谢玲玲（2008）、刘婷（2009）、李平（2010）、谢慧蓉（2012）、陆雅茹（2012）等对现行的对外教材进行了比较分析，提出相关教材改进建议，姜安还初步设计了对外汉字初级教材的评价指标。遗憾的是，所研究的对象也仅限于初级的汉字教材。

国外的汉语教学研究者从外族人教、学汉语的独特思考出发，对汉语汉字教材提出自己的看法。白乐桑（1996）提出了汉语教材中"文""语"之争的问题，赞同"字本位"理念，认为不顾汉字的特点，用适用于表音文字的语言教学法教授汉语把汉语教学复杂化了，提倡"建立一种以字与词之间关系以及语和文之间的关系为标准的评估系统去评估所有的汉语教材"。德国的柯彼得（1993）和法国的安雄（2003）也提出了类似的建议。

肖奚强（1994）认为，要想切实地、真正地使汉字教学在对外汉语教学体系中占有应有的位置，至关重要的一环是要编写出相对独立的教材。教材的编写原则应该是：将一般的汉字知识（如笔画、笔顺、结构偏旁等）与汉字的书写知识（如横平竖直、疏密匀称、突出主笔、收放得当等）有机结合起来并侧重于后者。张静贤（1998）也提出编写专门的汉字教材，同听力、语音、阅读等教材配套，并对字量和字种的选择，教材编写的原则、方法和教材的结构提出了切实可行的建议，试图建立起从90%左右的形声字出发的教学系统，使学生逐步掌握汉字的识字规律。

柳燕梅（2002）从学习者记忆心理的角度探讨了汉字教材的编写，认为汉字记忆环节最难完成。其中识记是记忆活动的第一步，它直接影响着整个记忆过程和最后的记忆效果。在汉字教材的编写中，如果能考虑到这些识记因素，将会使汉字教材中的内容更利于识记。因此汉字教材在整体内容的选取方面，要遵循有理性、趣味性、明确性原则，练习的设计要注意丰富性和循环性。在具体操作的编写方面，要坚持类化、循序渐进、系统化和分散化的原则。

郝美玲、刘友谊（2007）考察了构词数和语素类型不同的汉字在教材中的复现情况对汉字学习效果的影响，研究发现：①构词数多的汉字，其学习效果较少受复现次数的影响，而构词数少的汉字，其学习效果受复现次数的影响较大；②代表自由语素的汉字的学习效果较少受复现次数的影响，而代表黏着语素的汉字的学习效果受复现次数的影响较大。他们建议，今后在留学生汉语教材的编写中，对不同类型的汉字应采用不同的复现方式。

李香平（2008，2011）认为，面向留学生课堂教学的汉字教材无论是教材总量还是教材类型都在逐年递增。但是现有汉字教材主要针对的是来华留学的初级汉语水平学习者，通用性较强而针对性较弱；大多注重汉字知识的编写，但对汉字知识点的选取呈现出一定程度的无序性和随意性；注重教材编写的系统性和通用性，却忽视教材的实用性和趣味性。要真正提高汉字课堂教学效果，就必须在调查、总结现有汉字教材问题的基础上，构建多角度、多层面的对外汉字教材编写和分类的宏观体系，加强针对性和创新性研究，编写针对不同国别、不同层次、不同教学目的的汉字教材，同时加强教材现代化研究，开发趣味性较强的多媒体汉字教材。

二、《汉字等级大纲》研究

江新、赵果、黄慧英、柳燕梅、王又民（2006）针对《汉字等级大纲》修订的需要，对外国学生汉语字词学习的影响因素进行了实验研究和语料统计研究，在此基础上为新的《汉字等级大纲》字词选择和排序、字词关系的处理等问题的解决提出了两种方法：①以字定词，字词协调（即先定汉字，然后以字找词，最后适当调整）；②各自为政，互相协调（即汉字和词汇按各自标准进行选择和排序，最后分级时进行协调统一）。

显而易见，对外汉语界对于汉字教材和《汉字等级大纲》的研究还相对不足，如何使汉字大纲与汉语词汇尽量一致，并在汉字大纲的指导下编出高质量的汉字教材是尚未解决的一个课题。

第三节　汉字高效教学模式探索

一、字词关系

由于对字、词地位的认识不一，导致了对外汉字教学法认识的一系列分歧，如字本位还是词本位？字词关系如何处理？汉字是否应独立设课？

张朋朋（1992）首先针对不同教学对象简要比较了词本位教学法和字本位教学法，提出要打破"词本位"的原则，重新认识汉字在汉语教学中的地位。吕必松（1999），王若江（2000，2004），孟华（2001），郦青、王飞华（2004）充分肯定了"字本位"的教学理念和方法。任瑚琏（2002）则认为，汉语的最小造句单位是"词"而不是"字"，对外汉语教学也应该以"词"为基本单位进行教学。张德鑫（1999，2006）更是明确提倡，因为"字本位"抓住了汉语的最小书写单位、形音义一体的字，要摆脱"汉字难学"及教学效率不高的困境，必须实行从"词本位"到"字本位"的战略转移。王骏（2005）通过在华东师范大学对外汉语的实验验证了在词汇教学中合理运用"字本位"方法可以实现更高效率这一假设。

刘颂浩（2006）提出，在对外汉语教学中，我们可以实行"词本位"与"字本位"教学方法的结合。陈绂（1996）从欧美留学生的字词错误分析出发，指出拼音文字与其所记录的语言和汉字语汉语的关系式全然不同，对外汉字教学要研究学习者的认知特点，分不同阶段讲解汉字音形义的规律，把字词有机结合起来。彭小川、马煜逵（2010）也指出，要吸收"语素教学法""字本位教学法"积极的一面，树立词、语素、字在词汇教学中各当其用的意识。贾颖（2001）也提出了字词结合的观点。管春林（2006）通过对比"字本位"和"词本位"两种汉语语言观，指出"字本位"教学方法可以而且应该吸收"词本位"教学方法中某些合理、积极的因素，但是要将建立在这两种不同汉语语言观基础上存在本质区别的对外汉语教学方法结合在一起是行不通的。杨月蓉（2010）也指出，"字本位"的提出是对对外汉语教学策略认识的重要转折，但"字本位"强调的应该是词汇教学中对单个字的重视，不能忽视或排斥词的教学。大量不能单独成词的汉字的存在、字义的不确定性、以词为单位的阅读认知，都使汉字教学离不开词汇教学。根据成年学生的认知特点，汉字教学应是两个层级的分析型教学：对合成词内部结构的分析，对单个字内部部件的分析。施正宇（2008，2010）提出了以词、语素、汉字为基本框架的教学理念，主张以词的使用频率和字的构形规律为基本线索构建教学词库，梳理与之相关的教学字库，并在语素的基础上拓展学生的汉语能力和汉字能力，这一教学理念也不同于纯粹的"词本位"或"字本位"教学法。

正如施正宇（2010）所言："无论从何种本位出发，也无论是否持有本位的观点，学者们更关心的是在教学中如何处理汉字、语素和词的关系，也即字、词的衔接问题。事实上，字本位教学法和词本位教学法各有其价值。前者发现了字——汉语不同于西方语言的本质特征，同时也意识到了后者在照搬西方理论时出现的水土不服，并试图取而代之；后者占领了交际功能这个语言教学的制高点，因而也就抓住了对外汉语教学的关键所在。不过，无论是字本位教学法还是词本位教学法，都没有拿出一个令人信服、有效的解决字词习得的方案，因而也就没有能力说服对方，这是双方至今争论不休的原因所在。"

二、"语""文"关系

1950 年，接收东欧留学生的对外汉语教学初期，对外汉语教学的先驱者们首先采用的是"先语后文"的教学模式，并先后进行了两次教学实验，经过总结，否定了"先语后文"，采用了"语文并进"。1951 年受到教育部、文改会推广扫盲用"祁建华速成识字法"启发，对外留学生的汉语教学再次启用"先语后文"模式。最后，经过总结，再次否定了"先语后文"。从此中国境内基本是"语文并进"一统天下（赵金铭，2011）。这种"语文并进""认写同步"的教学模式，从 20 世纪 50 年代起一直是占主流的教学模式，延续至今（孙德金，2006）。

张静贤（1998）指出，现有教材编写没能充分利用汉字自身的特点、规律来帮助学生记忆生字，教师无法按照汉字教学所应遵循的规律进行循序渐进的教学，学生不得不死记硬背，困难极大；提出汉字应独立设课，集中强化，编写专门教材。王碧霞、李宁、种国胜、徐叶菁（1994）针对基础阶段留学生汉字的研究，也提倡设立单独的汉字课。

费锦昌（1998）分析了对外汉字教学的特点、难点和对策，认为现行汉字教材在初级阶段没有充分发挥汉字自身规律的作用，随词语的次序被动出现汉字，导致难字先出、易字后见现象比比皆是，中级阶段沿用"六书"理论，又没有很好地利用现代汉字学的研究成果，没有体现对外汉字教学的特点和规律。他提出的对策有：①及早培养汉字观念和技能；②发挥成年学生优势，理性识记汉字；③分不同阶段让学生把握汉字构形特点和规律，找到形音义的"把手"和"支点"；④俗文字说解，强化记忆；⑤注意汉字显性和隐性表意功能和声旁的示音作用；⑥妥善解决教材中的"语""文"序列矛盾；⑦制定专供对外汉字教学用的"对外汉字教学用汉字分级表"和"偏误字表"；⑧尽快制作为外国学生学习汉字用的软件、光盘。

杨夷平、易洪川（1998）区分了识字教学的对内、对外差别：在字符层面，对内：突出字形；对外：字形、字音、字义并重。在体系层面，对内：识字、写字、用字并重；对外：突出识字。钱学烈（1998）以汉字教学为核心，以汉字形体笔画为循序渐进的线索，以字带词语，以词语带句，以句带语法，不断扩展，把口语听说、阅读理解和书面表达各种能力的培养密切结合起来，进行综合训练，全面提高教学方法，在小范围内取得了不错的教学效果。

朱志平、哈丽娜（1999）通过调查对比分析发现，教学手段直接影响汉字的习得效果，但有效的教学手段并非一劳永逸，还需要足够的学习时间加以保证；汉字正字法的掌握是以拼音文字为母语学习者汉字习得的关键。王静（2001）以认知心理学的记忆原理为理论依据，探讨了如何设计及实施汉字听写训练，使之真正成为一种科学有效的教学手段。

法国巴黎东方语言学院的安雄（2003）借鉴中国母语汉字教学法经验，从

"集中识字"理念出发，结合学习者的学习策略和认知特点，提出了"理性识字法"的架构。

周健、尉万传（2004）从考察外国学生的汉字学习策略入手，提出了改进汉字教学方法、提高汉字教学效率的设想：重视汉字语素义的教学，优先考虑声旁系联，突出形、音、义关联、规律归纳和汉字应用等教学策略。陈俊羽（2003）指出了对外汉语初级阶段汉字教学的重要性。陈曦（2001）根据汉字"字族理论"提出的汉字教学思路也是"集中识字"教学法的一种。

周健（1998，2010）提出改革教学思路，针对外国学生的学习特点，调动一切认知手段来识记汉字；深入研究汉字的结构特点，科学安排识字顺序；联通字词，加强字词教学结合，在字与词的结构和语义系统网络中开展教学，改革汉字练习的内容与方式。他根据多年的教学实验，得出结论：汉字之"难"，并不在于汉字本身，而在教学不得法；在汉语学习的开始阶段，按照汉字单独开设汉字课，采用符合外国学生认知心理的教学方法，是突破汉字难的可行之路。

王汉卫（2007）指出，随文识字的教学方法固然不符合汉字教学的规律，但汉字独立设课也不是解决汉字教学问题的最佳选择。他指出，要想使留学生汉字水平得到极大的提高，必须把汉字教学看作精读课的一个有机组成部分，走把汉字课和精读课"合二为一"的教学路子。从短期教学效率上看，独立的汉字课的确能够按照汉字的规律给学生较高效率地讲解和练习汉字，但并不能从根本上解决汉字问题。汉字教学的成败，不是汉字课所能承担的，不管教材编写得怎样，其结果都不会有根本的不同，因为它总是阶段性/辅助性的。他以高年级识字量、汉字课教学效果等的考察为基础，提出了精读课框架内相对独立的汉字教学方式，其特点为：跟精读课一体、相对独立、长期。要实现汉字难的突破，不是开设短期的汉字课，而是把汉字教学作为一项常抓不懈的内容贯彻初、中、高精读课的始终。精读教材的编写应该预留出汉字教学的时间和空间，然后再以汉字规律为"经"，以课文内生字为"纬"，以扩展性生字为"绣"，编写汉字教学的具体内容。

崔永华（2008）通过考察中国儿童识字过程和教学方法，认为目前对外国人的汉字教学的程序和方法可能违背了汉字学习的自然顺序和学习规律，对外国人的汉字教学可以借鉴中国儿童学习汉字的过程和方法，基于母语学习的经历提出对外汉字教学的一种基本模式：先学听说（语、文分开），再学认汉字（集中识字），再写汉字（读写分开）。

赵金铭（2008，2011）基于对世界汉语学习者状况的综合分析，重新审视对外汉语界提出的"先语后文"的思想，指出：①汉语和汉字特点是汉语教学"语文分开"与"先语后文"教学设计的根本出发点；②语言教学心理学为"先语后文"教学提供了心理学依据；③教学规律和第二语言习得规律支撑"先语后文"教学设计。

李蕊、叶彬彬（2012）介绍"语文分进"模式下实验班的汉字教学经验，探索适合非汉字圈学习者的对外汉字教学模式。不但尝试设定符合非汉字圈学习者汉字习得规律的教学内容和培养能力的目标，并且采用合理组织教学汉字、隐性处理汉字理性知识、不脱离语境学习汉字和认写分流的汉字教学策略，在提高汉字能力方面取得了令人鼓舞的成果，证明了语文分进的对外汉字教学模式的成效。

三、理据性和系统性教学

汉字是有理据的文字，汉字的理据指汉字构形、读音、意义的依据。汉字的理据因造字法不同而不同。至今大约90%以上的常用汉字仍有理据可讲。利用理据推展汉字教学，可以减轻难度，提高效率，是汉字教学的一般规律（李大遂，2011）。白双法（1997）提出了"字理识字法"。郑继娥（1998），李宝贵（2005），伍巍（2004），杨开昌、何顺超（2010），李运富（2012）都主张对外汉字教学回归或借鉴传统"六书"理论，单独开设汉字课，以便利用汉字的理据性进行系统教学。李开（1998），石传良、罗音（2007），李香平（2006，2008）认为，汉字字理阐释是指通过一定的教学语言向学生讲解字理，帮助学生理解和记忆汉字的形、音、义。在对外汉字教学中进行字理阐释，应该以阐释汉字造字理据为主，辅助流俗文字学通俗幽默的讲解，通过一定的教学语言让学生区分六书字理和俗字理，使学生逐步理解汉字构形、构意的特点，同时又能在轻松幽默中记忆汉字。此外，还要遵循对外汉语教学的规律，根据学生的汉语水平和接受程度合理选择阐释内容和方式，注意阐释适度，内容可懂。姚敏（2011）以现代汉字理据理论为基础，对《汉语水平词汇与汉字等级大纲》中的2 905个汉字进行理据拆分，将现代汉字按照理据强弱重新分类，分别赋予其理据值，并测算出现代汉字总的理据度为46%。提出字理教学的原则和方法：①循序渐进、及时总结；②适度讲字理；③溯源讲字理。

潘先军（2005）从较为宏观的角度提出了汉字教学的层次性：①首先根据学生对汉字认知的角度分开汉字认读与书写，这两个层次的顺序是认读在先，书写在后；②将汉字教学的"写、念、认、说、查"五要素分为技能层面和知识层面，最直接、最重要的就是要让学生掌握汉字的基本技能，即认、念、写；③学习对象的层次关系。教学对象的层次首先要区分的是母语背景。来自日、韩等母语具有汉字背景的学生与母语完全没有汉字背景的学生构成了汉字教学对象两个不同的层次。无汉字背景的学生"听说比读写容易、书写和识记难"，而有汉背景的学生则正好相反。针对这两个层次的不同特点，汉字教学的重点应是无汉字背景的学生，对他们最好先强化认读，加强"字感"，然后再进行书写训练。另外，接受学历教育与非学历教育的学生，对他们的汉字教学也是两个不同的层次。对学历生应进行系统的汉字教学，对接受非学历教育的学生，重点是培养他们的汉字技能，能运用汉字进行书面交际就基本达到了目的，重点先是认读，然后才是书写。

江新（2007）采用实验的方法比较"认写分流、多认少写"和"认写同步要求"两种汉字教学方法的效果。以两组识字和写字起点水平相同的留学生为实验对象，分别实施不同的汉字教学方法，结果显示，"认写分流、多认少写"组的识字、写字效果均好于"认写同步要求"组。万业馨（2009）从汉字教学的总体设计着眼，提出汉字教学不仅要考虑与汉语教学的关系，而且必须将书写和认知分列为两项教学目标进行总体设计。将汉字的构形层次与认知的途径混为一谈、以书写教学的方法与手段代替汉字的认知过程，必然造成汉字教学总体设计中认知内容的缺失。

李大遂（2004，2006，2007）指出，为中高级留学生开设选修的汉字课很有必要；揭示汉字体系内在的系统性是汉字课的首要任务；有计划、分层次识字是汉字课的重要内容；识字教学要和词句教学相结合。探求汉字的系统性，并力所能及地对其加以利用，在汉字认知上具有显而易见的意义。如，汉字的偏旁不但具有构形的功能，而且具有表示音义的功能，因而合体汉字偏旁之间不仅有外部结构关系，也有内部结构关系。汉字的系统性体现在形、音、义三个方面，汉字的字形系统因外在的形体联系而形成，汉字的读音系统因内在的读音联系而形成，汉字的意义系统因内在的意义联系而形成。汉字虽然繁难，但认知得法也可以化难为易，至少可以减轻难度，提高效率。提高汉字认知的效率，至少可以从以下几方面做出努力：其一，以必要的汉字理论知识为指导，提高学习者的汉字认知能力；其二，以偏旁为纲，把一个个汉字放到整个系统中去学习，力求取得纲举目张的效果；其三，通过结构分析和字族字系联来培养汉字系统认知能力。类似地，周健、尉万传（2004）所提出汉字学习系联法，尉万传（2004）提出的字族教学也都强调汉字教学的系统性。另外，上述理据教学也都多少含有强调利用汉字本身音、形、义规律进行系统教学的思想。梁彦民（2004）特别强调了理据性、系统性教学的重要性。

四、利用现代科技改进汉字教学

对于学习汉语的外国学生来说，汉字习得特别是字音、字形、字义的记忆是一项艰巨的任务。多媒体学习材料的日渐丰富，为外国学生的汉字学习提供了新的途径。近年来，针对汉语字词记忆比较流行的多媒体辅助性教学材料，是基于计算机的带字词发声和汉字笔顺动画等内容的电子抽认卡（digital flash card）。Zhu & Hong（2005）、朱宇（2010）针对美国某大型公立研究高校全体汉语初学者的问卷调查发现：与纯文字的、有文字和生词发声的、有文字和笔顺动画的电子抽认卡相比，超过73%的学生更喜欢使用既有生词发声又有笔画动画的多媒体电子抽认卡。Zhu & Hong（2005）实验发现，使用有发声无笔顺动画抽认卡的学生汉字字形记忆成绩最佳，而使用有发声有笔顺动画学生的字形记忆成绩最差。这是因为：前者的学习材料触发了视觉和听觉两个不同的感官通道接收信息，因而有利于形成双重感知的优越性。而后者虽然也有视听双重感知，但在视觉感官通道，由于文字信息与笔顺动画同时存在，导致产生了有负面作用的注意力分散效应。虽然无发声无笔顺动画电子抽认卡的使用者只通过视觉接受汉字信息，但由于抽认卡旨在唤起学习者对于部首或者字形结构的图像性想象，因而在本质上是文本所称的"混合刺激"，是文字蕴藏图像的"字图"，在认知符号系统里会形成特殊的词像元。此外，使用有发声电子抽认卡的学生（包括有发声无笔顺动画和有发声有笔顺动画）的拼音记忆成绩显著高于使用无发声抽认卡的学生。同时被验证的还有笔顺动画的负面作用。笔顺动画看似动画，属于图像性质，但是与字图相反，它反映的本质信息是纯语言文字的。在视觉通道已有纯语言文字信息和蕴含图像的语言文字信息的情况下，加入动态的纯语言文字信息，不仅对汉字的字形记忆成绩造成负面影响，而且对拼音记忆效果也造成负面影响。

现代科技的发展使得信息技术、多媒体技术越来越多地运用于教学中，特别是移动电子设备如手机、平板及笔记本电脑等的普及给人们带来了极大的方便，在很大程度上改变了人们的学习方式，在改善汉字习得和教学方式上有很大的潜力。然而到目前为止，对外汉字教学在这方面的研究和利用还远远不够。

第二章 汉语国际教育中的汉字认知过程研究

科学的汉字教学是两种规律的综合体现：一种是汉字本体构造和使用的规律，另一种是学习者接受汉字教育的认知规律，二者不可偏废①。从汉字教学的总体设计看，汉字教学不仅要考虑与汉语教学的关系，而且必须将汉字书写和认知分列为两项教学目标进行总体设计。认知研究是对外汉字教学研究的一个重要组成部分，因为汉字学习的过程归根结底是要通过学习者自身的内化而习得的。由此得出的规律性的东西可能对各类汉语二语学习者的汉字习得具有普遍性的指导意义②。本章主要从汉字习得认知研究、汉字习得策略研究、汉字偏误认知研究等几个方面对近二十年来对外汉字教学的研究成果加以梳理，从认知角度总结对外汉字教学的共识，以便在此基础上进一步深入研究，希望对东盟国家的汉字教学以至整个汉语国际教育界有所启发，进而改进创新汉字教学模式。

第一节 汉字习得认知研究

一、汉字意识研究

王建勤（2005）基于汉字部件识别自组织模型对汉字构形规则认知效应进行模拟研究。通过模型对真、假、非字认知效应的模拟，探讨外国学生汉字构形意识发展过程以及汉字结构类型对其发展的影响，认为对外汉字教学应该重视潜在的汉字结构类型的特征分布与汉字任务频次对外国学生汉字构形意识发展的影响。鹿士义（2002）以母语为拼音文字的初、中、高三级汉语学习者为被试，以左右、上下、半包围三种结构类型的真、假、非字为实验材料进行词汇判断作业，研究了学习者汉字正字法意识的发展。结果表明：母语为拼音文字的成人，其正字法意识的发展是一个渐进的过程。从初识汉字到正字法意识的萌发需要2年左右的时间。结构类型效应是一个动态的发展过程，是在识字过程中发展起来的，它影响正字法意识的发展。只有当识字能力发展到一定水平才会出现结构类型效应。冯丽萍（2006）对不同汉字背景和汉语水平的外国留学生的汉字正字法

---

① 周健，彭小川，张军. 汉语教学法研修教程［M］. 北京：人民教育出版社，2004：171.
② 万业馨. 略论汉字教学的总体设计［J］. 语言教学与研究，2009（5）：59－65.

意识的形成研究也显示：中、高级汉语水平的外国学生已基本形成汉字正字法意识，汉字结构、汉语水平是影响正字法意识的两个重要因素，但对不同汉字背景学生的影响方式不同；汉字正字法意识随识字量的增加而发展。郝美玲（2007）通过对不同类型的假字和非字进行真假字判断，系统考察了留学生正字法意识的发生与发展，结果发现：部件位置意识的发展早于部件意识，部件位置意识始于初级阶段，至中级阶段已发展成熟，而部件意识直到中级阶段才开始发展。她着重提出对外汉字教学中应加强部件教学。万业馨（2007）指出，认识汉字符号体系约定俗成的本质对汉字认知途径的设计有重要意义，有关汉字读音认知的研究必须从"家族"入手，而语文关系的恰当处理将使汉语和汉字的学习进入相互促进的良性循环。

高立群、孟凌（2000）通过阅读实验考察了汉字认读情况：第二语言学习者对汉字的识别能力会随其汉语水平的提高而不断增强，阅读中的字形意识强于字音意识，且这种趋势并没有随着汉语水平的提高而出现变化，这一点与汉语母语者的情况有所不同。李蕊（2005）设计了一种"语义相关"的选择任务，控制实验材料的语义透明度，采用纸笔测试的方式，考察留学生形旁意识的发展过程。结果发现：初级阶段的留学生具有一定的关于形旁表义的概念，但是面对陌生汉字时，还没有根据形旁猜测字义的意识。学习汉语大约 14～15 个月后，形旁意识完全达到自动化程度，已经能够十分熟练地运用形旁线索来猜测字义。留学生形旁意识的发展有一个从"学习到的知识"发展为"习得的知识"的自动化过程，与二语习得的发展路径有某种类似之处。郝美玲、张伟（2006）通过纸笔测验的方式考察了语素意识在留学生汉字学习中的作用，发现语素意识对留学生的汉字学习成绩具有独特的预测作用。语素意识的作用与汉语的特点密切相关：汉语中汉字与语素存在"一对多"的关系，致使汉语中存在大量同形语素，因此同形语素意识对汉字学习成绩起着非常重要的作用；汉语的词汇以复合词居多，故培养学生运用熟悉语素推测生词的能力对扩大词汇量、提高阅读理解能力和口头表达能力都至关重要。

二、影响汉字习得的认知因素

冯丽萍（1998）从汉字的字形、字音、字义及其认知神经方面，总结了认知心理学中有关母语者汉字教学的研究成果，并从这些认知规律出发，提出了对外汉语教学所应遵循的一些教学原则。张积家、张厚粲（2001）指出，部分与部分、整体与部分的关系是影响汉字认知过程和策略的重要变量。张积家、王惠萍（2001）通过认知实验发现：汉字形声字的声旁与整字的音段关系对命名时间有重要影响。汉字形声字的命名存在着"规则效应"，声旁与整字音段相同时反应快，声旁与整字音段相异时反应慢。汉字形声字的命名也存在着"声调效应"。声旁与整字的声调关系对命名有重要影响。当声旁与整字声调相同时反应快，当声旁与整字声调相异时反应慢，这种效应不受字频影响。彭聃龄、王春茂（1997）的心理实验发现，汉字的加工要经过笔画、部件和整字三个层次，其中单位部件的笔画数和部件数影响着汉字加工时间。张积家等（2002）则探讨了笔画复杂性和重复性对笔画和汉字认知的影响：笔画是汉字加工的基本单元；笔画自身的复杂性对笔画认知无显著影响，识别简单笔画和识别复杂笔画的反应时与错误率无显著差异；汉字认知中存在笔画重复性效应。笔画重复较多的汉字比笔画重复较少的汉字识别时间短，错误率亦低。刘宏艳、刘秀丽（2005）考察了在不同字频、笔画条件下个体对不同结构汉字进行识别时其基本加工单元是否具有差别，结果发现：在各种汉字结构的条件下，均出现了显著的笔画数效应；当汉字为包围结构时没有出现字频效应，汉字结构对低频字的识别有影响，对高频字的识别没有影响，对少笔画字的识别有影响，对多笔画字的识别没有影响。刘丽萍（2008）通过实验发现，留学生认读汉字的过程中不存在笔画数效应和结构方式效应，而书写汉字的过程中则存在。

万业馨（2004，2007）指出，汉字教学中重意符、轻音符的做法不利于汉字认知；将字母文字记录语言的方式作为标尺来衡量汉字的表音能力，既影响了汉字读音认知的研究，也影响了汉字教学。徐彩华（2000，2010）和徐彩华、邓园（2011）从认知心理方面探讨了汉字的部件、偏旁加工与教学以及语素的心理现实性问题，总结出了留学生汉字心理词典构建中的十大认知特点；通过启动实验考察发现：不表义形符与整字之间没有亚字水平的抑制性联结，而表义形符的激活迅速有效，有助于整字表征及意义的通达，教学中应该大胆利用表义形符的优势；形符具有表形和表义两种认知功能，形符表义度和组字能力有交互作用，共同调节着形符的作用。表义形符的两种功能都能得到充分实现，不表义形符的功能主要是整字字形的激活。不表义形符产生干扰作用是有限制条件的，只有当同形符字相邻出现、形符组字能力比较低且形符不表义时，心理词典才会受干扰。齐元涛、符渝（2011）指出汉字构件有成字构件和非字构件之分。成字构件可以独用，与语言中的词有对应关系，容易记忆且构字能力强；非字构件不能独用，与语言中的词不对应，没有读音，不容易记忆且构字能力弱。人们在书写汉字时会将非字构件写成与之近似的成字构件，这是人们追求汉字理据和汉字系统的表现，而在这一过程中滋生的异体字又对汉字的系统性造成了干扰。

冯丽萍、卢华岩、徐彩华（2005）通过部件频率的改变，研究汉字加工中部件位置信息的作用。结果表明：对欧美学生来说，右部件和下部件的作用较强；对日韩学生来说，对左右结构的汉字因熟悉度较高而倾向于整字加工，上下两个部件则共同参与汉字识别过程。欧美学生的汉字表征体系和汉字加工方式有待进一步完善。并提出建议：注重部件位置的教学。注意汉字笔画和部件形体特征的教学，帮助学生形成良好的汉字书写习惯和有效的汉字识别能力。以形声字为主体，充分利用形声字的组合优势，帮助学生形成全面的汉字系统概念。对不同汉字背景的学生，在初期阶段应采用不同的教学方法，确定不同的教学目标。徐彩华（2007，2009）考察了留学生的汉字分解和整字识别过程，结果发现：留学生对方向逆反、部件替换的识别能力比较差，汉字形误识别经历了不同于母语者到接近母语者的发展过程，其学习汉语的前一年半是汉字形误识别能力发展的敏感期。在整字速示条件下，留学生表现出很强的任务特意性：整字识别中的监控难点是部件替换和笔画增减；分解识别任务中最困难的方向监控在整字识别中并不困难，说明留学生的汉字表征是从笼统的完形轮廓到细节，从"粗"到"细"逐步完善的过程。徐子亮（2003）分析了汉字背景与外国留学生认知汉语的关系：无汉字背景的外国留学生听说易于读写，书写记忆汉字困难，利用母语识记汉语词语；句式的掌握应用以简单句为主。有汉字背景的外国留学生阅读比听说快，利用汉字来识记和积累词语，易受母语文字中汉字意义和用法的干扰。

第二节　汉字习得策略研究

一、整体识记策略

姜丽萍（1998）、王碧霞等（1994）通过观察法探讨了基础阶段留学生识记汉字的心理过程，总结出留学生识记汉字主要采取以下联想策略：形象联想、结构联想和母语联想；留学生识记汉字的过程分模糊期、过渡期和适应期三个时期。石定果（1999）在母语者的汉字认知研究的基础上，提出应加大阅读量，使留学生凭借已有的汉字知识和上下文语境，理解阅读中的汉字、获取新的汉字知识。江新、赵果（2001）建构了一个汉字学习策略表，发现初级阶段外国留学生最常用的汉字学习策略是整体字形策略和复习策略。冯丽萍（2002）对不同母语背景的日本学生和欧美学生在汉字语音识别方面的规律进行了实验研究，并依据错误趋向对汉字识别策略进行了分析。研究发现：两种语言背景的学习者都具有了形声字和声旁意识，但日本学生对汉字的形音联结要明显好于欧美学生，二者在汉字语音识别中采用的策略也有所不同。赵果、江新（2002）对基础阶段留学生汉字学习策略有效性进行的调查研究表明：应用策略对提高汉字学习效果有很大帮助，字形策略很可能不利于汉字书写的学习，利用意符对汉字意义识别很有帮助，形声字学习比非形声字学习对策略的使用更敏感。柳燕梅、江新（2003）研究了初学汉语的欧美学生回忆默写法与重复抄写法两种汉字学习方法对学习效果的影响。实验发现，被试学习汉语字词时，用回忆默写法取得的成绩要比重复抄写法更好。在汉语字词形、音、义习得的三个方面，两种方法的影响不一样：对于字形成绩，回忆默写法更有效；对于字音和字义成绩，两者没有显著差异。结合记忆的加工水平理论和元记忆策略来讨论这些结果，认为汉字加工水平越深，学习效果越好，采用元记忆策略也会提高学习效果。李大遂（2011）指出，汉字教学要得法必须清楚地认识汉字的理据以及由此形成的形音义的系统性，然后利用汉字的理据和系统性去进行教学。

二、字形策略与字音策略

已有研究表明，外国留学生对声符表音作用的意识、对声符线索的利用是不够的。石定果、万业馨（1998）的研究要求高级阶段学习者报告自己在初级阶段学习汉字的方法，只有60%的被试选择"利用声符记音"。江新、赵果（2001）调查了初级汉语学习者的汉字学习策略，结果发现学生不经常使用"对声符或形符进行归纳"的学习策略。而江新（2001）通过纸笔测试发现：外国留学生对汉字形声字的读音也明显受到声符表音规则性的影响。外国留学生对形声字的读音规则性效应随汉语水平提高而增大。对形声字声符表音作用的意识随汉语水平提高而增强。因而，她提出，对外汉字教学，无论采用随文识字还是独立设课的方法，教材编写者和教师都应该非常重视形声字的教学，重视教学生认识声符的表音作用。郝美玲、舒华（2005）考察利用教学手段能否使初级阶段的留学生在短期内意识到汉语形声字声旁的表音功能，并积极利用该功能来学习和记忆生字。结果发现，规则字的读音正确率显著高于韵母相同字的读音正确率，且二者都远远高于不知声旁字的读音正确率。这表明，教学手段可以引导留学生发现声旁的表音功能并积极加以利用。陈文博（2008）分析了中亚地区留学生重"音"轻"字"的现象，认为实用性学习目的、汉字难学论和汉字教学模式等是主要原因。高立群（2001）对外国留学生在读音规则形声字和不规则形声字的错误进行了对比分析：国籍（母语）、HSK等级和留学生形声字的掌握有密切的关系；外国留学生对规则字和不规则字的学习掌握没有差别，表明他们对规则字和不规则字具有同样的依赖字形信息的加工策略；欧美和韩国留学生在不成字部件构成的汉字上的错误率高于成字部件构成的汉字，这部分支持了外国留学生在形声字的认知加工中主要依赖字形信息的观点。

三、策略训练和策略发展

石定果、万业馨（1998）调查了汉字学习态度与母语及文化背景的关系，证实了汉字学习能力与汉语综合知识水平的关系，提出应注意三点：第一，留学生对字音的高度重视超乎想象。应在汉字字音教学上加大力度，并找出有关规律。第二，留学生多数希望采取先整字然后归纳分析的教学步骤，与惯常主张的由独体到合体、由部件到整字的程序相悖。学生需要获得对整字的形音义的完整概念，在此基础上再进行层次分析，理解其结构原理，或许他们感觉这样更为系统和清晰。第三，学生多数赞成汉字和汉语教学同步进行，即随文识字，而不是另搞一套脱离语言课实际的汉字教学内容。单独设立的汉字课也宜考虑与语言课的协调。万业馨（2015）指出，解决汉字教学问题，须实现以下几点：学生对整个汉字符号体系有总体的了解和把握；对汉字（字）和汉语（词）的关系有比较清楚、深入的认识并具有主动学习汉字的能力。一是改变思路——变一味追求识字量为"温故知新"，立足于汉字汉语特点和两者关系设计认知途径；变"语""文"并立为相互促进。二是改变设计——将练习与游戏作为教材的主体，最大限度地提高字词复现率。三是改变"主体"——以学生为中心，教材为学生了解汉字符号体系和字词关系提供认识的平台，便于学生提高认知能力、优化思维方式。李蕊（2009）进行了一项汉字学习策略的"介入性"实验研究，对实验组的留学生所进行的"声旁系联"策略引导，有力地促进了留学生正确书写形声字的能力，减少了同声旁字之间的混淆，同时也加强了对形旁的认识。柳燕梅（2009）探索了汉字部件策略的训练教学中，分散训练和集中训练两种方式对学生策略使用的影响。结果发现，策略训练会使学生的策略使用频率有所提高，分散训练方式的效果略优于集中训练方式，两种方式效果的差异极其接近显著。而且参加训练的学生在记忆汉字时的书写负担减轻了。这说明，在汉语教学的初级阶段开展汉字策略训练是必要的、可教的和有效的。马明艳（2007）针对非汉字圈零起点留学生的个案研究，以学生课程笔记和练习本中书写的汉字为主要材料，从书写错误、字形策略、记忆策略、应用策略、复习策略、归纳策略等角度出发，分析了该个案汉字学习策略的阶段性特征及发展趋势，并通过汉字测试和学习策略调查等辅助手段，对该生学习策略的使用与发展趋势进行了对照性研究。研究结果显示：①汉字书写量影响汉字书写法的掌握。②学习策略随书写量的增加呈以下发展趋势：字形策略的发展显示对汉字的关注从整体到局部，学习者的汉字认知顺序与教学顺序存在差异，形声字的义符与声符始终没有成为学习者记忆汉字形体的有效手段，且随着识字量的增加，读音对字形的干扰开始出现；记忆策略体现出利用媒介语帮助音义记忆具有阶段性，对识字、用字、写字的关系需要一个逐步认识过程；应用策略随书写量增加由求知性向交际性过渡；复习策略随识字量增多由无监控、无计划发展到有监控、有计划；归纳策略呈现由读音到字形到字义到词义的多元化。③学习策略的选择对学习效果有显著影响。

第三节　汉字习得偏误认知研究

与拼音文字的习得不同，外国学习者的汉字书写偏误具有普遍性、长期性的特点，汉字偏误可以从一个侧面反映出汉字教学存在的症结、教材问题及学习方法的不足，更重要的是可以折射出学习者学习汉字的认知过程及识记困难。

一、汉字偏误总体研究

杜同惠（1993）较早探讨留学生的汉字偏误的规律，把其偏误分为字素混淆、字素易位、字素遗失、笔画增损、笔画变形、结构错位、音同字错、混音错字等 8 种，并把错误归因于认知、习惯、学习态度 3 个方面，涉及了二语习得中的认知、迁移和动机等理论问题。吴世雄（1998）运用心理学有关认知和记忆汉字的理论，分析了留学生写出错别字的心理过程。施正宇（1999，2000）分析了外国留学生书写的字形偏误，指出其汉字习得也存在着一个中介状态，并将书写偏误划分为非字、假字、别字，为客观、准确地描述留学生汉字习得过程的中介状态提供了一种参考依据。江新、柳燕梅（2004）和尉万传（2004）通过研究外国学生在自然写作中出现的汉字书写错误类型，探讨汉字书写知识的形成和发展规律。结果显示：①在书写错误中错字比别字多，但随着识字量增加，被试汉字书写中的错字错误减少，而别字错误增多。②在全部汉字书写错误中，由字形相似导致的错误多于由字音相似导致的错误，但随着识字量增加，被试汉字书写中的字形错误减少，而字音错误增多。在别字错误中字形和字音错误也存在类似的趋势。北京语言大学"外国留学生错别字数据库"课题组（2006）利用团队优势和语料库技术手段全面展开外国学生汉字偏误类型、频率与分布等方面的系统研究，可以整合偏误分析与汉字习得研究的其他方面。孙文访（2007）对不同阶段外国留学生汉字偏误类型做了统计和成因分析。

其中还有针对具体学习群体的汉字偏误研究，尉万传（2004，2007）对留学生的一个主要群体——东南亚华裔留学生的汉字进行了共时和历时两个维度的综合考察。陈瑛（2011）通过统计分析，比较了汉字文化圈和非汉字文化圈学习者的偏误情况：非汉字文化圈的学习者更容易受字音影响，音近字是他们在书写时最主要的困难，在错字方面，部件的混淆和错写是主要问题；汉字文化圈的学习者更易受母语文字书写规则的影响，主要表现为笔画、笔形和部件的书写错误。

二、形声字、部件、笔画偏误研究

陈慧（2001）以实验方法研究了外国学生识别形声字所产生的偏误，共分为

5 类：规则性错误、一致性错误、词语连贯性错误、拼音错误和随意性错误。表明外国学生先认识到形声字声旁具有表音作用，继而认识到形声字声旁表音的局限性。高立群（2001）对外国留学生在读音规则形声字和不规则形声字上的错误进行了对比分析。结果显示，国籍（母语）、HSK 等级和留学生形声字掌握有密切的关系；外国留学生对规则字和不规则字的学习掌握没有差别。这表明他们对规则字和不规则字使用同样的依赖字形信息加工的策略，欧美留学生和韩国留学生在不成字部件构成的汉字的错误率高于成字部件构成的汉字。部件的偏误研究也受到重视：肖奚强（2002）讨论了外国学生成系统的 3 大类部件偏误：部件的改换、部件的增减及部件的变形与变位，试图揭示汉字书写方面人类共同的认知心理。安然、单韵鸣（2006）描述了 4 名非汉字圈学生书写汉字及修正的过程，发现其偏误具有相似性，笔画偏误的修正显著。

第四节　目前二语汉字教学中存在的问题及本书的研究目标

一、第二语言汉字教学中存在的问题

孙德金（2006）认为汉字及汉字教学研究存在着以下不足：

（1）汉字理论研究和汉字教学研究缺乏有机结合。

汉字教学研究中存在的问题主要是理论和实践相结合的问题。虽然已经出现了相互渗透的可喜趋势，但其中有些问题尚未得到解决。从事本体研究，进行理论探讨完全可以自成一家，但作为教学基础的本体理论则无法忽略以下问题：首先，这一理论是否符合汉字体系的真相。因为汉字教学的目的就是让学习者了解并学会掌握、运用汉字，如果我们自身对汉字的了解不清楚或相对片面，势必会导致学习者认识上的偏误。其中典型的例子当属汉字是表意文字的看法。作为汉字性质讨论，自可见仁见智，继续进行下去。但根据这一认识，汉字教学中几乎没有音符教学的位置。结果是学生只是学了独体表意字，既不能就此得到形声字字义，又无法了解声旁的表音状况。其次，是否做过可行性论证。即这样的理论或看法在教学实践中有无实施的可能。例如先教独体字，后教合体字，对这一主张的根据自然也经过认真思考，如：符合汉字造字的历史进程；认知上由易到难，符合循序渐进的学习规律等。姑且不论是否真的符合历史进程，也不论现行汉字教学是否应该符合历史进程，只要考虑一下作为声旁的独体字（或非独体字）的常用程度，就可以知道这样的主张实行起来绝非易事。

（2）汉字教学研究的可行性论证尚需加强。

汉字教学研究的目的是改进教学模式和方法，进而提高教学效率和质量，因此，比较理想的做法是先进行一定的理论思考，再进行教学设计，并进行教学实验，最后拿出成果。遗憾的是，有不少文章在做了理论探讨后常常只是提出构想，但是否已经实施并未做明确交代。因此，这类研究的可信性就要打折扣了。

（3）非汉字文化圈汉字教学研究不够深入。

针对性教学是多年来一直强调的理念，但在汉字教学研究中做得还很不够，尤其是针对非汉字文化圈学生的汉字教学研究非常欠缺。有的文章谈的虽然是西方国家汉字教学的问题，但好像对汉字圈的学生也适用。很难看到微观的实证性的好文章。对非汉字文化圈学生的汉字教学应该是对外汉字教学的重点，加强这方面的研究属当务之急。

（4）调查过程仍存在缺陷。

由于各种条件的限制，调查的全面性、科学性、系统性等方面都存在一些问题。①

我们还发现汉语国际教育中的汉字习得和教学研究存在以下问题：

（1）缺少基于较大规模语料的系统实证研究。

以往研究，或聚焦于某国别的学习者，或笼统地对不同背景的各国学习者的汉字偏误进行研究；感悟式、经验式探讨较多，大多局限于定性描述和分析，而基于较大规模语料，通过定量统计和数据分析，结合对学习者背景因素考察，对各类汉字偏误及习得情况进行的系统研究还比较欠缺。

（2）共时研究和历时研究的相互参照不够。

已有研究主要集中于某个阶段的静态分析，而没有结合共时研究对不同阶段的汉字习得及偏误状况进行多维的综合分析，对其各阶段动态的汉字习得发展规律还缺少深入认识，也未总结出操作性较强的分阶段汉字教学策略和范式。

（3）对东盟国家汉语学习者汉字习得的研究不够。

以往研究对非汉字文化圈的欧美学习者的汉字习得研究比较重视、相对充分；而对于东盟国家汉字习得的研究还比较薄弱，尤其缺少结合其汉语学习背景的系统研究。

二、本书的研究目标

本书拟从一定程度上弥补以上问题和不足，试图达到如下目标：

---

① 孙德金. 对外汉字教学研究［M］. 北京：商务印书馆，2006：13 – 15.

（1）基于已有第二语言汉字习得和汉字教学研究的成果，从汉字偏误中介语语料库出发，并进一步从东盟国家汉语学习者第一手材料（主要为试卷、作文、作业等）中搜集增补汉字偏误语料，经过整理、转录、归类、标注建立一个"东盟国家汉语学习者汉字偏误语料库"。

（2）基于语料库的统计分析，结合东盟各国的汉语学习背景，考察东盟国家汉语学习者汉字习得的总体特征和规律，包括其汉字偏误的各种不同类型及其分布特征，厘清其汉字习得中存在的主要问题，分析其成因。

（3）基于语料库的量化分析，对东盟国家汉语学习者在初级—中级—高级三个阶段的汉字偏误和习得情况进行比较研究，力图发现他们汉字习得的阶段性特点和历时演变规律，找出各不同阶段存在的主要问题及其原因。

（4）将量化分析和理论探讨有机结合，探讨适用于东盟国家汉语学习者的行之有效的汉字教学模式和汉字学习策略，进而为其他汉语学习群体的汉字习得研究提供一种比较和借鉴，为其汉字教学效率的提高提供一块"它山之石"。

（5）在此基础上，探讨汉字二语教学的内容、方法、教材、教学示例等方面的内容，为东盟国家的二语汉字教学系统化、规范化"抛砖引玉"，并进而为整个汉语国际教育的汉字教学提供参考和借鉴。

第三章 东盟国家汉语学习者汉字偏误的总体情况及特征

第一节 关于语料、偏误记录以及研究依据

一、语料

语料主要来自笔者多年来收集到的东盟国家汉语学习者的试卷、作文、听写、作业，笔者平时任教期间所搜集的汉语手写书面材料，以及中山大学汉字偏误中介语语料库（《中山大学汉字偏误标注的汉语连续性中介语语料库》）。由于精力、能力有限，语料绝不可能囊括考察对象的所有汉字偏误，在搜集和整理过程中很可能会漏掉一小部分。另外，在语料的整理过程中，我们经过几次转录（第一次由原始材料直接仿写摘录，第二次按学习的阶段以偏误字的正字的汉语拼音排序以便索引，第三次根据分类整理转录），体现在本书中的手写例字已经不可能对原始语料"穷形尽相"，只能是一种近似的描摹，但是我们都尽量保留了原字书写（尤其是偏误部分的）的基本面貌，而且根据我们所列的索引，可以很容易地找到必要的上下文语境记录。

二、偏误记录方法

不同人在同一阶段对同一汉字的不同偏误都分别记录，对同一人在同一阶段对同一汉字的相同偏误无论多少次均记为一次，不同人在同一阶段的同一汉字的同一偏误分人次记录，同一汉字的不同偏误情况分别予以记录，一字若同时有几处不同偏误情况，我们分解记录（即有几种偏误记为几个）。对于少数兼类的情况，不是武断地归入某一类，而是分记于所兼各类。我们认为这样的分类和记录可以更为客观、全面、准确地反映汉字偏误的各种不同情况。对于不符合现代汉字规范标准的汉字，如繁体字、异体字、旧体字等也一律记为偏误的一类——不规范字。

三、本书的研究依据

《汉字信息字典》由上海汉语拼音文字研究组和上海交通大学汉字编码研究

组编订，共收 11 254 个字，其中正体字 7 785 个，繁、异、别体字 3 469 个。本研究使用了该字典所提供的笔画数，字形规范参考本字典及傅永和《规范汉字》等。

《信息处理用 GB. 13000. 1 字符集汉字部件规范》由国家语言文字工作委员会中文信息司提出，规定了 GB13000. 1 字符的《汉字基础部件表》。本书使用了其中的部件数信息。

本书中笔形的划分与称谓主要以张静贤《现代汉字教程》为依据，同时参考黄伯荣、廖序东主编《现代汉语》。

本书的笔顺使用国家语委和新闻出版署于 1997 年 4 月联合发布的《现代汉语通用字笔顺规范》。

四、汉字偏误的认定、分类和原因分析

在有关语言研究的偏误分析中，"认定偏误不容易，给偏误分类更困难，而分析确定偏误的原因尤其困难"已经是不争的共识。我们在分析东盟国家汉语学习者的汉字偏误的过程中也深深体会到了这一点。与印刷体截然不同的是，各个书写者在汉字手写体上所表现出的变化是多种多样、千姿百态的，我们对偏误的认定也只能是凭自己的肉眼，按照汉字楷体的一般书写规范予以判断，遇有极少数拿不准的字，一方面翻查工具书，一方面请教有经验的专家学者帮助判断。

关于汉字偏误类型的划分，我们参阅了张旺熹（1990）、安藤亮大（2000）、施正宇（1999，2001）、肖奚强（2002）和杜维东（2003）等的分类方法和标准，并在此基础上根据研究对象语料的实际情况作做了一些改进；本着尽量减少交叉、细化分类，但又不失分类意义的原则进行了分类；从汉字偏误部分的大小（笔画、部件、整字）着眼，显示汉字偏误的层级性分布信息和偏误背后的一定理据性信息。

造成一种偏误的原因往往是多方面、多层次的，我们对偏误原因的分析不求面面俱到，但尽量从我们在收集语料的过程中所发现的问题和语料的客观实际情况出发，推断出某种偏误最为可能的产生原因，以尽可能地避免主观性和片面性。

另外，这里的偏误考察和分析主要限于对汉字书写偏误的考察研究，汉字的认读、识记、保持等方面的问题不是本书的主要关注点。

第二节 东盟国家汉语学习者汉字偏误分类及分布

一、偏误分类及举例

参考传统的分类方法，首先把东盟国家汉语学习者的汉字偏误分为三大类：第一大类为错字（记为 C），第二大类为别字（记为 B），第三大类为不规范字（记为 A）。

第一大类（C）分为笔画错误（C1）、部件错误（C2）和其他（C3）。其中，C1 又分为：

汉字所无的笔画错误（C1a）。如：品（品）、共（共）、笑（笑）、个（个）。

笔形错误和笔画组合关系错误（C1b）。如：比（比）、手（手）、舍（舍）、皮（皮）。

笔画增减错误（C1c）。如：便（便）、词（词）、饭（饭）、式（式）。

C2 又分为：

部件镜像位置改变（C2a）。如：沿（沿）、歌（歌）、架（架）、随（随）。

部件增减（C2b）。如：意（意）、套（套）、爱（爱）、馆（馆）。

部件错写或错用（C2c）。如：冻（冻）、楚（楚）、店（店）、故（故）。

C3 是由于上下文、第一语言或汉语方言等影响所致。如：阻（阻）止、旅（旅）游、耐（耐）心、认真（真）、半（半）、门（问）题、稍（微）笑。

第二大类（B）分为字形相近（B1）、字音相近（B2）和音形皆近（B3）。

B1 如：华（毕）、外（处）、苹（菜）、报（极）、体（休）、高（亮）。

B2 分为：

声母相同（B2a）。如：跟（更）、心（兴）、育（意）、经（纪）。

韵母相同（B2b）。如：比（啤）、重（从）、说（所）、逛（旷）。

声韵母均同（B2c）。如：乘（承）、到（道）、生（声）、受（收）。

B3 如：搏（博）、怀（坏）、杨（扬）、陪（培）、期（欺）、历（厉）。

第三大类（A）不规范字。如：們（们）、羣（群）、幷（并）、眞（真）。

二、偏误类型分布

表 3 - 1　东盟国家汉语学习者汉字偏误分布情况表

类型	C							B					A	总计
	C1			C2			C3	B1	B2			B3		
	C1a	C1b	C1c	C2a	C2b	C2c			B2a	B2b	B2c			
数量（个）	279	680	965	48	57	1 203	52	473	26	28	351	732	137	5 031
比例（%）	5.54	13.51	19.18	0.95	1.13	23.91	1.03	9.40	0.51	0.55	6.97	14.54	2.72	100

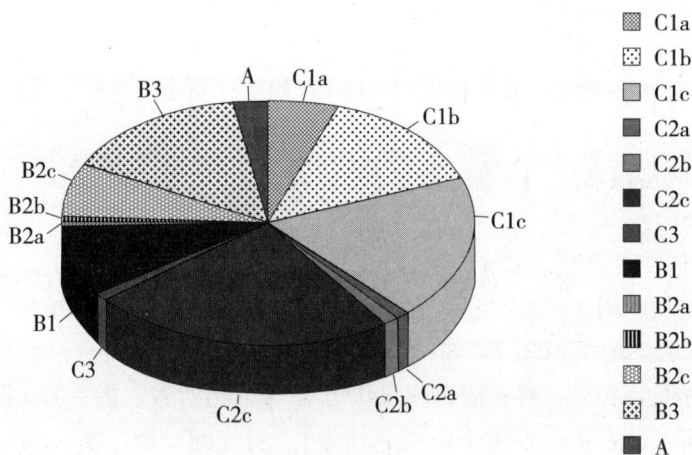

图 3 - 1　东盟国家汉语学习者汉字偏误分布情况图

第三节　东盟国家汉语学习者汉字偏误的总体特征

一、各个偏误类型量的分布差异性

从图 3 - 1 和表 3 - 1 我们可以看出，各种偏误类型的量的分布极不均衡。就三个大类而言，错字所占比例最大（3 284，65.28%），别字次之（1 610，32.00%），不规范字所占比例最小（137，2.72%）。

就小类而言，所占比例由大到小的排列次序为：

（1）部件错写或错用 C2c（23.91%）。

（2）笔画增减 C1c（19.18%）。

（3）音形皆近 B3（14.54%）。

（4）笔形错误和笔画组合关系错误 C1b（13.51%）。

（5）字形相近 B1（9.40%）。

（6）声韵母均同 B2c（6.97%）。

（7）汉字所无笔画 C1a（5.54%）。

（8）不规范字 A（2.72%）。

（9）部件增减 C2b（1.13%）。

（10）其他（由于上下文、第一语言或方言等影响所致）C3（1.03%）。

（11）部件镜像位置改变 C2a（0.95%）。

（12）韵母相同 B2b（0.55%）。

（13）声母相同 B2a（0.51%）。

其中，（1）至（6）各项比例之和为 87.51%，而（7）至（13）各项之和仅为 12.43%。这个偏误类型数量分布的情况启示我们：以往对外国人汉字偏误不经量的分析，把各种偏误不分轻重主次地罗列出来，然后一视同仁地加以处理的做法是欠妥的；单凭主观印象而不对语料进行量化统计分析考察，就难以看到偏误的主流和支流，相应的汉字教学就缺乏有针对性的、行之有效的教学策略。

二、与欧美、日韩汉语学习者的异同

根据我们的考察，东盟国家汉语学习者汉字偏误的情况既不完全同于欧美学习者，也不完全同于日韩学习者。相同之处在于东盟国家汉语学习者的偏误类型大部分和欧美、日韩学习者的偏误是一致的。不同之处在于东盟国家汉语学习者的偏误更加复杂多样，不仅具有前两者的错误类型，而且还有繁体、异体、旧体以及受其母语或汉语方言的影响所产生的偏误等。当然，各种偏误的量的分布也与欧美、日韩学习者存在着较大的差异。这是东盟国家汉语学习者汉字偏误的总体特征之一①。

三、差异性和不均衡性

根据我们收集语料的过程和抽样统计发现，在东盟国家汉语学习者内部，汉字偏误分布又具有很明显的不平衡性，国别差异和个体差异也是显而易见的。从

---

① 参见石定果，万业馨．关于对外汉字教学的调查报告［J］．语言教学与研究，1998（1）；安藤亮大．留学生汉字书写错误的综合考察与成因分析［D］．北京：北京语言文化大学，2000。我们同时抽样考察了部分欧美、日韩汉语学习者的汉字偏误情况。

国别来看，新加坡、马来西亚、越南学生的偏误最少，泰国、菲律宾、印度尼西亚次之，缅甸、老挝、柬埔寨等则相对较多。个体差异表现在同一试卷或作文中，不仅不同国家的学生之间存在较大差异，同一国家同一级别学生的汉字偏误量也相差悬殊，有的甚至达几倍。这显然与东盟国家汉语学习者复杂的汉语学习背景密切相关（参见第五章）。这种情况也和学习程度相对均衡的欧美、日韩等国汉语二语学习者有所不同。

第四节　东盟国家汉语学习者汉字偏误分布的启示

一、偏误呈现出明显第二语言学习者的特征

从以上的偏误类型及分布看，笔画类和部件类偏误情况比较突出，特别是汉语母语者一般不会出现的非字类偏误还占较大比例。这说明他们对汉字的基本认知或"字感"与汉语母语者有着显著的不同，说明汉字确实是他们汉语学习中的一大障碍和难点，需要教师从教学的各个环节（教材编写、课程设置、课堂教学、课后作业与辅导等）予以重视，突出汉字在整个汉语教学中的地位。

二、东盟国家汉字偏误分析需结合学习者背景的考察

与其他地区或国家的汉语学习者相比，东盟国家汉语学习者在汉字偏误方面表现出更为复杂的偏误类型和分布状况。这是因为东盟国家历史渊源悠久，分布有人数众多的华侨华人，因而其汉语学习背景相比于其他地区或国家的学习者异常复杂。因此，东盟国家汉语二语习得研究以及汉字偏误分析必须结合这个背景进行考察。

第四章　东盟国家汉语学习者各阶段汉字偏误及演变规律

以下是东盟国家汉语学习者汉字偏误阶段性分析对照表（见表4-1），下面就这些偏误逐项进行对比分析。

表4-1　东盟国家汉语学习者汉字偏误阶段性分析对照表

	C						B					A	总计
	C1			C2			C3	B1	B2			B3	
	C1a	C1b	C1c	C2a	C2b	C2c			B2a	B2b	B2c		
总计	279	680	965	48	57	1 203	52	473	26	28	351	732	137	5 031
	5.54	13.51	19.18	0.95	1.13	23.91	1.03	9.40	0.51	0.55	6.97	14.54	2.72	100
初级	76	356	512	24	25	478	14	148	13	4	85	235	67	2 037
	3.73	17.48	25.14	1.18	1.23	23.47	0.69	7.27	0.64	0.20	4.17	11.54	3.29	40.49
中级	125	227	344	15	18	498	18	169	7	17	113	237	15	1 803
	6.93	12.59	19.07	0.83	1.00	27.62	1.00	9.37	0.39	0.94	6.27	13.14	0.83	35.84
高级	78	97	109	9	14	227	20	156	6	7	153	260	55	1 191
	6.55	8.14	9.15	0.76	1.18	19.06	1.68	13.10	0.50	0.59	12.85	21.83	4.62	23.67

注：每栏上一数字为在本阶段的偏误的数量（个），下一数字为此偏误占本阶段偏误比例（%）（精确到小数点后两位，下同）。

第一节　笔画偏误

首先考察错字部分（C）的笔画错误类（C1）。

要全面考察笔画偏误，必须首先廓清笔画的属性问题。作为记录汉语的书面符号系统，"汉字是在一个两维度的平面上来构形的，这个两维度的空间为汉字构件的结合提供了很多区别的因素"[①]。"笔画是指构成汉字的线条，是汉字构形

---

① 王宁. 汉字学基础 [M]. 北京：科学出版社，1997：7.

的最小单位。……落笔处是笔画的起点，提笔处是笔画的终点。"① 笔画的属性是指笔画在写构汉字时本身所负荷的信息，是指笔画在写构汉字过程中本身具有的特性和功能，具体来说包括笔画的形状、数目、组合关系以及笔顺四个方面。汉字笔画层次的形体特征正是通过上述四个方面来体现的。② 下面我们就上述四个方面的特征对东盟国家汉语学习者的汉字笔画偏误进行分析。

一、笔画形状

笔画的形状，简称笔形，是指笔画的样式或形式，也有人称之为笔画的种类。关于笔形，我国目前还没有统一的国家标准，学术界就笔形的看法也不尽一致。张静贤从对外汉语教学的需要出发，逐笔统计了《印刷通用汉字字形表》所收的 6 196 个汉字出现的各种笔形，把汉字分为基本笔形（或者称为简单笔形）和派生笔形（或者称为合成笔形）两大类③。基本笔形是由简单的点或线构成的笔画，共计 6 种（横、竖、撇、点、捺和提）；派生笔形则是由两个或者两个以上的基本笔画连接而成的笔画，共计 25 种④。

汉字笔画有时受邻接笔画或形体结构的影响制约，"为了保持全字的紧凑、匀称，给人以内聚、向心、平稳、端庄的形象，有的笔画在特定的场合要改变笔形"⑤。这在独体字偏旁化的过程中表现得尤为明显。例如汉字构件"土"的第三笔是"横"，但当"土"作为左偏旁构字时，末笔"横"就要改为"提"，如"城"；除了"横"改"提"外，还有"捺"改"点"（火—灯、木—材、人—从）、"撇改竖"（月—背）、"竖改撇"（半—判）、"竖改竖钩"（木—杀、杂、亲）等现象。这种形变当然是必要的，却给不了解汉字形变规律的初学者尤其是外国汉语学习者增加了记忆负担。而且，如果执教者在教学中对此熟视无睹，不予必要的提示，学习者在书写过程中很可能忽略这种形变而导致错误，而这种错误出现后执教者又往往习焉不察。初级阶段汉语学习者的汉字笔画偏误有一部分属于这种情况。

除了上述汉字笔形变化现象外，汉字的笔形一般说来都是固定不变的，而正是这种固定不变的笔画形状组合成汉字各不相同的面貌，使汉字相互区别开来。

---

① 苏培成. 现代汉字学纲要［M］. 北京：北京大学出版社，2001：65.

② 梁彦民. 笔画层次的形体区别特征初步分析［C］//北京语言文化大学参加第七届国际汉语讨论会论文集. 北京：北京语言文化大学科研处，2002：35 – 36.

③ 张静贤. 现代汉字教程［M］. 北京：现代出版社，1992：31 – 32.

④ 苏培成. 现代汉字学纲要［M］. 北京：北京大学出版社，2001：69.

⑤ 梁彦民. 笔画层次的形体区别特征初步分析［C］//北京语言文化大学参加第七届国际汉语讨论会论文集. 北京：北京语言文化大学科研处，2002：33.

因此，笔画形状是汉字区别特征的一个基本因素。违背这种形体区别规律，就形成错字——汉字体系根本不存在的字，或者形成别字（B1 类中的一小部分）。

错字如：

"点"错为"撇"或相反：冬—冬　尽—尽　佟—修；

"横钩"错为"横"：皮—皮　楚—楚　次—次；

"横"错为"撇"或相反：赵—赶　手—手；

"竖钩"和"竖提"错为"竖"：利—利　民—民。

别字如：

"撇"错为"横"或相反：千—干　升—开；

"横折钩"错为"撇"：仓—仑。

偏误总表所列的 C1a 类（汉字所无笔画错误），尽管看似部件错误，肖奚强都归为部件的变形与变位，但实际上却都是由笔画形状偏误造成的。如，等—等、临—临、个—个、共—共、可—可、山—山等。这类偏误主要是由于学习者的第一语言或所熟悉的先于汉语的第二语言的文字为字母文字，他们把字母类推为汉字笔画所造成的同化现象。肖奚强认为，这种源于字母的迁移多产生于初学者，但也可能因化石化而在高水平的学习者中看到，不过后者出现的频率要低得多[①]。根据我们的统计，东盟国家汉语学习者的偏误情况与这种说法并不完全一致，如图 4-1：

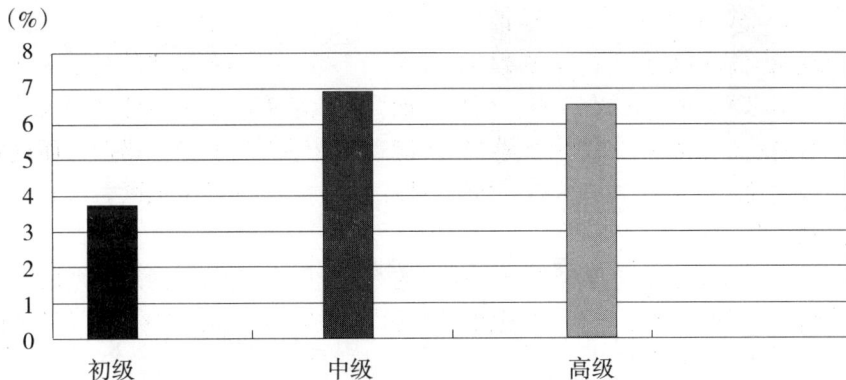

图 4-1　东盟国家汉语学习者偏误情况图

图 4-1 显示，这种偏误在三个阶段都占有一定的比例，而且从初级到中高

---

① 肖奚强. 外国学生汉字偏误分析 [J]. 世界汉语教学，2002（2）：82.

级呈明显上升趋势（分别为 3.73%、6.93%、6.55%），而中级和高级之间的差异不大，级别较高的学习者这类偏误的频率不是降低了，而是升高了。从我们所收集到的这类偏误汉字来看，三个级别表现出相当大的一致性，即在中高级阶段出现的偏误字基本上都已在初级阶段出现了，而且都错在相同部件的相同笔画上。如，"竹"字头写为两个 k，"人"写得如倒"V"，"口"写得类似"D"或"O"，"官"的下部写为"B"等。这说明这种笔画偏误的化石化现象在东盟国家汉语学习者中的确是存在的。究其原因，是因为这类偏误表现在汉语学习者的书写上，往往在似与不似之间，需要特别仔细辨别；有时甚至是在学生书写的过程中才可以发现，因而在初级阶段未能得到有效的强化纠正；再加上第一语言文字（或二语字母）的影响根深蒂固，而这类偏误的部件又多为常用者，随着学生汉字量的扩大，此类偏误量的增大也就不足为奇了。这种偏误也见于母语为字母文字的欧美汉语学习者中，而在日韩汉语学习者中则不存在。很显然，这是一种比较典型的语际负迁移现象。

　　关于 C1b 类偏误（笔形错误和笔画组合关系错误）在各阶段所占百分比见图 4-2：

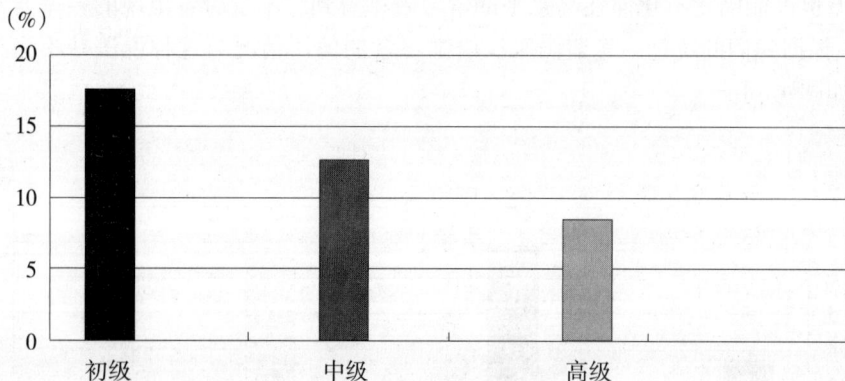

图 4-2　C1b 类偏误情况图

　　图 4-2 表明，此类偏误（初级 17.48%，中级 12.59%，高级 8.14%）在各阶段都应该引起重视，初级阶段的问题则更为突出；从初级到高级，此类偏误所占百分比呈明显的下降趋势。而且通过对原始语料的进一步分析，我们发现：在这种偏误中，笔画、笔形错误在初级阶段所占比重较大，而笔画相对位置关系偏误则在中高级阶段渐渐突出。这说明东盟国家汉语学习者的初学者尽管大多已经通过各种途径获得不同程度的说汉语或读汉语的能力，对汉字也不陌生，但尚未形成基本的汉字书写能力，或者还处于类似中国的学前儿童的汉字书写水平上；

中高级阶段的学习者随汉语汉字学习的深入、汉字书写的增多和熟练程度的提高，对各种具体笔画形状的认知水平逐渐提高，但在笔画间的相对位置关系上依然存在着较大的困难。

我们发现，单纯的六种基本笔画除了在 C1c 中出现的增减问题较为突出之外，本身出错很少，笔形偏误问题实际上在各阶段都主要反映在复合笔画的偏误上（张静贤所说的复合笔画也即黄伯荣、廖序东和易洪川等所谓的折笔。以下简称"折笔"）。这是因为与其他基本笔形相比较，折笔的形成较为复杂。根据笔画的定义，多笔之间笔尾、笔首相连是折笔明确的形式特征。表面看起来，折笔的认定和书写似乎不成问题，例如，"丑"字中的第一笔是折笔，而"厂"不是折笔，就是因为"厂"是笔首和笔首相连，而非笔尾和笔首相连。事实上，多笔之间的首尾相连还有种种复杂的情况（与下面要讨论的笔画的相互关系和笔顺问题也密切相关）。这主要表现在：

（1）折笔的笔向变化多端。

横、竖、撇、捺、提等基本笔形，线段比较平直，笔向即笔画的走向单纯而固定。横类（横笔、提笔）笔形的基本笔向是从左至右，不过提笔是从左下至右微上。竖类（竖、撇、捺）笔形的基本笔向是从上到下，只是撇笔的笔向是从右上至左下，捺笔是从左上至右下。折笔的情况就复杂得多了，它总会出现这样那样的变化，例如，"乃"字的第一笔，算上顺时针方向的钩，总共变了四次，方向、笔形的每次改变，都造成了不同的折笔。黄伯荣、廖序东主编的《现代汉语》共载有变化笔画 36 种，其中 25 种都是折笔[1]。

（2）折笔和非折笔对于汉语学习者来说并不容易区别。

多笔之间笔尾、笔首相连只是折笔形成的必要条件，而非充分条件，如"反、爪、臼"三字中第一笔和第二笔的撇与撇、撇与竖尽管是笔首、笔尾相连，但传统上并不被看作折笔。有些汉语学习者不仅把这种情况看作折笔，甚至将连接处写成弧状。

（3）折笔内部的构成成分也不同。

折笔实际上包括了无钩折（如，"么"字中的第二笔是撇笔、横笔的合成，"专"字中的第三笔是由竖笔、横笔、撇笔三合而成）、含钩二合折（如，"买"字第一笔即横笔尾部黏合一个钩合成，"于、我"同此，但是其中钩的笔向又各不相同）、含钩多合折（如，"司、乃、九"等字中的折笔）[2]。

---

[1]　黄伯荣，廖序东. 现代汉语［M］. 北京：高等教育出版社，1997：179.

[2]　易洪川. 折笔的研究与教学［J］. 语言文字应用，2001（4）：55.

汉语初学者对这些并不十分清楚，出错亦在所难免。可见，看似简单的折笔其实有很多需要探讨的问题。

二、笔画组合关系

在 C1b 中，笔画组合关系偏误是除复合笔画偏误之外另一种主要的偏误情况。

汉字体系中，除了"一""乙"两字以外，凡是由两个或两个以上书写单位组构而成的汉字，都存在着字形内部的笔画组合关系。对于这种关系学界意见尚不一致。一种看法认为笔画组合关系有三种类型：相离、相接、相交，张静贤、高家莺和黄伯荣、廖序东可以看作这种看法的代表。另一种看法认为笔画组合关系有四种类型，较早有丁西林认为笔画组合关系包括"分离、相交、相切、连接"四种①。傅永和则把"相切、连接"归并为"相接"一个大类中的两个小类，并分别描述为"一种是一个笔画的笔首或笔尾与另一个笔画的身段相接（丁西林归为'相切'），如：人、入、刀、丁、上、正、乍、己、卫、久等；另一种是一个笔画的笔首或笔尾与另一个笔画的笔首或笔尾相接（丁西林归为'相接'），如：厂、了、几、口、弓等"②。

我们认为，把傅永和上面所描述的"相接"中的两小类区分开来，即按丁西林的方法归类是必要的。因为二者的视觉差别是明显的，而且是大量客观存在的，完全归并为"相接"不足以揭示汉字字形的微观区别特征，对汉语学习者进行教学时，不提示这种区别就显然不够细致。比如，"已"和"己"即是以这两种关系为区别特征，构件"厂"与"一"也是因为上述两种关系而实现形体的区别。我们发现东盟国家汉语学习者恰恰在这些细小处出现了不少问题。

除了上述四种笔画组合关系外，还有一种笔画对比关系，似不应排除在笔画组合关系之外。东盟国家汉语学习者在这种关系上的偏误也是值得注意的。所谓对比关系，是指笔画在空间位置上体现出来的对比关系。例如，"士"与"土"，两字都是由两个横笔和一个竖笔组成，笔画的数目和形状都是一样的，二者的区别只在于"士"字中，上边的横笔相对较长，而下边的横笔相对较短；"土"字正好相反。但如果不区别这种笔画对比关系，"士""土"二字字形则难以区别，同样的还有"未"和"末"。这两组字中两个横笔互相对立，仅靠相互对比关系实现形体区别。不仅如此，有些汉字中正常的笔画对比关系发生变化后，很多字

---

① 丁西林. 汉字的笔画结构及其写法与计算笔画的规则［J］. 中国语文，1956（8）.
② 傅永和. 汉字的笔画［J］. 语文建设，1992（1）.

就不再像个汉字，或者至少不像一个规范汉字了，如，"吉""告"字中的两横，"寒"字中的三横，汉语学习者写的相对关系不对就造成偏误（部件之间实际上也存在类似的对比关系，如"冒"字的上下两部分）。因此，我们认为，笔画对比关系应为"相离""相交""相切""相接"以外的第五种笔画组合关系。不过，这种关系比较集中于横与横的对比，而其他笔画间则并不多见①。另外，笔画相对位置（包括笔画与部件的相对位置）的改变也是一常见偏误。如"或"字之中的"口"和提笔上下位置颠倒。

　　笔画组合关系是汉字区别特征的一个重要方面，初级阶段汉语学习者由于对这种区别细微的关系认识水平有限，经常因混淆笔画组合或位置关系而导致汉字偏误（其中有一部分是兼属 B1 类的），现举例如下：

相离关系之误：冂—门　守—守　戓—或

相交关系之误：有—有　矢—失　译—译

相切关系之误：冉—再　号—号　石—石

相接关系之误：已—己　宫—官　几—几

对比关系之误：主—主　黄—黄　末—未

　　实际上，有很多偏误是由多种笔画关系的误用造成的，如上文的"再"，还有常见的"那"的左边错为"月"实际上含有两种笔画关系的错误；其中"那"的横折钩与撇本为相切关系，被误为相接关系，两个横笔与撇为相交关系，被误为相切关系。

　　需要指出的是，在 C1a 和 C1b 中，有一些偏误实际上与笔顺问题难以截然分开（见下述）。

三、笔顺

　　笔顺是书写汉字时下笔的先后顺序。这里我们要讨论的笔顺包括两方面的内容：一是笔画的走向，即书写某一笔画的起止顺序，如书写横笔只能从左到右，竖的完成只能从上到下；二是构字笔画书写的先后顺序，如书写"山"字，应首先写中间的竖笔，其次是横折，最后写右边的竖笔。常见的笔顺有先横后竖、先撇后捺，从上到下、从左到右，从外到里、先外后内再封口等。为了明确一些

　　①　梁彦民. 笔画层次的形体区别特征初步分析［C］//北京语言文化大学参加第七届国际汉语讨论会论文集. 北京：北京语言文化大学科研处，2002：3.

具体的细则或例外情况，还有关于点和包围结构汉字书写的一些补充规则，为了促进汉字笔顺的规范化，国家语委和新闻出版署于 1997 年 4 月联合发布了《现代汉语通用字笔顺规范》，以显性规范的形式明确了现代汉语 7 000 通用汉字的笔顺。这对于汉字的检索、信息处理以及教学都具有十分重要的意义。

笔顺作为笔画的一项基本属性，也是汉字区别特征的一个方面。笔顺是在用毛笔书写的时代前人对写字经验的总结，有相当的灵活性和个人习惯性，本来没有绝对的规则可言，特别是对书写熟练者来说，在一定的范围内，先写哪一笔并不会影响写字的准确和美观。规范笔顺的作用主要是为了给汉字排序，以便检字。就初学者而言，遵循一定的规律对于把字写得方正整齐，养成良好的书写习惯也是很有必要的[①]。而对于汉语学习者来说，笔顺不正确不仅会直接影响到查字典和书写的速度，还会导致书写偏误。但是"笔顺有私下、隐蔽性的一面，只存在于书写过程中，难以观察"[②]。即使有学生违背了规则教师未必都能及时看到，因而这些看似简单的问题往往得不到及时有效的纠正。如果说笔画形状、数目、组合关系是汉字区别特征的显性表现形式的话，那么笔顺则是汉字区别特征的隐性表现形式。不过，从他们书面写出的东西我们仍然可以看出东盟国家汉语学习者在这方面出现的一些问题。如"不"把竖笔写为第二笔与横相接，"口"写成竖折和横折两笔的复合，"山"先写一个近似于 U 的"笔画"作为第一笔。产生这些问题的深层原因在于学习者对汉字字形结构原理、书写原理、汉字美学的基本要求还不能充分理解和掌握，认为笔顺无所谓，只要"画出其形"就可以了。

四、笔画数目

关于笔画数目问题，彭聃龄及许多后来研究者都通过大量实验得出了学习者汉字学习过程存在笔画数效应，我们在考察中也发现，东盟国家汉语学习者的汉字偏误同样遵循这一规律，此不赘述。这里只讨论笔画增减的情况。

关于 C1c 类（笔画增减错误）的偏误情况见图 4 - 3：

---

① 王宁. 汉字构形学讲座［M］. 上海：上海教育出版社，2002：35.

② 易洪川，等. 笔顺综合研究及留学生用笔顺原则//第六届国家汉语教学讨论会论文选［C］. 北京：北京大学出版社，2000.

（%）

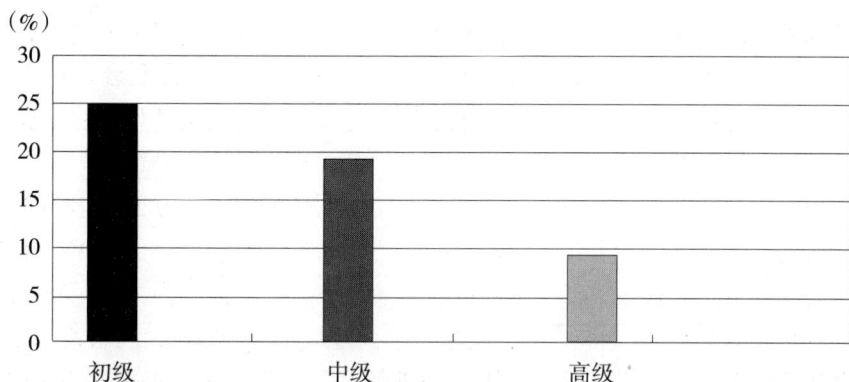

图 4 - 3　C1c 类偏误情况图

图 4 - 3 显示，无论初级还是中高级的学习者，此类偏误在所有偏误的总量中都占有较高的比例，是笔画类偏误中最多的一种。在初级阶段则极为突出，占到所有偏误的 1/4。这类偏误在东盟国家汉语学习者的学习过程中，随着学习水平的提高，所占的比例呈明显的下降趋势，但即使在高级阶段仍占到 9.15%。我们认为，最主要的原因当是，与东盟诸国的文字相比，汉字本身的笔画繁多（《现代汉语通用字表》所收 7 000 字的笔画数是 75 290 笔，平均每字的笔画数是10.75 笔，其中 9 ~ 11 笔的字最多，共 2 272 字，占总字数的 33%），而且笔画间结构关系复杂。因此，在汉字学习的初级阶段，学习者对汉字的识记和再现确实会遇到极大的困难。在中高级阶段，笔画少的字已经基本没什么问题，而多笔画字尤其是结构复杂字仍难免出错。

在增、减笔画两种情况中，丢掉笔画的情况远比增加笔画的多，据我们的统计：增加笔画的仅占 21%，而丢掉笔画的则高达 79%。这也进一步说明：汉字笔画数目的繁多确是学习者再现和书写汉字的一大障碍——尽管从另一方面看笔画数目多可以增加汉字的区别特征，可能对汉字的认读具有帮助作用。

另外，增减的笔画大多具有这样的特征：①笔画细小——识记时印象不深。②在一个字之中有多笔重复——识记或再现时混淆。如具、真、修、寒、带、舞等。

在横、竖、撇、点、折（依黄伯荣、廖序东说）中，较为复杂的折笔增减很少，而写起来简单的横笔的增减偏误却最多。我们认为，这一方面是由于折笔在一个字中所造成的区别特征明显，一旦丢掉它原字便"面目全非"；另一方面也很可能与笔画的复现率有一定的关系。下面是中国文字改革委员会和武汉大学计算机科学系合作对《辞海》（1979 年版）所收正体字（11 834 字）的笔形数的统计①（见表 4 - 2）：

表 4 - 2 《辞海》正体字笔形数统计

笔形	包含该笔形的字数	该笔形出现的次数	频度（％）
横	11 398	41 423	30. 3023
竖	10 654	26 492	19. 3792
撇	10 232	21 511	15. 7361
点	9 738	22 741	16. 6351
折	10 890	24 535	17. 9485

依使用频率由高到低排列，顺序为横、竖、折、点、撇。横的出现频率比撇多一倍。而且据我们的粗略考察，横在同一汉字中近距离平行复现的情况远比其他笔画多，如直、真。这似乎在汉字的局部上从另一方面印证了笔画效应在东盟国家汉语学习者的汉字学习中也同样存在着。

综上所述，笔画层次的偏误比较突出地表现于东盟国家汉语学习者汉语学习的初级阶段，而在中高级阶段发现的这类偏误也可以在初级阶段找到其源头。

第二节　部件偏误

一、部件偏误类 C2

部件也叫字根、字元、字素。1994 年 12 月 7 日由国家技术监督局公布的《汉语信息处理词汇 02 部分：汉语和汉字》（GB/T 12200. 2—94）中对"汉字部件"的定义是："由笔画组成的具有组配汉字功能的构字单位。"从构成汉字的三个结构层次说，部件介于笔画和整字之间，它大于或等于笔画，小于或等于整字②。

王宁先生则称之为构件，并按能否成字分为成字构件和非成字构件；按构字层次分为多个层级。如照、脚二字的部件分级③（见表 4 - 3）：

---

① 苏培成. 现代汉字学纲要 [M]. 北京：北京大学出版社，1994：71.
② 苏培成. 现代汉字学纲要 [M]. 北京：北京大学出版社，1994：74.
③ 王宁. 汉字构形学讲座 [M]. 上海：上海教育出版社，2002：34 - 39.

表 4-3 照、脚二字的部件分级

汉字	一级部件	二级部件	三级部件
照	昭 灬	日 召	刀 口
脚	月 却	去 卩	土 厶

《汉字信息字典》统计的 7 785 字中，由 3 个部件构成的字最多，达 3 139 字，占统计总字数的 40.321%；其次是 2 个部件构成的字，共 2 650 字，占 34.040%；再次是 4 个部件构成的字，共 1 276 字，占 16.390%。三者合计共 7 065 字，占统计总字数的 90.75%。

从理论上说，在对外汉语教学中教授汉字有三种选择，即通过笔画教授、通过部件教授、直接教授整字。因为汉字整字复杂，对于大多数汉字来说，不加分析地直接教授汉字，对于东盟国家汉语学习者，特别是初级阶段的汉语学习者，显然难度太大。通过笔画教授，又显得太零碎，缺乏整体观念和系统性。因此，曾有许多人提出在对外汉语教学中利用部件教授汉字的思路（有人称之为"字素教学"）①。部件作为笔画和整字的中介，在汉字构成方面起着十分重要的承上启下的作用，部件掌握的好坏直接影响到对汉字的掌握。因此重视部件的教学是非常有见地的。肖奚强（2002）认为，外国学生的汉字书写偏误除了由于朦胧阶段的初学者所产生的不成系统的增减笔画的失误外，成系统的汉字偏误大多与部件有关。（但根据我们上面的统计，事实并非完全如此）肖先生从部件着眼把外国汉语学习者成系统的汉字偏误分为三个部分：①部件的改换；②部件的增加和减损；③部件的变形与变位②。（单笔画部件的偏误我们计入 C1 类，此处所指的部件笔画数都大于一）

我们参考肖奚强先生的分析方法，考虑到汉字偏误的语音方面的因素以及形近字的特殊情况，把其中的别字另归入下面的一大类（B），这里只从部件角度分析东盟国家汉语学习者有关错字的情况。我们也把它们分为三部分：①部件变位（C2a）（部件变形者已归入 C1）；②部件增减（C2b）；③部件错用（C2c）。其中，C2c 与 C1b/C1c 有很小一部分交叉，我们按分类标准把它们分别归入各

---

① 参见张旺熹. 从汉字部件到汉字结构：谈对外汉字教学 [J]. 世界汉语教学，1990（2）；崔永华. 汉字部件对外汉语教学 [J]. 语言文字应用，1997（3）；万业馨. 汉字字符分工与部件教学 [J]. 语言教学与研究，1999（4）.

② 肖奚强. 外国学生汉字偏误分析 [J]. 世界汉语教学，2002（2）：79.

类。如，"览"字把最后一笔写为"点"既可能属于笔画笔形错误 C1b，又可能属于 C2c 部件"见"错为"贝"；"条"字丢掉第一笔"撇"既可能是属于增减笔画错误 C1c，也可能属于 C2c 部件"夂"错用为"又"。但是，我们可以根据汉语学习者汉字认知水平的发展情况推测：在初级阶段更多的是由笔画偏误导致，大部分宜归入 C1b/C1c 类；而在中级和高级阶段，则更有可能是部件偏误所致，大部分宜归入 C2c。

对部件分析的依据，我们主要是根据语言文字工作委员会《信息处理用 GB 13000.1 字符集汉字部件规范》。

根据我们的统计，部件变位类（C2a）在初、中、高级各阶段所占偏误百分比分别为 0.99%、0.68%、0.50%。如，争 + 青（静），阝 + 者（都），"落"字的"氵"放了整个字的左边而非左下，"架"字的"口"和"力"换位等。

部件增减类（C2b）在各阶段所占偏误的百分比分别为 1.19%、0.80%、1.00%。如，"套"字上多加了"宀"，"男"字右边多加了"刂"，"爱"底下多加了"心"，"电话"的"电"字左边加了"讠"（很明显受上下文影响或类推所致，参见 C3）；"博"字丢掉了"寸"，"意"字丢掉了"日"。其中增加部件的情况稍多于减少部件。

与 C1b 和 C1c 形成鲜明对照，部件的变位偏误远不及笔画位置关系偏误多，增减部件偏误也远不如增减笔画的偏误多。这似乎说明：在较为宏观的部件的认知、记忆方面，东盟国家汉语学习者要比在微观的笔画部分的认知、记忆方面好得多。究其原因，很可能因为这些学生在来华以前就已有不同程度的汉字接触，比如家庭环境、华文教育环境、华文媒体，以及风景名胜地等所遗留的并不罕见的汉字影响等；尽管他们在来华以前也许没有进行过系统的汉字书写训练，对汉字的"细枝末节"观察不够，但由于耳濡目染，还是或多或少地形成了一些对汉字的整体印象（或者我们可以称之为"字感"）。经过一个阶段的学习，他们已经具备了一定的汉字整体认知能力，对汉字的部件与汉字形音义的关系有了一个粗浅而模糊的认识。这正如我们汉语母语者学过汉语拼音以后再学字母文字时，无论是英语、法语、德语、俄语，还是西班牙语、葡萄牙语、意大利语，我们再也不会觉得这些文字怪，如"豆芽""蝌蚪""蚊虫"，而且我们记忆单词也再不仅仅局限于以单个字母为记忆单位，而是扩展到音节和整个单词。

虽然数量有限，但我们仍可以看到：在这两小类的偏误中，初、中、高级阶段存在着一些细微的差别。例如，初级阶段所出现的低级偏误——拆字现象（把"翻"写成一个"番"和两个"习"，把"歌"写为"哥"和"欠"）在中高级阶段则看不到了，说明学习者对汉字的整体认知水平或"字感"确实有了提高。

与 C2a 和 C2b 明显不同的是，部件错写（错用）类（C2c）在各阶段的偏误百分比都非常大，见图 4 - 4：

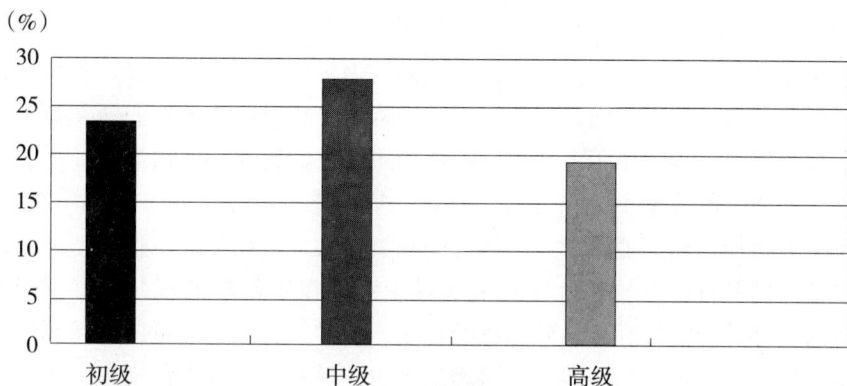

图 4 - 4　C2c 类偏误情况图

　　C2c 类偏误在初、中、高各阶段的比例分别为 23.47%、27.62%、19.06%。这些偏误除了少部分是由于错写部件（写出汉字系统所无的部件）造成的非字外，绝大部分是由于错用部件（即该用甲部件却用了乙部件）造成的假字①。如果我们把出于相似原因错用部件造成的别字加上，这个比例就会大得多。这说明部件偏误问题集中于部件的错用方面，原因在于：汉字的部件虽具较高的理据性，但汉字经过漫长的发展历史，表音、表意的理据已经变得相当复杂，有些部件已经纯粹符号化，无论论传统的溯源方法还是用现代汉字学方法都很难进行理据分析，使得汉字的正字法深度加大；即使是对于占汉字大多数的成系统的理据性较高的部件，限于教材和课时等因素，教师在教学中亦很难充分地进行讲解。对于东盟国家汉语学习者来说，要比较全面地掌握部件知识难度非常之大，音似、形近、多义等部件尤其使他们对部件的掌握长时间处于一种混沌状态。对表意的部件（形符）的表意内涵虽有一定的了解，但掌握不全，把握不准，就出现了"取"写成"目"＋"又"，"播"写成"讠"＋"番"，"冻"写成"氵"＋"东"；对表音部件（音符）的表音功能掌握不好，就出现了"结"写成"纟"＋"古"，"练"写成"纟"＋"东"，"店"写成"广"＋"点"；还有最常见的"见""贝"相混，"常""学""宝"字头相混等。有不少情况是，学习者凭已有的知识对汉字部件的理据性进行了"似乎合理"的泛化类推，尤

---

　　①　关于非字、假字概念，见施正宇. 外国留学生字形书写偏误分析［J］. 汉语学习，2000（2）：38 - 41.

其是常用部件（如"扌、氵、忄、讠"等）的类推为多。对罕用部件则是错用为多，如部件"矛"与"予"，"农"与"尤"的错用，这或许也应该看作字频效应的另一种表现，或者可以称为部件频率效应。

关于这种偏误量在各阶段的差异，我们认为可以做这样的解释：初级阶段学习者所学汉字数量有限，而且这些汉字的结构大多相对简单，他们所掌握的部件的总量还很有限，尽管由于上述原因混淆错用部件的情况也已相当多（据我们统计考察，初级阶段数量不少），但仍未达到中级阶段的严重程度；而到中级阶段，汉字量大大增加，相应地所学习的部件的种类也大大增加了，表达相似的音或者义可供选择的部件不止一个，学习者又缺乏有关汉字部件的规律性、系统性认识，对这些部件的掌握远未达到熟练的程度，这样就会发生大量的混淆错写；进入高级阶段后，汉字的部件数不会再增加多少，随着学习者部件知识的丰富和对各种部件使用频度的增加，他们对部件的认知水平有了较大程度的提高，这种错用一方面确实是本身在减少，另一方面则可能是向理据性更高的 B 类（别字）形式转化了。从下面 B 类的分析我们可以得到这种启示。至于这种推论正确与否还有待进一步根据相关教材和汉字大纲等进行系统考察验证。

部件类错误率显然与学习者汉字量密切相关。但是长期以来，在对外汉语教学领域，从整体设计、教材编写、课堂教学到水平测试，均对学生的识字量未给予足够的重视，没有对不同阶段留学生应达到的识字量提出明确的要求。1992年国家对外汉语教学领导小组办公室汉语水平考试部发布的《汉语水平与汉字等级大纲》对中高级阶段留学生应达到的识字量有了一个笼统的规定："对对外汉语教学来说，基础及基础后阶段要掌握常用字 2 000 ~ 2 200，高级阶段应掌握常用字和次常用字 700 ~ 900，这样共掌握常用字和次常用字 2900。"由于目前各种教材的汉字分布与汉字等级大纲都有不同程度的出入（特别是东盟国家汉语学习者所使用的教材种类特别繁多），我们在现有条件下还无法对学习者的识字量做出相对科学准确的统计。

二、关于 C3 类（第一语言、方言、上下文等影响所致）

首先必须说明的是，由于我们对考察对象第一语言以及方言的了解极为有限，所以，这种偏误的发现对于我们来说相当困难，其比例很可能要比我们的统计大一些。据我们的统计可以看到，这类偏误在初、中、高级各阶段所占偏误的百分比分别为 0.69%、1.00%、1.68%，所占比例不大，但到中高级阶段略呈上升的趋势。

上下文影响如："阻止"的"阻"写为"阝+止"，"认真"的"真"左边加了"讠"，"皮肤"的"皮"左边加了"月"，"旅游"的"旅"加了"氵"，"耐心"的"耐"下加了"心"。这些假字有的看起来似乎很有"道理"，其形成原因主要是在书写过程中一方面对当写字的记忆不牢固，另一方面又由于对汉字的理据性有了一定的知识，下意识地在汉字系统内泛化类推，属于一种语内负迁移。此外，还有类似原因造成的别字，如"微笑"写成"稍笑"，"重要"写成"量要"。

母语、方言的影响则很能体现出学习者的语言背景，而且这种影响似乎更为根深蒂固。如有的学习者把"问题"写成"门题"，还有的把"十元钱"写成"十门钱"。如果说前者有可能是粗心丢掉部件所致，那么后者则绝对不是这种原因。有意思的是，我们通过追踪调查发现，这几位学习者均具有粤语方言背景。这是母语或方言语音影响的例子。母语的文字影响我们同样可以见到，除了C1a类偏误有这方面的因素外，我们还看到：有些泰国学生在写出的汉字旁不自觉地点了许多小点，这与他们写惯了的泰文的影响是有关系的。在越南学生的偏误中，则有极类似汉字的喃字或类喃字出现，如仚、唉。

总体看来，部件偏误主要是由于学习者缺乏较为系统全面的汉字部件的知识，无法准确把握汉字部件构形的规律性，这种偏误到中级阶段尤为明显。

第三节　整字偏误（别字和不规范字）

一、别字类 B

别字实质上是另一种性质的错字，通常是指把一个汉字写成另外一个汉字，与错字相比较，我们可以这样说：错字是"无中生有"，别字是"张冠李戴"。文字是记录语言的书写符号体系，这种符号体系具有形、音、义三大要素，其中只有形体要素属于文字的本体，而声音与意义要素则来源于语言。只有在记录语言之后，文字才有音和义[①]。如果说错字主要是学习者对于汉字的构形成分掌握存在问题造成的，那么别字的分析则必须更加关注汉字作为记录汉语的工具时音形义的统一性。

汉字作为表意文字，有着一个十分纷繁而又具规律的系统，即形、音、义和谐交叉的系统。汉字的形、音、义有同、近、异的现象，当其交叉时，便出现了一形多音多义、一音多形多义、一义多形多音，形近、音近、义近以及形、音、

---

①　王立军，等. 汉字应用通则［M］. 沈阳：春风文艺出版社，1999：1.

义各自相异的现象，构成了正字与错别字的多维空间，造就了正错双向交流的广阔天地。拼音文字学习者自幼形成的文字观念和技能基本上是一种形音的联系，而汉字加上义的因素则大大增加了认知的复杂性。汉语错别字产生的根本原因是汉字使用者的各种非常心理作用于正字多维空间的结果[①]。

由于汉字的字义远比字音、字形复杂得多，目前从纯粹字义的因素分析汉字的偏误难度极大，所以我们这里主要从音、形在致误时所起的作用对别字进行分类。实际上，这种分类本身既是偏误的表现，又同时表明了偏误产生的表层原因，至于更深层的原因，则必须结合与汉语词义密切相关的字义以及学习者对汉字音、形、义认识的整个认知过程进行探讨。

别字偏误情况见表 4 - 4：

表 4 - 4　别字偏误情况表

		初级	中级	高级
B1		7.27%	9.37%	13.10%
B2	B2a	0.64%	0.39%	0.50%
	B2b	0.20%	0.94%	0.59%
	B2c	4.17%	6.27%	12.85%
B3		11.54%	13.14%	21.83%
总计		23.82%	30.11%	48.87%

从表 4 - 4 可以看出：①东盟国家汉语学习者的别字偏误总数在汉字偏误中所占的比例很大，其中，B3（字音、字形皆近者）所占比例最大，其次为 B1（字形相近者），而 B2（字音相近者）总的比例也相当大，但其中只有声母相同或者只有韵母相同所占的比例极小。②B1、B2、B3 这三种别字的比例从初级到中级再到高级都呈特别明显的上升趋势（B1 和 B3 大约都增加了一倍，B2 则增加了近两倍），初级阶段的别字占偏误总数约 1/4，而高级阶段则达到近 1/2。

这说明：

①别字在东盟国家汉语学习者中是一种特别重要的偏误类型，与中国中小学

---

① 参见徐子亮. 汉字的认知及教学方法 ［C］//中国对外汉语教学学会第六次学术讨论会论文选. 北京：华语教学出版社，1999：208 - 216；昌学汤. 错别字心理学理论对汉字教与学的应用研究举要 ［J］. 武汉交通管理干部学院学报，2002（1）：57.

生的汉字偏误特点有很大的相似之处①。这类偏误更典型地体现为汉语汉字系统内的负迁移。偏误的"理据性"看起来比错字更强，因而消弭的困难可能会更大。

　　②字音和字形因素对偏误的形成都有影响，但似乎字形的作用更大。这可以在认知心理学上得到解释：人的模式识别存在着自下而上的数据驱动加工（依赖于感官直接输入的信息）和自上而下的概念驱动加工（依赖于人脑中已经储存的信息）。文字的视觉特征提供了自下而上的信息，人们关于文字的知识则提供了自上而下的信息。各种信息的相互作用最终决定着文字的识别②。这就意味着：字形与学习者已经储存的信息的差别越大，越接近于新学字对视觉的刺激，给学习者的印象越强烈，越容易识别，书写再现时所受的干扰和负迁移也越少；而字形差别越小，印象越不深刻，识别和书写时旧信息对新信息的干扰和负迁移越大，从而混淆导致错误。刘兆吉（1980）对识字教学中的同音归类、形近字归类从言语的生理角度进行分析：同音归类在听觉言语中枢、视觉言语中枢和运动言语中枢建立联系，这种联系一方面利于识字，一方面又造成同音别字。形近字归类中学习者通过联想的生理机制对比形近字之间的差异，从而加深理解、记忆。洪昆辉、冯玲（1992）从认知心理学的"启动效应"出发分析汉字识别中的音形义启动问题。通过实验证明，汉字材料中存在字词的音、形、义启动效应，其中，在200、800、1 500毫秒的启动时间内，音同启动效果最明显，义同次之，形近启动第三。相同字词在三种时间条件下其启动效果无显著差异。李大遂（2003）的抽样测试显示：中高级汉语学习者对汉字的字音掌握较好，对字形的掌握最差③。江新曾运用实验的方法研究了中级阶段日韩学生汉语句子阅读中字形和字音的作用，结果表明：中级阶段的日韩学生在汉语句子阅读中字形的作用大于字音的作用④。高立群（2001）的研究也认为，汉语学习者对规则字和不规则字使用同样的依赖字形信息加工的策略。我们发现，在东盟国家中高级阶段华裔汉语学习者的汉字书写上，字形作用也表现得非常明显。这与李、江、高的结论一致，而与吴英成（1990）的结论相左。

　　③单纯的声母或者韵母相同导致偏误的可能性很小，声韵都相近的时候偏误的概率则大为增加，但仍不如字形因素的作用显著。音形皆近的汉字，由于复合

①　参见戴汝潜．汉字教与学［M］．济南：山东教育出版社，1999：354．

②　彭聃龄．汉字识别中的两种加工［C］//汉语认知研究．济南：山东教育出版社，1997．

③　李大遂．中高级留学生识字量抽样测试报告［J］．暨南大学华文学院学报，2003（2）：16．

④　江新．中级阶段日韩留学生汉语句子阅读中字形和字音的作用［C］//北京语言文化大学参加第七届国际汉语教学讨论会论文集．北京：北京语言文化大学科研处，2002：156－162．

了两种致误因素，对于学习者来说最容易混淆，造成偏误的概率最大。

④随着学习者汉字量的增大，形似字的数量必然越来越多，而汉字的音节数（不计声调 400 个左右）却不会增加多少，也就意味着同音字的数量也越来越多，字的音、形、义的对应关系日益复杂，客观上增加了汉字的学习难度；而且汉字是一种平面型文字，运用两维空间来表达信息，其结构单元和结构方式都与拼音文字显著不同。可以说，每个汉字都是一个结构紧密的图形，和拼音文字的线形排列方式也很不相同。母语为拼音文字的学习者，其汉字正字法（使文字的拼写合于标准的方法）意识的发展过程是一个长期而缓慢的过程（据鹿士义，从初识汉字到汉字正字法意识的形成需要两年左右的时间）①。他们远未摆脱原来拼音文字的束缚和影响，文字再现和输出时仍很大程度上依赖语音，而对这些音、形、义对应关系的掌握则仍然存在着极大困难，同音字越多，混淆的可能性越大，因而别字出现概率也就越来越大。B2 类的大量增加则更说明了这一点②。

B1 类主要有下面几种情况：

①笔画（或部件）的有无。如，斤—斥；茶—荼；予—矛；热—执；次—欠；起—走；与—写；休—体。

②同类笔画的长短不同。如，未—末；目—且；士—土；夫—天。

③笔画的变换。如，人—入；寸—才；庆—庆；爱—爰。

④构字部件的不同。如，服—报；绍—结；沿—没；反—友；扬—物；认—以。

这种情况和 C1b、C1c、C2c 有相似的特点，只不过 B1 类为别字，"理据性"更强；而 C1、C2 为非字或者假字，"理据性"要差一些。

B2 类主要有下面几种情况：

①声母同。如，礼—旅；影—印；接—决；即—尽。

②韵母同（不计声调）。如，是—思；自—知；漂—表；住—租。

③声韵皆同（不计声调）。如，便—变；反—犯；消—效；一—以。

B3 类主要有下面的情况：

①部件的有无。如，成—城；官—馆；式—试；化—华；那—哪。

实际上，从这里我们还可以得到另外的启示：汉字声符的作用不只在于标音，它们本身还是一种字形区别手段，对字形的识别和记忆有不可忽视的影响。

---

① 鹿士义. 母语为拼音文字的学习者汉字正字法意识发展的研究 [J]. 语言教学与研究，2002（3）：53.

② 连晓霞，陈万珍. 南亚留学生错别字分析及教学对策 [J]. 河南师范大学学报，1999（5）：77.

②部件的更换。如，谅—凉；请—情；钟—种；厉—历；评—抨。

二、不规范字类 A

尽管这种情况所占比例不太大，却是东盟国家汉语学习者偏误特点的一个重要体现。这类偏误中既有繁体字（飯—饭，們—们，張—张），又有异体字（妳—你，牀—床，災—灾）和旧体字（幷—并，値—值，吳—吴），其中以繁体字为多。这很明显地反映出了东盟国家汉语学习者复杂的语言背景。这种情况或者是因为有些学习者在所在地接受家庭或者社区初步的华文教育时，所接触的学习材料并非都是现在国内正规的华文教材，而是用了当地或者其他地方所编纂的材料；或者是因为学习者受当地华文媒体或其他汉字遗迹的影响。这些不规范字在他们所在地的语言实践中也许并不能算偏误，但是，就汉语国际教育和汉语推广的长远眼光看，中国的语言文字规范化和标准化毕竟不能把汉语国际教育和华文教育排除在外，这可以从英国强调其英语是 Standard English（标准英语）而美国强调其英语是 American English（美国英语）得到启示。虽然对各国的学习者也可以根据其具体情况采取诸如"写简识繁"等措施，但从长远着眼，考虑到汉语国际教育（华文教育）的规范性，以及这些学习者以后进一步学习和使用华文长远的需要，在这里指出这类汉字偏误，还是具有一定的参考价值，或许教学者在平时稍加注意，这样的问题是比较容易解决的。这类偏误在各阶段的分布见图 4 - 5：

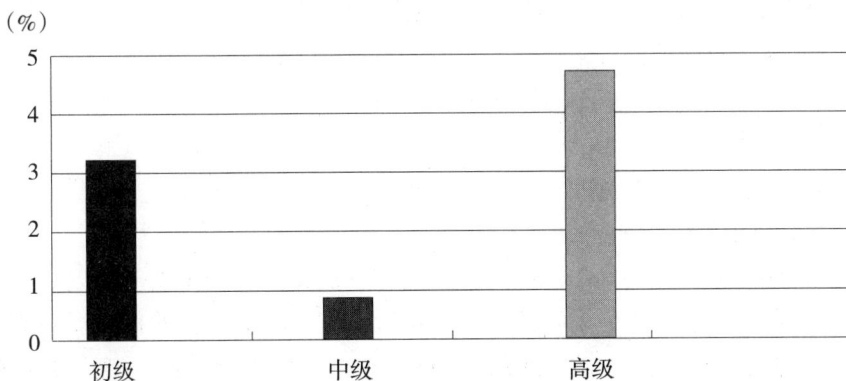

图 4 - 5　不规范字类偏误情况图

可见，初级和高级阶段的偏误比例比中级的情况要多得多，对于这种偏误比例变化，我们认为原因是初级阶段学生的汉字量相对较少，而来华前在所在地接受的华文教育影响还比较深刻（这从初级阶段上学期不少学生用繁体字写自己的姓名也可以看出）；中级阶段由于接受简体字的影响，这类字已经很少；高级阶段则可能有学习者是在东盟国家内或者其他地方接受过较长时间的繁体字的华文教育，来中国后直接插入高级班所造成的。

第五章 东盟国家汉语教育及汉字习得背景考察

第一节 东盟国家语言政策与汉语二语教育
（华文教育）的发展沿革

语言是民族性的基本表现，语言教育政策是国家为实现语言教育目的而颁布的相关法令、法规及政策等指导性文件，对国家稳定、民族融合、经济发展和现代化进程都有着重大作用。东盟国家语言教育政策的发展变化，制约着当地汉语二语教育（华文教育）的发展变化。东盟国家汉语汉字教学的状况应该放在当地语言教育政策和华文教育发展变化的大背景下进行考察。

一、东盟国家语言教育政策的发展[①]

东盟国家（主要以马来西亚、印度尼西亚、泰国、新加坡、菲律宾为例）的语言教育政策发展先后经历了封建社会时期、殖民地时期、独立建国时期和20世纪后期以来全球化时代全力促进多元语言教育政策四个重要阶段。

（1）封建社会时期的语言政策。

关于东南亚语言的起源，罗美珍认为："东南亚相关民族在远古时代是我国蒙古利亚人种南支的发展，属于马来人种。"[②] 多数语言学家认为东南亚国家语言主要有两大类不同语系：一类是汉藏语系；另一类是东南亚两种本土语言，即南亚语系和南岛语系。东南亚国家语言的形成源自生活。同时，宗教对东南亚国家的语言也产生重要影响。在古代及封建社会时期，东南亚国家存在复杂多样的宗教形式。宗教进入人们日常生活，并成为文化传承的一种形式，因此这一时期东南亚国家语言教育存在共同服务世俗生活与宗教的语言景观。

东南亚国家通用语选择体现其语言政策既保持连续性，又存在裂变性的特

---

① 参见江健. 东南亚国家语言教育政策的发展特征及趋势 [J]. 比较教育研究，2011（9）：73 – 76；刘泽海. 路径依赖视角下东南亚国家语言教育政策发展趋势研究 [J]. 大理学院学报，2021（9）：105 – 109.

② 罗美珍. 东南亚相关民族的历史渊源和语言文字关系研究 [M]. 北京：中国社会科学出版社，2013：1，5.

征。一是佛教国家都采用婆罗米文字。柬埔寨、老挝、泰国、缅甸的语言虽属于不同语系，但在文字上由于受到来自印度宗教语言梵文影响较深，采用相似的婆罗米字符，体现语言连续性的特点。二是儒教国家越南在文字上却使用罗马拼音文字。越南语属于南亚语系，从古代至近代一直采用汉字文字系统，或根据汉字特点创制自己的文字"字喃"。后来在传教士的影响和帮助下，创立了越南语拼音文字系统，即"国语"罗马字。越南文字系统的演化体现了语言选择的裂变性。三是伊斯兰教国家在语言选择上比较一致，选用马来语作为通用语，具有连续性。因此，这三类不同宗教国家的语言因宗教信仰不同导致它们选择不同语言或文字系统。但可以发现，从古代直至封建时期，世俗语言与宗教语言混杂现象明显。语言既是人们交往的基本工具，也是宗教传播的重要途径。这恰好体现语言既有连续性的特点，也有裂变性的一面。

（2）殖民统治下的宗主国语言教育政策。

"二战"前，东南亚国家先后都不同程度地受葡萄牙、西班牙、荷兰、英国、美国、法国等国的殖民统治，有些长达几百年。由于殖民者千方百计强化殖民语言，使殖民地时期东南亚各国的语言教育政策逐渐成为殖民国语言政策，呈现出独尊宗主国语言的重要特征。一是强化宗主国语言的法定地位。几乎在东南亚所有的殖民地国家中，都确立了以宗主国语言为唯一法定官方语言的法规。荷属印度尼西亚、西班牙殖民下的菲律宾等都是如此，英国殖民统治下的新加坡、马来西亚也都施行独尊英文的语言政策。二是大力倡导英文价值，形成严重偏倚英文教育的倾向。如殖民者麦考列（MaCaulay）1835 年写道："懂得英文比懂得梵文或阿拉伯文更为有价值……本国的土著可以被训练为彻底的英文学者。我们的努力就是推进上述目标。"① 三是实行分化政策：在有的地区，一方面开办英语学校，同时又鼓励本地人开办本土语言的教育。对不同的民族，殖民者实施不同的政策。比如在缅甸，对于低地及平原地区的学校，英国殖民者实施英语教育；对山地学校，则鼓励他们使用自己的民族语言教学，且不受英语教育或本土主体民族语言的约束。这实际上分化了缅甸民族，为国家统一埋下祸根。在有些地区对本土语言放任不管。如新加坡在 135 年英殖民统治期施行完全同化政策，对本土语言撒手不管。法国殖民者推行以同化为目的的语言教育政策，在实施法语教育时，企图通过语言同化实现文化同化，以巩固其"愚民"的殖民政策②。

（3）独立建国时期的民族语言政策。

"二战"后，先后获得独立的东南亚各国全力推进国语优先的语言教育政

---

① 陈若芬. 马来西亚和印度尼西亚语言政策探析 [D]. 广州：暨南大学，2006.

② 梁英明，等. 近现代东南亚（1511—1992）[M]. 北京：北京大学出版社，1994：125.

策。一是将语言作为民族国家象征。那些经历过传统而形成语言的国家，如越南、老挝、柬埔寨、泰国、缅甸选择本土语言中主体民族的语言作为国家通用语言，它们在各国有较长的发展史，语言统一化程度较高，有利于官方语的传播。在异质性方面，同样选择本土语言作为官方通用语的国家中，一些国家以主体民族的语言为官方语，而另外一些则选择少数族群的语言作为官方语。以越南与印度尼西亚为例，越南选择主体民族语言为官方语；但印度尼西亚却选择较少人口使用的马来语。第一次世界大战后，印度尼西亚民族意识高涨，提出"一个国家、一个民族、一种语言"的口号，以印度尼西亚马来语代替荷兰语作为国家的法定语言。为此，印度尼西亚独立后从苏加诺政体到苏哈托政体都实行印度尼西亚语为国语的语言政策，将印度尼西亚语作为教育、政府和商业的基本语言①。二是实施排斥宗主国语言的政策。东南亚国家长期以来对宗主国语言十分反感，如马来西亚、印度尼西亚在殖民时期都以倡导民族语作为反英斗争策略。这些国家独立后就提出反对宗主国的动议，但由于东南亚国家本族语并不成熟，因此实行从部分替代到全面替代的政策。如马来西亚从 1950 年颁布的《中央教育咨询委员会报告书》起，就开始实施马来语与英语并重的政策，1970 年推行独尊马来语政策。菲律宾独立后也确定加禄语为国语，一开始仅仅作为一门课程，到 1970 年就将加禄语作为各科教学的语言。三是排斥其他民族语言，以此作为巩固新生政权的有力工具。如 1951 年马来西亚的《巴恩报告书》全面取消其他方言学校，印度尼西亚、泰国等国家也积极推进类似的语言教育政策。

（4）全球化时代的多元语言政策。

20 世纪后期，东南亚各国经济迅速发展，单一的民族语言政策已经不能满足日益增长的对外语人才的需求，各国纷纷倡导多元语言政策，以应对全球化的挑战。一是重视英语。在印度尼西亚、泰国和菲律宾，英语作为最重要的外语在学校中教授。马来西亚对英语的政策尤其呈现出钟摆式和从上至下的模式。马来西亚先是于 1967 年颁布了《国语法令》，标志着英语作为教学媒介语的终结，到了国家现代化时期（1990 年至今），政府意识到英文的重要性，1995 年教育部部长纳吉又宣称进行教育改革，以提高英文教育的程度。2002 年 5 月，马来西亚政府进一步要求各源流学校以英文进行数理科教学，并从 2003 年开始，让英语正式成为国民（型）学校数学和科学科目的教学媒介语②。菲律宾展开了让英语"回归"课堂的大讨论，要求将英语作为教学语言，重新回到课堂；越南 1986 年

---

① BERTRAND J. Language policy and the promotion of national identity［M］//BROWN M E, GANGULY S. Fighting words：language policy and ethnic relations in Asia. Cambridge, Massachusetts：The MIT Press, 2003：263 – 290.

② 洪丽芬. 马来西亚语言教育政策的变化及对华人的影响［J］. 八桂侨刊, 2008（9）：46.

开始实行革新政策，对英语学习的热情高涨；而泰国更是开设 9 种外语供学生选修。最不发达国家也开始逐步重视外语教学。虽然老挝和柬埔寨过去都是法属殖民地，有学习法语的传统，但面对英语的强势推进，法语逐渐退出，柬埔寨允许学生在法语和英语间自主选择。二是实施双语教育政策。东南亚许多国家都实行"母语 + 英语"的双语教育政策（如新加坡和文莱）。其中，新加坡被誉为典范。1956 年，新加坡提出双语政策，1966 年正式实施，1979 年颁布"新教育体制"并在全国普遍推广，1987 年推行"人人讲英语活动"，1990 年后高校全部用英语授课，2000 年又推行"讲标准英语活动"，等等。其间，既得益于讲英语的传统，也由于中央集权倡导和循序渐进的方式，新加坡有效地推进了双语教育①。三是重视其他亚洲国家语言。如重视日语和东南亚地区其他主要语言在科技、商务、文化及地区交流等领域的重要作用。

二、东盟国家华文教育发展沿革②

东盟国家汉语二语发展的历史主要体现在华文教育的发展演变方面。

（1）华人自主兴办华文教育阶段。

20 世纪以前，东盟各国基本上没有对华文教育的发展进行太多限制，任由华人自主办学。在现代学校出现之前，华人移居东盟各国后为解决子女的教育问题，在当地有限的条件下聘请能够识文断字的人开展小规模的私塾教育，传承母语和文化。随着当地华人人数的增加及其经济实力的增强，华人精英纷纷成立了宗乡会馆，以会馆为依托捐资助学，开办了较大规模的私塾教育。如泰国在拉玛一世时期（1782—1809 年）就出现了一所名为"格廉"的华文学校，马来西亚华人社团在 1819 年兴办了"五福书院"，新加坡华人社团在 1854 年兴办了"萃英书院"等。

20 世纪初期，东盟各国的华人办学积极性更高，纷纷兴办了当地第一所新式华文学校，如马来西亚的槟城中学（1904 年）、缅甸的中华义学（1904 年）、新加坡的养正学堂（1905 年）、泰国的华益学堂（1909 年）、文莱的育才学校（1918 年）等。各国华文教育的办学规模进一步扩大，办学条件进一步改善，学校数量和学生人数都有所增加。各国的华文学校（以下简称"华校"）大都受到中国的影响，教材和教学语言等都跟中国接轨。

---

① 李阳琇. 影响新加坡双语教育政策的若干因素分析 [J]. 江西师范大学学报, 2000 (11)：90 - 96.

② 刘振平, 闫亚平, 罗庆铭. 东盟华文教育政策的历史演进与深层次动因探赜 [J]. 北部湾大学学报, 2020 (7)：52 - 58, 80.

（2）政府开始限制华文教育阶段。

从20世纪初期开始，东盟国家开始限制华文教育的发展。起初，政府只是出台一些条例约束华文教育，包括要求华校向政府登记，对华校的资质、教师和教科书进行审查等。例如，1918年泰国政府颁布了《暹罗民立学校法》（也称"民校条例"），1922年出台了《强迫教育条例》，开始限制华校的发展。根据这两个文件的要求，华校校长大多只能由泰国人担任，教师必须通晓泰语，必须开设泰文课程，必须让学生理解泰国历史地理，必须向学生灌输热爱泰国的思想，教材必须接受教育部的审查等。1920年，新加坡、马来西亚的殖民地政府颁布了《学校注册法令》。1932年，印度尼西亚的殖民地政府颁布了《取缔私立学校条例》等文件，提高了民众参与华文教育事业的门槛。然而，相关政策并未能阻止华文教育的迅速发展，于是殖民地政府便加大了限制力度，甚至全面禁止华文教育。

（3）政府进一步限制甚至禁止华文教育阶段。

20世纪中期前后，东盟国家普遍出台了进一步限制华文教育的政策，有些国家甚至完全禁止了华文教育。

泰国在銮披汶·颂堪执政期间推行泰化教育，不仅进一步提高了华文教育的办学条件，对学校每周上华文课的时间等也做了严格规定，华文教育可谓在夹缝中生存。尤其是銮披汶·颂堪第二次出任总理期间（1948—1957年），泰国的华文教育陷入低谷。

新加坡的华文教育从最初源流学校的全方位华文教学最终走向了学校里的单科华文教学。1956年，新加坡出台了《新加坡立法议会各党派华文教育委员会报告书》，对华校的教学媒介语做出限制，要求各源流学校应以英语、马来语、华语和泰米尔语这四种语言中的至少两种作为学校的教学媒介语。华校从此进入了以华语和英语作为教学媒介语的时代。1959年，新加坡为与马来西亚合并做准备，要求所有的学校必须教授马来语，华文教育的时间进一步减少。1965年，新加坡独立建国，大力支持英语教育，华人自主兴办的华校因所获支持有限、资金不足等问题最终不得不关闭。1987年所剩无几的华校学生进入政府学校接受了以英语为教学媒介语的教育，华文仅作为一门课程在学校里进行教学[①]。

缅甸于1963年开始施行国家主义政策，对所有私立学校的办学进行严格管控，出台了相关政策限制华文课的授课时间。1965年4月，缅甸政府颁布《私立学校国有化条例》，下令将全国所有私立中小学收归国有，华校全部停办，资

---

① 刘振平，杨绪明."一带一路"背景下新加坡汉语传播现状及策略［J］.海外华文教育，2019（1）：5-13.

产被没收①。

　　到了 20 世纪 70 年代，柬埔寨、老挝和菲律宾的华文教育均遭受重挫。柬埔寨在 1970—1990 年间政局动荡，这期间的朗诺政权、红色高棉政权禁止华文教育②。老挝在 1975—1986 年间推行极"左"的经济、政治政策，大量的私有企业被没收，华校作为华人社团的私有资产也被政府没收，华文教育几近瘫痪③。菲律宾于 1973 年开始对华人进行菲化教育，全面限制华校和华文教育的发展。1974 年颁布的"双语教育政策实施指南"（《教育、文化和体育部部长令 1974S，N025》）规定华校里必须以菲律宾语和英语教育为主，华文课在学校里变成了选修课，每天最多只能上两节④。

　　（4）政府放松对华文教育的限制阶段。

　　近二三十年来，东盟各国不同程度地放松了对华文教育发展的限制，而且有些国家对华文教育的支持力度越来越大，主要体现在以下几个方面：一是不再严格执行禁止华文教育的政令，默许一些机构在保障官方语言教学的前提下开展华文教育。如缅甸虽未废除禁止民间开办华文教育私立学校的相关禁令，但在 1988 年后，政府对民间重办华校基本上是持默许的态度。二是许可本国教学机构申办孔子学院或孔子课堂，接受来自中国的汉语志愿者教师。目前，东盟各国都接收了一些来自中国的汉语志愿者在本国开展汉语教学，除文莱外都与中国高校合作建设了孔子学院和孔子课堂（缅甸目前仅有孔子课堂）。三是各国都有大学开设汉语课程，其中，马来西亚、印度尼西亚、新加坡、越南、泰国、缅甸、老挝这些国家还在一些大学里设立了中文系，开展汉语专业的学历教育。四是将华文教育纳入国民教育体系。目前，马来西亚、印度尼西亚、新加坡、越南、泰国、菲律宾六国都把华文教育纳入了国民教育体系。

　　当然，东盟各国对华文教育放松了限制，并不意味着对华文教育完全不做限制。如各国对华文教材还有一定的规定，有些国家还由政府组织编写出版华文教材，如新加坡；有些国家对华文教学内容做出规定，至少会出一个大纲限定华文教育的内容，如马来西亚、越南等；有些国家规定华文教材必须接受教育部的审查，如印度尼西亚、缅甸、柬埔寨、菲律宾等。多数国家对华文教育不给予财政

---

　　① 张栋，刘振平."一带一路"背景下缅甸汉语传播现状及策略［J］.海外华文教育，2019（3）：130－137.

　　② 刘振平，贺丽君.柬埔寨华校华文教育发展的问题及对策［J］.北部湾大学学报，2019（8）：43－48.

　　③ 刘振平，张丽萍."一带一路"背景下老挝高校汉语教育发展问题探究［J］.北华大学学报（社会科学版），2019（3）：22－29.

　　④ 罗庆铭，王岩."一带一路"视域下菲律宾汉语师资问题探析［J］.北华大学学报（社会科学版），2019（3）：15－21.

资助或只给予有限的资助，如文莱、缅甸、柬埔寨、老挝等国家的华文教育基本上是由民间自筹资金来开展的，马来西亚、菲律宾、印度尼西亚等国家的华校受到政府的资助非常有限，但政府会对政府学校的华文教学提供一定的资助。

总体而言，东盟 10 国作为海外华人人数最多的地区，汉语二语教学（华文教育）经历了一个曲折复杂的发展过程。20 世纪 50 年代前实施的是由我国政府支持开展的与国内教育相同的侨民教育，50 年代后各国都采取了限制、排斥乃至禁锢华文的政策，华文教育一度销声匿迹。80 年代以后，随着中国经济的腾飞，国际形势的发展变化，东盟诸国相继调整了对华政策，这一地区的华文教育由作为一种语言文化教育即母语教育逐渐转向第二语言教学。现在东盟国家的华文教学是第一语言教学与第二语言教学并存、以第二语言教学为主的局面；而且各国的华文教育发展不平衡，马来西亚的华文教育体系最为完整，在华校董教总领导下，实现了"支持独中、维护华小、发展高教"的目标，并使汉语在华校中保持了第一语言的地位。

第二节　东盟国家汉语学习者汉语汉字学习的文化背景考察①

吕必松在谈到第二语言教学的总体设计时，总是把分析教学对象的特点放在首位，而且还特别强调了了解教学对象的特点"对确定教学内容、教学原则和教学方法等有决定性的作用"②。学习者自身的因素不仅包括性别、年龄、性格、文化程度、家庭背景、社会阅历，以及在学习过程中所表现的学习能力、学习策略、学习动机、学习风格等个体因素，还包括来自不同国家、区域、民族或种族学生相同或不同的群体特征③。

东盟国家是海外汉语学习者比较集中的地区，这里的汉语学习者有自己独特的群体特征。学习者的群体特征是由于国家和地区不同、民族传统不同、语言文化背景不同等因素综合形成的。东盟国家是海外华人最集中的地区，其华侨华人的人数占全世界华侨华人总人数的 82.4%，而且华人移居东南亚时间最早、历史最久，海外华文教育也起始于东南亚④。华侨华人普遍重视中华传统文化的学习和传承。这些背景造成了东盟国家汉语学习者（特别是华裔学习者）语言文化

---

① 参见尉万传. 东南亚华裔留学生汉语学习背景浅探［J］. 东南亚纵横，2004（4）：56–59.

② 吕必松. 对外汉语教学概论（讲义）［Z］. 国家教委对外汉语教师资格审查委员会办公室，1996：87.

③ 王爱平. 东南亚国家华裔学生语言文化背景调查刍议［J］. 华侨大学学报，2001（3）：57–58.

④ 周南京. 世界华侨华人词典［M］. 北京：北京大学出版社，1993：936–937.

方面显著的群体特征，并直接影响他们的汉语（包括汉字）学习。另外，由于各国社会政治、经济、文化、教育等方面的发展极不平衡和个体情况的多样性，在这些汉语学习者的内部存在着较大的国别和个体差异。

郭熙（2007）指出，海外华语的使用环境相对于中国而言要复杂得多。一方面，海外华语与闽、粤以及客家等汉语方言共存，如很多海外华语学校使用粤方言等进行教学，而且在华语使用过程中，繁简字并用、注音不规范等现象长期存在；另一方面，海外华语处于多语环境的包围之中，与其他语言的互相影响在所难免，因而在语音、语法、词汇等多个方面都呈现出与标准的汉语共同语不同的面貌①。例如，在语音上，声、韵、调都与大陆的标准普通话有所不同，有入声而无轻声和儿化；在语法上，存在类似闽方言和粤方言的"V + Adv""有 + V""V + O + 一下"等句式；在词汇上，除了一些表达海外华人社会特有概念的词语外，还有许多词语与普通话名称相异而意义相同或相近，例如，马来西亚话语中的"卫生所"指殡仪馆、"饭盒"指盒饭，新加坡华语中"两造"指双方、"灵犬"指警犬等②。其中，尤以词汇方面的分歧最大，借词的现象最为突出。同时，汉字的使用也受到语音词汇等方面的影响，如不规范字和错别字等。这些方面的差异不仅给华语学习者在学习过程中造成了许多困难和障碍，同时在海外华语和汉语标准语之间形成了理解上的差异和分歧。这些差异和分歧不仅仅体现在汉语学习和教学上，在更深层次的意义上这些差异和不协调也直接影响到汉语的国际推广和我国相关部门语言政策的制定③。以下我们从几个方面考察东盟国家汉语学习者的文化背景，探讨这些因素对其汉字习得的影响。当然，这些因素与其整个的汉语学习都不无关系，因为语言的各个要素并不是彼此孤立的。而且这些因素对于汉语学习者中的华侨华人影响更大。

一、华文教育背景

东盟国家汉语学习者都或多或少受到当地华文教育的影响。海外华文教育在东盟各国都有相当长的历史，但由于种种原因其发展历程和现状很不相同。根据"二战"后不同国家对华侨及华文教育采取的不同政策并由此引起的华文教育的变迁，东南亚国家大体可分为三种类型：第一类是华侨或华文教育在居住国同化或国有化政策下遭到坚决取缔或加以限制的国家，如印度尼西亚、缅甸、越南、老挝和柬埔寨。其中印度尼西亚是全球华侨华人最多的国家，大约占总人口的3%。1966 年苏哈托政府掌权后，对华侨华人实行强迫同化政策，华文学校被取

---

① 郭熙 . 华文教学概论［M］. 北京：商务印书馆，2007.

② 郭熙 . 域内外汉语协调问题刍议［J］. 语言文字应用，2022（3）.

③ 刘华 . 东南亚华文媒体用字用语研究［M］. 广州：暨南大学出版社，2015.

缔，华文教育在印度尼西亚近乎中断，造成了 40 岁以下华人大多不懂华文的局面。2001 年 8 月印度尼西亚教育部才正式颁布决定书，允许开办华文学校，但是，华文教育并没有纳入国民教育的轨道，仍无立法的保证，而且师资水平堪忧。柬埔寨由于多年的战乱等因素华文教育也曾一度断层，现在所用华文教材版本不一，繁简字混杂，教学仍以华语方言为主。第二类是华侨及华文教育受到不同程度的限制、排斥或加以"当地化"的国家，如马来西亚、菲律宾、泰国和文莱。但其中的马来西亚却较多地保留了完整的华文教育体系，与东南亚甚至世界其他各国相比较，组织健全、体制完整；华校数量之多堪称全球之冠。从华语的使用及华文教育的发展来看，马来西亚所取得的成就堪称一大奇迹。菲、泰则只能在已当地化的原华校开设很少课时的华文课；在菲、泰，繁体字仍占主导地位，汉语教学基本上还是被作为一种外语或者第二语言教学，而且办学的情况参差不齐。第三类是在推行以英语为中心的强制双语政策下，对各种母语（华、马、印等）学校逐步改制的国家。新加坡是个华人占 76% 的国家，政府规定英语为共同语，华语、马来语、泰米尔语为各民族的母语。政府采取种种措施，推行简化字和普通话，提高学生掌握华文的能力。新加坡还从提高华人母语水平的角度做了一些工作，如成立了"华文教学检讨委员会"研讨华文在学校里的教授和学习情况。现在马来西亚和新加坡的华文教学性质与其他几国明显不同，基本上被视为近似于第一语言教学①。

二、东南亚各国的本地语言文字受汉语的影响不同（以泰国、越南、缅甸为例）

1. 泰国学习者汉字学习的优势及难点②

（1）泰国学生学习汉字的优势。

泰国学生在学习的认知方面较其他国家的学习者具有一定的优势，表现在认知汉字构形、理解汉字笔顺、理解汉语字词组合三个方面。

①在认知汉字构形方面的优势。

汉字是二维平面分布，汉字的各种形体被限定在一个方框内，并有上下、左右、内外等不同的排列维度和组合方式。泰文是音位文，有辅音字母 42 个，元音字母和符号 32 个。泰文元音辅音字母的组合方式是：元音字母可以在辅音字母的前后出现，还可以在辅音字母的上下位置出现。此外，泰文有 4 个声调符号，标在辅音的上方。因此泰文字母的内在组合方式与汉字结构有相似之处。因

①　温广益．"二战"后东南亚华侨华人史［M］．广州：中山大学出版社，2000：196 – 197.

②　田艳．汉语国际传播背景下的泰国汉字教学研究［M］．北京：中央民族大学出版社，2018：58.

此，"在泰国学生最原始的认知当中，其实或多或少早已对汉字的组合方式存有概念"，而不会对汉字感到陌生。因此教师在讲解汉字结构时，可以利用泰文字母组合方式与汉字字形结构方式的相似性来进行汉字构形知识的教学。

②在理解汉字笔顺方面的优势。

汉字具有较为严格的笔顺书写规则，泰文字母书写时也要依照一些基本的书写规则，有些规则与汉字笔顺有相似之处。

③在理解汉语字词组合方面的优势。

汉字是音节文字和语素文字，在汉语中有意义的音节和语素（用汉字记录）基本上都能充当词素。在汉语中运用复合法构成合成词的情况较为普遍，这一点与泰语中合成词的组合方式十分类似。当然，汉泰词语在动宾式、主谓式、动补式、偏正式等词语的组合方面也有很多相似之处。因此，泰国学生对汉语中一些词语的组合方式并不陌生，所以在教学中可以运用汉泰词根语素构成合成词的方法来教授汉语词语，使学生在短时间内积累较多的新词语，这也是泰国学生学习汉字的优势。汉字教学法中有一种字根拓展识字法，即利用汉字构词能力强的特点进行字词教学，泰国学生对这一教学法应该感到亲切、熟悉，并且可以得心应手地加以利用。

（2）泰国学生学习汉字的难点。

汉字有着几千年的历史，数量众多、笔画繁复、结构多维，是形、音、义结合一体的意义文字。汉字在泰国学生眼里就如同图画一样让人摸不着头脑。有研究表明，汉字被泰国学习者认为是汉语学习中最大的难点，绝大多数泰国学生认为汉字难学[①]。

①汉字字形方面的特点。

泰国学生开始学习汉字时，首先要面对的就是字形。

汉字笔画数量多。汉字由笔画（和部件）组成，汉字笔画数量较多，达到30多个，每个汉字的平均笔画为8~9画，笔画最多的达36画。因此对于泰国学生来说，汉字记忆的负担之重可想而知。

汉字笔画细微复杂。笔画之间的差别十分细微，笔画形变多样，如"撇"的形变就有"横撇""竖撇""长撇""短撇"等很多种。由于汉字笔画细微复杂，从而导致形近字大量增加，这很容易令学习者混淆，难以迅速辨认，如"日—曰""人—入""己—已"等。泰国学生由于对笔画记忆不牢靠而随意调换字形，用头脑中的字形代替正确的字形。比如，会把"未"和"末"弄错，从而造成笔形的失准。另外，汉字是二维平面结构，由复杂多样的笔画交织而成，

---

① 汪向. 泰国中学汉语教学现状调查及对策［J］. 语文建设，2012（22）.

于是造成了笔画交错、层次复杂。因此，书写汉字时，笔画稍一出现错误就很容易出现错字或别字。

汉泰文字笔形存在差异。汉字的笔画多是"横平竖直"，很少有圆形笔画，而泰国文字有很多圆角和弧线，因此泰国学生书写汉字中折笔或由折笔派生的笔画时不甚习惯，常出现偏差。

汉字笔画组合方式多样。如果将两横两竖四个笔画进行线性排列，只可能有"一一｜｜""一｜一｜"等 6 种组合形式。如果将两个笔画双向二维组合则可以有"十""×""｜""⊥""丁"等难以计数的组合形式①。

汉泰文字笔画连接方式存在差异。汉字笔画之间的连接方式有相交、相离、相接三种。很多汉字的笔画看起来是连接在一起的，如"口"字，其实是由三个不同笔画分三个不同的方向组合在一起的。而泰文几乎都是一笔写成，中间没有断笔。泰国学生书写错误中就有"一笔化"错误，即将汉字中两笔或三笔的笔画用一笔写出来，这类错误即是由汉泰笔画连接方式不同造成的。

汉泰文字笔顺均较为复杂。汉字笔顺与泰文笔顺尽管在一些方面存在相似之处，但两者之间的差异其实更大，这也是泰国学生笔顺正确率不高的一个原因。汉字笔顺基本规则有 7 类（先撇后捺、先横后竖、从上到下、从左到右、先外后内、先外后内再封口、先中间后两边），但是也有很多衍生规则，如"点在上部或左上时先写点（如广、义、为）""点在右上或字的内部时后写点（如戈、我、瓦）""上右和上左包围结构的字先外后内（如句、床、屋）""左下包围结构的字先内后外（如远、建、这）"等。

泰文独特的笔顺规则见表 5 - 1：

5 - 1　泰文独特笔顺一览表②

泰文笔顺规则	举例	说明
从下往上	ใ ร ว	从下面的圆圈开始往上写。另外，元音辅音字母上下组合时，要先写下面的辅音，再写上面的元音
先上后下	ๆ ฎ ฎ ก	一般是从左下角起笔
先下后上	ง บ ป อ ฃ ฑ	从上面的圆圈儿处起笔

①　周健. 汉字教学理论与方法［M］. 北京：北京大学出版社，2007.

②　田艳. 汉语国际传播背景下的泰国汉字教学研究［M］. 北京：中央民族大学出版社，2018：62.

（续上表）

泰文笔顺规则	举例	说明
混合多元走向	ฌ ฒ ห ฐ ษ ฅ ฌ	笔顺向各个方向伸展

可以看出，泰文的笔顺规则与汉字的笔顺规则存在巨大的反差，因此，如果泰国学生缺乏汉字笔顺的基本训练，非常容易导致汉字笔顺书写的混乱。比如在书写汉字时，会受到泰文书写习惯的影响出现倒笔现象，如汉字笔画"丿"，有的泰国学生会从下往上写。

汉字部件组合方法多样。汉字中的合体字占大多数，合体字由部件组成。汉字的末级部件超过 600 个，不过很多部件不可称谓，很多部件在字形上也颇为接近，从而导致形近字较多。另外，部件之间的组合方式复杂，远不止上下结构、左右结构那么简单，仅包围结构就有 6 种之多，且不同类的包围结构，其笔顺规则也截然不同。如上左包围结构的字（床）与下左包围结构的字（这）的笔顺就存在差别。即使同是左下包围结构，"建""这""题""赶"的笔顺也完全不同。另外，部件位置的改变也会形成不同的汉字或错字，如杏—呆、陪—部等。

②汉字字音方面的难点。

泰语是拼音文字，只要掌握了元音、辅音，就很容易将所听到的字词正确书写出来。相比之下，汉语语音就呈现出比较复杂的面貌。

汉字表音方式独特。有学者认为，汉字的意义可以通过视觉符号获得但是字音则需要单独专门记忆①。虽然很多研究证明了汉字形声字仍具有一定的表音功能和语音提示功能，但就整体而言，从汉字字形中读取字音并不容易，因此汉字字音的获得和记忆对泰国学习者来说仍然是一个难点。

汉语中同音字很多。因此泰国学生在没有建立起汉字音形联系的时候，就容易出现同音替代的错误，如将"公园"写成"公元"，将"拼搏"写成"拼博"，将"再见"写成"在见"等。

汉语声调差异细微。泰国学生的汉字偏误中就有一类是由声调错误引起的，如有些泰国学生将"田地"写或"天地"，将"教室"写成"教师"，将"已经"写成"一经"，这些都是声调辨析错误导致的书写错误。

形声字表音度存在差异。汉字形声字中声旁的表音度可分为 1~5 度，1 度表音度最好，表音度为 1 度的形声字的声旁可以直接、准确表音，但这类形声字

---

① 程朝晖．汉字的教与学［J］．世界汉语教学，1997（3）．

并不太多，大量的形声字表音情况较为复杂。如果没有经过训练，学生念错形声字的情形还是不少见的。

可见字音也是影响泰国学生对汉字正确识记的因素之一。

③汉字字义方面的特点。

汉泰两种文字属于不同性质的文字系统，两者的表意方式存在较大的差距。

泰文是拼音文字，由于泰文仅仅是书写符号，记音是直接的，表义是间接的，字形和字义没有直接的联系，所以泰国学生不习惯从字形中提取字义。

汉字的造字来源复杂多样。汉字根据其造字来源可以分为象形、指事、会意、形声等类别，每种类别的汉字的表意方式也有所不同。

汉字的认知过程复杂。汉字的认知过程包括音与形、形与义、音与义的结合，要比拼音文字复杂得多。对于习惯拼音字母文字的泰国学生来说，在书写和认读汉字时会遇到较大的不适应，他们很难从所看到的汉字字形本身去理解该字所表达的意义。

汉字经过简化以后，其理据性有所下降。汉字在演变和简化的过程中，其表义性受到一定的破坏，同时还出现了很多多义字，如不经过系统的学习，学生很难掌握汉字的多个义项。

由于上述诸多难点的存在，如果泰国汉字教学中缺乏对汉字音形义进行清晰、系统的讲解和练习，学习者只能采用"机械记忆""反复抄写"等僵化的策略记忆汉字，学习效果可想而知。

2. 越南及缅甸汉字学习背景

越南在历史上受汉语的影响极深，古代汉语汉字在越南推行一如中原，越南只有短暂时期（胡朝和西山阮朝）以"喃字"为正式文字，跟汉字并行，到1858年法国和中国订立《天津条约》使越南成为其殖民地为止，汉字一直是越南的正式文字。而且，喃字也是一种根据汉字孳乳仿造的文字，主要采用了假借、形声、会意造字法，借用现成汉字十分之七八，补充新造喃字十分之二三。1945年越南独立后才把拼音的"国语字"定为正式文字，废除汉字。但在此后很长一段时间内，汉字和汉文典籍仍在民间广为流传；即使是现在的"国语字"，仍有很多汉语的痕迹。借助越南化了的汉语词素创造新词仍是越南语最为重要的造词手段。比如越语"hoa"的读音、意义和汉语"花"完全一样，越语的"van dong hoi"和中国南方许多方言的"运动会"的发音类似，意为"运动会"。至今，现代越南语仍是有6个声调的语言，有约60%以上的汉语借词，称"汉越语"。人们不仅能在庙宇和古建筑物上看到历史上留下的汉字，而且能在对联、碑文和一些传统产品的商标上看到汉字；人们仍喜欢用带有庄重和高雅色彩的已拉丁化了的汉语借字借词为孩子或企业命名。在越南，汉语是位居第二的外语，仅次于英语①。越南留学生的汉字水平较高、偏误较少与此不无关系。

现代缅甸文字从字形来看，好像是用大小不同的圆圈拼接、套叠而成，与方块汉字形成极为鲜明的对照。它主要是由印度古文字婆罗迷文发展而来的，属于孤立语类型的文字，一个字便是一个音节、一个意义，并带有声调。同源的泰国、柬埔寨、老挝的文字特点与此相类，这与汉字的特点又有共通的地方。马来语和印度尼西亚语都是在古马来语的基础上发展而来的，无声调，现行文字都采用拉丁字母，受英语的影响最大。菲律宾的文字也已基本拉丁化。但在某些场合，华人必须讲华语，平时即使讲居住国语言，也是含有大量汉语借词的"华人语"②。在新加坡以英语为主，遵守"四种语言源流"（英语、华语、马来语、塔米尔语）的传统，几种语言多有混杂。华人原有闽南、广州、潮州、客家、海南五大方言群，彼此通话困难。现华人多数能用民族共同语，使用简化汉字。

三、华文媒体影响

各种媒体对相关语言文字学习的影响不言而喻。华文报刊和广播、电视、电影是华人社区最重要的华文传媒。报刊以华文为载体，报道华人社会的各种新闻和信息，涉及工商、学术、体育、文艺及娱乐等各个领域。海外华侨华人还通过各种途径接触中文广播、电影、电视。以华人占大多数的新加坡为例，华文报纸的发行量占49%；"新加坡广播公司"广播电台有四个广播网，华语及方言的播出时数占39%；两个电视频道的华语播出时间为26%，播放的电影25%为华语片。这些不仅为华人社会提供了各种信息和联系的纽带，还为华侨子弟接触汉语、认识和熟悉汉字大开方便之门。但是，在印度尼西亚华文报刊等媒体曾几乎被禁绝，近来虽有所恢复，但要扩大影响尚需时日；在华人人数较少或者居住分散的地区，华文媒体的规模和影响也非常有限。这些媒体有的用繁体字，有的则用简体字，有的则繁简杂用。这对身处其中的华裔不能不产生一定的影响③。华文媒体中繁体字、异体字、旧印刷字形（如，别、沒、幷）、旧计量用字［吋（时之误写）、呎（尺之误写）］和日本汉字对华人社区中的东盟国家汉语学习者都有不同程度的影响，如日本在东盟国家殖民的后续影响，使相当数量的日本汉字仍有遗留，这当地汉语学习者的汉字偏误中有所表现，如德（"德"的书写偏

---

①　参见周有光. 越南的语文新发展［M］//新时代的新语文. 上海：生活·读书·新知三联书店，1999：79－82；武氏春蓉. 略论汉语对越南语的影响［J］. 济南大学学报（社会科学版），2001（5）：56－57；孙超. 汉字：越南文字的始祖［J］. 民俗研究，2002（2）：201－202.

②　于维雅. 东方语言文字与文化［M］. 北京：北京大学出版社，2002：213－317.

③　温广益. "二战"后东南亚华侨华人史［M］. 中山大学出版社，2000：196－197.

误）、辻（"迁"或"计"的书写偏误)①。

四、家庭文化背景和社区文化背景

东盟国家华侨华人汉语学习者还受到其家庭和社区文化背景的影响。在东盟各国，华人在政治上已经依附于当地，但文化上并没有随着当地化特点的强化而丧失族群性。共同的语言、共同的文化传统以及血缘、地缘的纽带，使得他们很自然地与他们的同胞和祖籍国之间保持着联系，从而使华侨华人家庭不同程度地保留着中华民族的语言和风俗习惯。首先，华裔汉语学习者虽然可能来自不同的社会阶层，有着不同的生活方式，但是几乎都有着共同的家庭特征。这种家庭背景下长大的华裔对汉语汉字及汉文化的接受程度、认可程度都远远高于非华裔。其次，有些家庭的汉语（或汉语方言）环境为他们从小接触汉语提供了天然的理想场所。大多海外华人经历了当地文化思潮的冲击，经受了生活方式在一定程度上被同化的过程，不得不学习当地的主流语言，但还是通过言传身教一代代地保留着中华传统习俗和语言文化。不少华人家庭使用的语言并不是当地语言，而是汉语或汉语方言。有些华人社区的家庭语言甚至可以影响整个当地社区，如印度尼西亚的棉兰，由于当地大部分华侨都说闽南话，导致非闽南话华侨和一些本地人也会说闽南话。绝大多数的东盟国家华裔自幼就受到这种家庭文化背景的熏陶。但是，不同地区甚至是在同一地区的不同家庭的方言背景可能差别迥异。东盟国家华裔汉语学习的部分汉字偏误，尤其是别字的产生与此有着密切的关系。

华人社区为华裔接触、学习华语提供了很重要的环境。在一些国家或地区如新加坡和马来西亚，华侨人口众多，居住地也相对集中，华侨子女生长在这样的环境，从小就受到该社区语言的熏陶，某种程度上形成了双语双文化现象，为后来的语言学习打下了良好的文化基础。在华侨居住集中的地区，华人社团除了作为一种内部自助自保的自治性组织外，还有意识地通过一些活动来传播中华文化，如组织华人庆祝中国传统节日，宣传中国传统文化，举办"华人文化节""中华艺术节""学唱中国歌""民俗文化节"等活动。正是这些活动为华侨子弟潜移默化地开启了中华文化之门。在东南亚一些国家或地区，如越南、泰国还有很多反映中华文化的遗迹，如历史名胜地的汉字石刻、楹联等。华裔汉语学习者也正是在这种社会、社区的耳濡目染中开始了对汉字的认识。在华侨华人居住分散、人数稀少、经济欠发达的地区，这种影响则要弱得多。

---

① 参见刘华. 东南亚华文媒体用字用语研究［M］. 广州：暨南大学出版社，2015.

五、关于东南亚华裔留学生文化背景的两组参考数据

汉语言文化在东南亚华裔身上的留存之多，影响之大，在很多方面确实出乎人们的意料。下面是两组相关调查数据，可资参考：

（1）据王爱平等（2002）对 110 多位各类东南亚华裔学生的调查显示[①]：

知道自己的生肖属相	100%
出生时就有中文名字	100%
家人称呼时用中文名字	100%

家人常用与有时用的语言：普通话61%；汉语方言74%

家中有中文报纸	54%
家中有中文杂志	47%
家中有中文书	81%

来华前本人学过汉语	71%
父母教	17%
家庭教师教	34%
补习班或华校	36%

自己看中文电视、VCD	74%
爸爸看中文电视、VCD	60%
妈妈看中文电视、VCD	79%

自己看过中文书	13%
爸爸看过中文书	69%
妈妈看过中文书	56%

（2）下面是我们对 100 名 2003 年春季暨南大学华文学院东南亚华裔留学生有关语言文化背景的调查数据：

①你最早学汉语是在：

21%出生后跟家里人学；18%在国内华文学校；27%在家或华文学校；34%

---

① 王爱平，乔印伟，朱蓉玲. 语言文化背景与汉语学习：对东南亚华裔学生的调查与思考 [J]. 海外华文教育，2002 (3)：74 - 79.

来中国前从没有学过。

②你来中国前，你或者家里人：

12%只会讲汉语方言；27%只会讲普通话；33%普通话和汉语方言都会讲；28%普通话和汉语方言都不会讲。

③你来中国前：

6%能熟读华文报纸或书刊；37%常见到汉字但不认识；45%认识一些汉字；12%从没有看到过汉字。

④你学汉语主要是因为：

36%将来工作需要；2%旅游需要；38%对汉语和中国文化感兴趣；24%父母要求。

⑤在学习汉语（包括）之前，除了第一语言：

83%还学过英语；6%还学过日语；4%还学过法语；6%还学过马来语；5%还学过印尼语；3%还学过泰语。

以上这些方面的因素交互作用，对当地汉语学习者的汉语和汉字习得产生影响，特别是对大多华裔子弟学习普通话的语音、汉字、词汇等都有影响。汉字的学习是令欧美人头痛的问题，习惯了拼音文字的他们面对方块汉字时往往觉得无所适从，觉得比画画还难。一般的日韩留学生在汉语学习上的表现是写强于说，他们对汉字并不陌生，但语音上存在着较大的困难。而东盟地区很多华裔子弟虽然并不具备汉语书写和阅读的能力，但是大部分人会写自己的名字甚至是一些简单的汉字，这有助于他们了解汉字的构造，减少学习汉字时的畏难情绪。语音掌握的情况类似，虽然大部分的华侨子弟熟悉的不是普通话而是汉语方言，而汉语方言的语音系统与普通话语音系统差别较大，但他们至少掌握了方言语音系统与普通话系统相同的部分。更重要的是，对方言的接触或掌握，使他们熟悉了汉语的音节和音调，这对包括汉字的整个汉语学习的影响都不容忽视。所以简单地把东盟国家汉语学习者的汉语教学一律等同于一般的"第二语言教学"恐怕未必合适，将其定位为"多语言背景下的特殊的第二语言学习"也许更为恰当。对他们的汉字教学也应有别于其他地区的汉语学习者。

当然，东盟国家汉语学习者的个体因素，如年龄参差不齐、文化程度偏低、学习的动机和目的复杂多样等也与其汉字偏误有着密切的关系。

综上所述，东盟汉语学习者与其他地区的汉语二语学习群体的确有所不同，把他们作为汉语教学一个特殊群体来考察是必要的；但是即使在共同点颇多的东盟地区华裔学习者中，也不可忽视其国别差异、文化背景差异、个体差异等因素，其汉字偏误和习得必然有一定的差异性和不平衡性，否则就不能真正做到了解和掌握学习者的情况，教学上就很难说是有的放矢，教学效率也必然大打折扣。

第三节　东盟国家汉语教育现状及问题

一、东南亚地区华文师资现状及问题

华文师资缺乏是目前东盟国家华文教育面临的一大问题。在印度尼西亚、马来西亚、泰国当地，华文已经进入国民教育体系，成了中小学开设的学科课程，但随之而来的是华文教师和华文教材形成大量缺口。国家汉办提供的资料显示，马来西亚汉语教师缺口达9万人，印度、印度尼西亚汉语教师缺口达10万人。

目前在东盟国家从事华文教育的师资队伍中，主要有这样几类人员：①中国大陆、台湾具有较高学历和较高教学资历的教师。这部分人一般或具有硕士、博士学位，或有教授、副教授职称，在汉语研究和对外汉语教学方面有较为丰富的教学经验或独到的见解，主要集中在一些著名高校，因为这些大学资金雄厚，提供的待遇较好，同时对汉语教师的资历要求比较严格，而且中文教育开办较早，对外联系渠道较多，易获得较高水平的师资，但是这些精英人数相对较少。②移居或暂居于东盟国家的华侨华人。这部分人有的学历较高，而且其中一部分具有从事高等教育教学工作的经历；而大多则学历较低，也没有从事汉语教育的经验，这些人从一般大学到中小学、从补习学校到家教都有分布，他们的教学水平和教学方法也存在着很大的差别。另外还有一些留学当地攻读硕士学位或学士学位的中国大学生，他们业余在华文中学或华文小学从事华文教学工作，但他们的课时数并不少，有的甚至多于专职的教师，他们有知识、年龄等方面的优势，但缺乏必要的经验。③老一代华侨华人（及少数当地年轻人）。他们看到了目前令人鼓舞的华文教育形势，积极投身于华文教育的行列，其中有的曾有过做华文教师或其他科目教师的经历，有的只是才进入华文教育这个行业，他们的优势在于熟悉当地语言和文化，便于与学生沟通，劣势在于汉语水平大多不高，有的甚至受汉语方言（大多为闽南语、越语、潮州话）或泰国语影响严重，而且不具备教学相关的专业知识，他们多在小学、中学进行教学，其对华文教育产生的影响不容低估，从长远来看，如何对这些师资进行培训和规范，充分发挥他们在华文教育中的作用值得我们深入探讨。这些教师中的部分人近年来自觉地到中国或者泰国当地接受汉语师资的培训，这对于提高他们中文从教素质是大有裨益的，只是长久以来形成的方言语音等问题依然很难解决。④新生代华文师资。当地大学学习中文专业的一部分毕业生成为华文教育的一股新生力量，尽管华文师资的待遇还不够理想，他们也没有什么华文教学经验，其执教水平还不够高，但他们富

有朝气和活力，更兼华语和当地语两方面的优势，比较容易受到当地学生的欢迎①。

东南亚国家现有的华文教师也大多年龄偏大，学历层次低，很多都是当时华校的中学毕业生。因而东南亚国家的师资现状不容乐观，师资基本仍然存在断层的危险、现有教师基本功训练不足。

东南亚国家华文教师的主体是华文遭禁锢前的华裔初高中生，他们的普遍状况是汉语的交际能力强，与中国大陆人的语言交际能力无异。但是他们的方言语音浓，普遍缺少汉语知识的素养，非常欠缺教学理论和教学法的正规训练，而且年龄偏大。

新生代的华文教师有两部分：一部分是在中国或新加坡等华语地区留学的学生。另一部分是在当地华文补习学校或家庭环境中学习了华文的学生，这一部分教师在印度尼西亚、越南、柬埔寨、老挝等国所占比例较高。新生代的华文教师年纪轻，有的在国外留过学，大多具有专科以上的学历，受过较正式的汉语能力训练，但没有系统接受过教学理论和教学法的训练。他们的汉语知识比老一代的教师好，但是语言交际能力教学的实际经验和教学效果都比不上老一代的教师。而由所在国当地华校等培养出来的新生代华文教师，其汉语知识比留学回国的教师要差，其他方面则与留学回国的教师大致相同。因此在东南亚华文教师的培训过程中，特别要加强母语教学与第二语言教学的理论修养和教学技能的训练，尤其是字词句和汉语交际能力的教学技巧的训练。此外，还要区分不同的教师对象，加强汉语知识和中华文化内容的训练。

另外，外派教师也存在一些问题。近年来，尽管我国通过"公派汉语教师"和"汉语志愿者"等形式派出了一批批汉语教师赴东盟国家帮助解决华文教师不足的燃眉之急，但是有一些外派教师并不适合当地的实际需要，通晓东南亚本地语种的教师很少，有些教师的专业素养、汉语水平与教学技能也普遍存在问题，有些外派教师不适应当地中小学实际教学需要，这些教师缺乏系统汉语知识汉字教学技能的培训。同时，外派教师的管理也存在一些问题，设在东南亚国家的大使馆许多都未设立教育参与或相关人员，而由中国文化处代管，不利于华文教育的高效开展；也没有相应的交流协会来统筹监护，国家应尽快建立有效的外派教师培训管理制度。

二、东南亚地区华文教材的现状及问题

教材缺乏是东盟国家华文教育目前面临的另一大问题（特别是专门汉字教

---

① 尉万传. 泰国华文教育若干问题管窥［J］. 云南师范大学学报，2007（1）.

材）。目前东南亚地区使用的华文教材的来源主要有三种：一是由中国大陆自主或帮助编写的教材，如《汉语》、《中文》（在印度尼西亚使用较多）、《华文》（在柬埔寨使用）。其中由暨南大学华文学院组织编写的《中文》发行已逾500万套，成为海外发行量最大的华文教材，并仍以每年80多万套的发行速度在传播。而《华文》教材自1996年在柬埔寨试用以来，由于更贴近柬埔寨实际，生动地反映了柬埔寨的历史地理和文化，受到全柬埔寨华文学校的欢迎，并得到柬埔寨教育部的认可，成为柬埔寨华文学校唯一合法使用的教材，迅速在柬埔寨70多所华文学校近8万学生中使用。二是由中国台湾、新加坡、美国等地编写的教材。随着中国大陆所编教材影响力的不断扩大，这些教材的发行量也在相应缩小。三是东南亚各国自己编写的教材，如泰国朱拉隆功大学每年汉语课程都由任课老师编写教材，其中精读课有专门的教材，马来西亚等国也有自己编写的教科书。除少量的自编教材之外，外来的教材存在没有结合当地文化、生活、语言和习俗的不足，注释用语言多数使用英语，因而无论是对华文母语教育而言，还是对当地原住民学习华语而言，都难以充分满足当地使用者的要求。其自编的教材基本上都存在未照顾到学习者语言发展规律的情况，比如常用字词的出现就没有像中国大陆的《汉语水平等级大纲》那样经过了严格的使用频率的统计研究。

由此可见，目前真正适合当地大、中、小学及补习学校需要的华文教材确实不多，而适合教学需要的文化用品、书籍、词典在当地也根本买不到，这对于我国推广和发展华文教育都有一定程度的影响甚至阻碍。因此，因地制宜地编写适合当地需要的权威的华文教材十分紧迫。

三、东盟国家华文教育中的教学方法等问题

即使有了足够的师资和优秀充足的教材，华文教育要达到预期的效果，还需要科学合理的教学理论的支撑和教学方法的实施。目前我国在东南亚地区华文教育师资培养和教材建设方面已有了足够的重视，并取得了重要的成果。加强华文教育教学理论和教学方法的探索和研究仍是一个十分重要的课题。目前东盟国家华文教育教学理论和教学方法方面仍存在以下问题：

（1）教学方法比较落后。受传统教学模式的影响，华文教师的教学方法仍习惯于"满堂灌"，不符合学习者自身的心理特点和学习规律，不利于激发学生学习华文的兴趣。

（2）教学方式单一，能用现代教学手段和教学方法的教师很少。大部分教师上课时还是靠一张嘴、一本书和一支粉笔等。而家庭补习班的教学方法则更加简单。

（3）对教学对象的重视不够，在很大程度上忽视学生学习的兴趣、动机、

目的等。在教学中对培养学生自主学习能力、学习积极性，提高学生能力素质等重视不够。东南亚华裔儿童要融入居留国社会，需要同时学习所在国官方语言，华文学习负担非常繁重，如果不能调动学生学习华文的积极性，很容易造成生源流失。

（4）教育理论意识淡薄。没有形成适合当地特点的教学理念，目前一个相当严重的倾向是把华裔的华文教育当作第二语言教学来对待，而没有清醒地认识到华裔华文教育母语的教育性质，并采取相应的母语教学措施。

四、华文教育规划、管理、指导现状与问题

无论是教育行政部门还是民间教育团体，对华文教育都还没有形成一个统一的规划和运作机制，师资、教材、学制等方面大多还是各自为政、百家争鸣的局面。

尽管华文教育在有些国家（如泰国、马来西亚）已经形成了幼、小、中、大这样一种华文教育阶梯，但这个阶梯系统很不完善，缺乏必要的连贯性和系统性。就学习者而言，有的可能仅上了华文幼儿园，有的仅上了华文小学，有的仅上了华文中学，还有的只是到大学才开始华文学习，很少自始至终一贯坚持下来的，这也是各大学的中文系课程设置大都是一年级从 ABC 开始的原因，由此也就产生了这样一个问题：大学一年级中文系学生的中文水平相差较大，有的具有较好的中小学学习基础，有的却从来未接触过中文，这就给一年级的教材选用和教学进程安排造成很大的困难。而且由于这种巨大差异的存在，教师即使想因材施教，也异常困难，因为不同学生间学习基础的个体差异太大，以至于教师很难仅仅通过教学方法等方面的调整在较短时间内平衡这种差别。其实，这种情况对整个大学四年的教学都是存在影响的，并且已经在相当程度上制约了华文教学效率的提高，而目前由于学习人数和师资人数所限，实行按汉语水平分班教学的可行性还不大，因此这种情况的存在还可能是长期的。这些学习者在汉字习得方面表现出的问题尤其突出。

另外，中国内地高校缺少与泰国高校的交流与沟通，对其华文教育的相应支持远远不够，即便是有对外汉语教学专业的学校，也存在着这样一种局面：一方面，国内对外汉语专业学生毕业后无法从事本专业的工作，有的甚至是就业异常困难，近年来甚至很多对外汉语专业的硕士毕业生也无法找到对口部门就业。另一方面，国内尽管也了解国外对华文师资的大量需求，却没有办法通过合适的渠道把学生派出去，以至于目前对外汉语教学（和华文教育）专业毕业的本科生甚至研究生的就业处境非常尴尬，对外汉语这个新兴专业的发展前景不容乐观，甚至令人担忧。此外，泰国本地学生对于如何到中国留学的情况也缺乏足够的了

解，中文系的学生大多热切希望到中国学习深造，但对于怎样到中国学习、到中国学习要具备哪些条件等都知之甚少，十分困惑，大多学生只是多少知道"北京语言大学""暨南大学"等开展对外汉语教学或华文教育历史较长的学校的情况，以至于很多有条件到中国留学的学生也只能"足不出户"，在中文教学条件并不理想的国内学校学习。这与日本相关大学和教育部门在泰国吸引当地学生到日本留学的强大宣传攻势（如在泰国大学内的日本活动周、日本留学系列海报、留日咨询等）形成鲜明的反差，值得我们国内的大学进一步思考，以便采取更加积极有效的措施扩大对外交流和合作，促进华文教育事业的全面健康发展。

五、东盟国家汉字教学现状①

在泰国、马来西亚等东盟国家，汉字是海外华人身份认同的重要标志，华文教学因此得以良好开展②。东盟十国尤以马来西亚的华文教学最为完整，涵盖了从小学到大学的全部教学阶段。在马来西亚，以汉字书写的格言、诗赋等作品随处可见，甚至一些马来族、印度族的非华裔学生也能笔走龙蛇书写汉字。由此可见，汉字以及与汉字相关的各种艺术形式在东盟国家多么受欢迎③。我国每年派遣大批汉语教师赴东盟国家从事华文教学，也取得了良好效果。随着我国与东盟国家全方位交流的深入，东盟民众对华文教学尤其是汉字教学提出了更高的要求。但是，当前东盟国家的汉字教学水平在教学理念、教材使用、教学方法、教师师资方面都存在着一定的不足。

1. 教师对汉字教学的重要性认识不足

东盟国家汉字教学的效果不好，这与教学理念的相对滞后密切相关。长期以来，外国汉语教学实践中存在着重"语"轻"文"的现象，汉字教学在国际汉语教育中处于从属地位，未能成为独立课程④。汉字教学一般采用随文讲解的方式完成，教学缺乏系统性。教师对汉字教学的要求停留在认、读等较浅层次，学生的汉字阅读能力以及书面表达能力未能得到锻炼与提升。据孙艺菁（2017）对泰国素叻他尼皇家大学的调查，绝大多数学生赞成单独开设汉字课程，我们应该重视这样的诉求。识字教学在国内的小学语文课程中占据相当重要的地位，汉语

---

① 龚剑超. 基于汉字国际传播的东盟国家汉字教学推进策略研究 [J]. 文化创新比较研究，2020 (4)：190－192.

② 陈羿竹，傅亚庶. 关于"六书"理论应用在对外汉字教学中的研究 [J]. 湖北民族学院学报（哲学社会科学版），2014（2）：113－117.

③ 张健. 马来西亚华人文化认同之汉字影响研究 [D]. 重庆：西南大学，2014.

④ 胡易容. 汉语国际传播策略 [N]. 中国社会科学报，2016（4）：11－18.

国际教育工作中也应该给予汉字教学相应的地位①。

2. 缺乏成系统、分层级的汉字教材以及标准化课程体系

在东盟国家，目前尚没有统一的汉字教材，教材的缺乏给对外汉字教学带来很多不利影响。缺乏统一教材，汉字教学就无法成系统地进行，汉字分级教学也难以施行。此外，对外汉语教材一般是按照汉语学习的难度而不是按照汉字学习的难度来编排的，所以在汉语教学的初级阶段，学生就可能接触到较为复杂的汉字，汉字与汉语的学习难度不均衡，书面语学习的进度远远落后于口语，这无疑会挫伤学生学习华文的积极性。更为关键的是，没有统一的汉字教材，教师之间便无法组织起有效的教学研讨活动，有针对性的汉字教学体系难以建立，对外汉字教学很难步入科学化、系统化、标准化阶段②。

3. 教师缺乏深厚的汉字文化修养，汉字课堂魅力不足

汉字是表意性很强的文字，华夏民族的先贤将自己的世界观、审美观以及远古历史信息凝聚在汉字中，这些信息随着汉字的流传渐渐融入华夏文化的血脉③。所以，对外汉字教学除了承担语言文字教学的基本功能以外，还承担着传播中华文化的重任。目前，汉字教学这条中华文化传播途径并没有充分打开。客观原因是东盟国家的教育政策对汉语课程的教学时长有限制，主观原因则是对外汉语教师本身缺乏对于汉字文化的深入了解，在教学中无法做到积极、合理、自如地应用。教师的汉字文化素养不足还表现在汉字课程的创意性不足上，不能将汉字教学与书法、对联、诗歌等艺术形式结合起来以增强课堂教学的魅力④。

总体说来，东盟国家的华文教育优于欧美、大洋洲的汉语教学，但与接近母语水平的要求还相距甚远。其中汉字的教学更不容乐观，少数老一辈华人还能用汉字写信交际，甚至进行文学创作，有的还能写漂亮的书法。但中年及更年轻的华人，由于受语言环境改变等因素影响，汉字能力普遍偏低。其中有师资不足、教材教法落后的问题，还有汉字的交际功能降低的原因。我们认为在教学法方面，华裔学生或多或少受过中华文化的熏陶，他们的父辈甚至就会说汉语方言或普通话，他们对汉语、汉字、汉文化的学习具有比其他外国学生为优越的认知条件和认知心理，因此对华裔学生的汉语教学，尤其是汉字教学和文化教学都应当

① 孙艺菁. 对外汉语初级阶段汉字教学研究［D］. 南宁：广西大学，2017.

② 张斌，张莉，胡云莉. 进一步促进中国—东盟人文交流路径研究［J］. 东南亚纵横，2018（6）：83–92.

③ 崔瑶，魏晶. 文化视角下中国—东盟的交流与发展［J］. 海南热带海洋学院学报，2018（1）：29–33.

④ 王海峰. 国际汉语传播背景下的汉字教学实践：以对韩汉字教学为例［J］. 汉字文化，2018（24）：23–29.

采用更具针对性的独特方法与手段①。

　　由上面的探讨可见，东盟国家由于地理、历史、文化等方面的原因，其汉语教育及汉字教学背景与欧美等非汉字文化圈存在着很多不同，同时与日韩汉字文化圈的情况也有着本质的区别。这种特殊的文化背景决定了东盟国家的汉语教育和汉字教学具有自己的特点和规律，其汉语学习者的汉字习得偏误和汉字习得特征也必然呈现其群体特点，因此在东盟国家的汉语和汉字教学中也需要基于学习者背景采取不同的对策。

---

① 周健. 汉字教学理论与方法 ［M］. 北京：北京大学出版社，2007：103－104.

第六章　东盟国家汉字教学的内容、课程、教材及模式

第一节　东盟国家汉字教学①目标和内容

东盟国家汉字教学的目标是通过教授一定数量的现代汉字及笔画、笔顺、部件和结构等汉字知识，使学习者掌握现代汉字的音、形、义系统，培养其汉字认读和书写能力，进而获得对汉字的认知能力、分析能力、推理能力和运用能力，并体认汉字文化。

一、汉字量

就汉字的教学数量来说，我们可以介绍几个权威部门发布的有关大纲中对汉字教学的要求。

（1）国家汉语水平考试委员会办公室中心制定的《汉语水平词汇与汉字等级大纲（修订本）》（经济科学出版社 2001 年版）共收汉字 2 905 个，其中甲级字 800 个，乙级字 804 个，丙级字 590 个，丁级字 670 个，丙级和丁级字附录 41 个。这是目前对外汉字教学的基本标准。

（2）国家对外汉语教学领导小组办公室编《高等学院外国留学生汉语言专业教学大纲》（北京语言文化大学出版社 2002 年版）共收汉字 2 503 个，其中一年级汉字表收汉字 1 491 个，包括一级字 795 个和二级字 696 个，二年级汉字表收汉字 545 个，三、四年级汉字表收汉字 467 个。

（3）国家对外汉语教学领导小组办公室编《高等学校外国留学生汉语教学大纲（长期进修）》（北京语言文化大学出版社 2002 年版）共收汉字 2 605 个，其中初等阶段 1 414 个，中等阶段 700 个，高等阶段 491 个。

二、汉字知识

汉字知识具体包括汉语拼音的基础知识、汉字笔画知识及正确书写、汉字书

---

① 确切地讲，本书中"东盟国家汉字教学"指的是针对东盟国家汉语学习者的汉字教学。

写的笔顺规则、汉字的结构知识以及汉字的特点①。

（1）汉语拼音基础知识。

要学汉字，必须掌握拼音这个基础。因为汉字的表音特点是一个汉字代表一个音节，而且声调具有别义作用。汉语拼音不仅有助于学习者以后辨别汉字，查阅工具书，而且有助于电脑手机输入，尽快进入汉字的应用阶段。

（2）汉字笔画知识及其正确书写。

作为汉字书写最基本的单位，汉字的基本笔画有横、竖、撇、点、捺、折、钩、挑八种，在此基础上衍生相应的变形笔画共有 20 多种。这些笔画是汉字构形的基础。了解了汉字笔画的基本知识，并做到正确书写，才可逐步形成字感。

（3）汉字书写笔顺规则。

汉字的笔顺规则是根据使用的书写材料、人们的书写习惯和汉字的组合特点形成的。汉字的基本笔顺包括：①先横后竖，如"十"。②先撇后捺，如"人"。③先左后右，如"汉"。④先上后下，如"分"。⑤先外后内，如"同"。⑥先中间后两边，如"小"。⑦其他，全包围结构的汉字，先外再内后封口，如"国"；半包围结构的汉字，先写右上后写左下，如"建"等。正确的笔顺，可以养成良好的书写习惯，有助于提高汉字书写速度和效率，并减少偏误，增强汉字美感。

（4）汉字结构知识。

就书写而言，汉字是按笔顺规则书写笔画而成的，从构形角度着眼，汉字可分为笔画、部件和整字，而整字又分为独体字和合体字。合体字的结构类型分为左右结构、上下结构、包围结构、半包围结构、穿插结构、品字结构等。

（5）汉字特点。

汉字的主要特点包括：①数量繁多（现代通用汉字有 7 000 个左右，古今积累总数达 9 万个以上），但常用字较少（3 500 个左右）。②汉字构形具有理据，绝大多数是形声字（占 80% 以上）。每个形旁（意符）表示笼统的义类，具有提示和区别（区分声旁相同的同音字，如"珠、株"）作用。声旁（音符）具有提示语音的作用，也可以区别形旁相同的同音字（如"潢、湟"）。③方块形汉字结构复杂。汉字区别于线性的拼音文字，是二维的平面文字，笔画组合形式非常丰富，字形结构复杂，分辨率高。④汉字历史悠久，富蕴文化和审美等②。

① 胡文华. 汉字与对外汉字教学 [M]. 上海：学林出版社，2008：147–152.
② 周健，彭小川，张军. 汉语教学研修法教程 [J]. 北京：人民教育出版社，2004：166–169.

三、汉字能力①

（1）汉字的认知能力。

对外汉字教学的一个重要任务是培养学习者对汉字的认知能力，即对汉字形音义全方位的认识。

对汉字字形的认知能力主要是指对汉字结构特点的认知。看到一个汉字，学习者要能够首先判断出是独体字还是合体字。如果是独体字，这个字形所表示的意义是什么？如果是合体字，这个合体字的组成部件都充当了什么角色？合体字的结构如何？对于汉字中常用的构字部件，一般在合体字中表音还是表意？表音或者表意时出现的位置有什么特点？学习者还要形成对相似部件及形似字的辨识能力，相似部件如"氵"和"冫"、"辶"和"廴"、"宀""冖"和"冖"、"夊"和"攵"、"衤"和"礻"、"阝"和"卩"等；形似字如"车"和"东"、"己"和"已"、"几"和"九"、"温"和"湿"、"清"和"请"、"着"和"看"等。

对汉字字音的认知能力主要是指了解汉字表音的一般规律，学会识记独体字字音，通过常用构字部件的表音规律判断一些合体字的字音。如"青"在合体字中一般都充当表音部件，有这个部件的汉字的读音一般都跟 ing 有关，如"清、请、情、晴、精、静、睛、菁"等。对汉字字音的认知能力还包括对多音字的识别，正确判别一个汉字在不同搭配或语境中的不同读音，如"长"（cháng，zhǎng）。当然，还要认识到汉字（尤其是形声字）表音的复杂性和局限性。

对汉字字义的认知能力应包括对独体字、会意字的字义理解，对形声字形旁所表示的意义的理解，对常用字构字部件所表示的义类的理解，还包括对所学汉字在汉语词汇或其他语境中所表示的意义的认识，即汉字的语素义和语境义。

（2）汉字的分析能力。

汉字的分析能力主要是指学习者见到一个汉字时能从汉字结构本身的规律去审视汉字的结构和造字表意意图。汉字分析能力主要体现在两方面：一是合理地分析出汉字的结构特点（如独体字与合体字之分，合体字部件的表音或表意功能），二是可以将不同的部件组成已知的汉字。这种分析能力以独体字和部件为基础，尤其适用于形声字的学习。

（3）汉字的推理能力。

汉字的推理能力主要是指利用已有的汉字知识对不认识的汉字进行推理，至

---

①　胡文华. 汉字与对外汉字教学［M］. 上海：学林出版社，2008：153－168.

少可以根据汉字的结构类型和部件做出一些基本的判断。如遇到汉字"敥（yì）"，根据已有汉字知识，大体可以推断部件"攴"是表意的，从它在"敥"中的作用可推测可能与"用手敲击"有关；而"易"很可能表音，读作"yi"或"yang"。汉字的推理能力应贯穿汉字教学的全过程，越到高级阶段，越要加强这方面的训练。从汉字运用的实际看，汉字推理能力还应包括在实际语境中推测汉字所表达的意义和读音的能力。

（4）汉字的运用能力。

所谓汉字运用能力，指的是"用汉字进行记录、表达和交际的能力，包括写、念、认、说、查等五个要素，其中，写、念、认各以汉字的形、音、义为理据依托，是成就汉字能力的基础要素，属本体范畴；说和查是以汉字的形、音、义为基础，以熟悉掌握本体范畴内的各要素为前提，来称说和使用汉字，是写、念、认诸要素在应用领域里的延伸，属应用范畴。具体来说，写，就是书写，要求达到正字法的要求；念，就是根据汉字形体所提供的信息准确地念出它所承载的字音；认，就是根据字形提示的字义信息辨认并区别字义与词义；说，即称说，指用已知的有关汉字字形、音、义的知识来称说未知的字形，称说的内容主要是笔画的名称、数量和位置关系，部件的名称、数量和结构关系，同音字或形近字；查，指用笔画（笔顺）、部首、拼音进行检索、查看汉语和使用汉字工具书"[1]。此外，汉字的运用能力还包括"打"，主要指在电脑或手机等电子设备上输入汉字，能运用一种或多种输入法熟练地打出自己所需的汉字。因为目前的输入法多有智能联想功能，"打"的能力可以使学习者组字成词、句、段、篇，激发其成就感，有利于提高汉字汉语的学习效率。

四、体认汉字文化

通过汉字学习，体认汉字作为中华文化重要载体和组成部分的价值及特点。教学中要切实注意二语对外汉字教育课程与儿童识字教育课程的区别与联系：虽然都是学习汉字，但是以汉字学习为第一语言学习还是第二语言学习的学习过程和特点却有很大的不同。

首先，两者的学习环境和学习方式不同。人们学习第一语言，可以分成两个时期，即自然学习期和学校学习期。最基本的语言能力是在自然学习期习得的，学校教育是在学生具备了最基本的语言能力的条件下进行的。而人们学习第二语言，虽然既可以在自然条件下进行，也可以在学校里学习，但主要是在学校进行系统的学习，并且一般是在不具备最基本的第二语言能力的条件下进行的。通常

---

① 施正宇. 论汉字能力［J］. 世界汉语教学，1999（2）.

第二语言学习者要从练习发音开始，从学习最基本、最常用的词汇和基本语法开始。

其次，两者的学习目的和学习动力不同。学习第一语言是出于人的本能，是出于生存和发展的需要。幼儿学习第一语言有一种天然的动力，是一种主动的行为，不需要任何人检查和督促。在学校里学习第二语言往往出于不同的目的，或为了受教育，或是职业目的，或是学术目的，或是其他临时目的，如社交、旅行等。由于学习目的不同，学习者的年龄不同，产生的动力也不同，完全有可能遇到困难就放松甚至放弃学习。

再次，两者的理解和接受能力不同。习得第一语言要经过漫长的过程，听、说、读、写这几项言语技能是逐项习得的，而且顺序不可改变，其间每两项言语技能的习得之间还要间隔一定的时间。而成年人学习第二语言时，由于已经掌握了一种语言，智力已经得到充分的发展，具有较强的理解和接受能力，可以在一段时间内同时学习和习得几种言语技能，代表抽象概念的词也可以在开始阶段学习。

最后，两者的语言习得过程是不同的。幼儿学习第一语言，总是要借助于实物和实情，从学习单词开始，然后再学习词组和句子。幼儿学习和习得语言的过程，同时也是建立概念、形成思想和思维能力的过程。习得第二语言的过程与习得第一语言的过程有根本的区别。人们在学习第二语言时，头脑中已经储存了大量的概念，而且已经形成了完整的语言系统，能够按照一定的规则把有关的词语组织起来，表达各种复杂的思想。习得第二语言的过程是由借助第一语言建立实物、实情与第二语言的联系逐渐向实物、实情与第二语言直接进行联系过渡的过程，即第二语言是在掌握了第一语言后获得的，因而必然要受到第一语言的影响。

在以往的研究中，我们一再强调对外汉语教学中汉字教学的特殊性，轻视甚至忽略了它与母语学习中的汉字教学的共性。其实，第二语言习得和第一语言习得也有很多共通之处：两者都需要建立声音和意义的联系，都需要建立形式结构和语义结构的联系，两种习得都需要经过感知、理解、模仿、记忆、巩固和应用这样几个阶段，语法的习得也都是有相同的顺序的。因而认为两者截然不同的观点是片面的。同样，在教学的方式方法上将两者截然分开的做法也是不科学的。在教学的方式方法上，母语习得至少能为第二语言习得提供以下几点借鉴思路：

第一，都是教汉字，都必须根据汉字本身的特点进行教学。

第二，都是对学生进行教育，都必须遵循教育学的原则，比如由少到多，由浅到深，由简单到复杂。

第三，都必须遵循心理学的规律，比如兴趣、爱好、记忆与遗忘、多种感官参与等。第二语言学习一般是在课堂上进行的，缺乏真实的交际语境。在第二语言教学中应尽量多创造与第一语言习得环境相仿的语境，充分利用学生的认知优势，避免机械的句型操练，使学习者根据不同的言语环境选择不同的言语，从而使学习者达到用语言做事的目的，增强学习者的学习目的。母语教学还有很多地方值得借鉴。汉语汉字流传了这么多年，已经有了历史传承性，有自己的特点，当今对外汉字教学上采取的许多新思路和新举措有很多是受了传统识字教学的启发。

第二节　东盟国家汉字课程设置及教材编纂

一、汉字课程设置

1. 当前对外汉字课程设置存在的弊端

现阶段汉字教学大多采用的是最传统的"随文识字，语文一体"的教学模式，汉字课从属于其他课程展开。汉字的学习是远远落后于语音、词汇、语法的学习的，学习者往往会出现听说能力和读写能力脱节的情况。汉字教学的不充分或缺位，会影响心理字典的建立，学生不能正确地提取汉字，不能正确地表达交际，也不利于更深层次的汉语学习。

在"随文识字"的教学模式下，汉字教学受到课文内容的影响，生字的出现有很强的随机性，违背了汉字学习的认知规律，无法根据汉字本身的构形特点按照由简到繁、循序渐进的顺序教学。根据对《汉语水平词汇与汉字等级大纲》等的研究成果，很多时候汉字等级与学生的学习阶段和水平是不匹配的，因此造成了学习者无法系统地学习汉字、无法把握汉字学习的规律、对于汉字学习存在畏难情绪等现象。汉字课一直处于被忽视的地位，部分汉语教师甚至存在不教汉字的情况，这样的教学方式会直接影响学习者的学习态度，削减汉字的输入，也进一步造成了汉字的"难认、难写、难记"。

不开设汉字方面的课程，或者没有当作常规的必修课程开设，都是没有重视汉字教学地位和教学价值的表现，是课程设置及整个对外汉语教学的重大失策。汉字是记录汉语的符号，其构成要素、结构方式、书写方式等与拼音文字完全不同，对日韩等汉字圈以外的学习者来说是一种全新的文字；汉字集形、音、义于一身，基本上一个汉字就是一个语素、一个语素就是一个单音节词，字与字的组合规律就是汉语词汇的组合规律，因此"字"也属于汉语的语汇范畴。可以说，汉字"字""语"兼具的属性正是它与其他文字的重要区别所在，也是设置单独的汉字课程的重要学理依据。尽管我们在初级汉语综合课的教学中也教授汉字，但主要限于以书写为主的汉字启蒙教育，这是远远不够的。如何设置单独的汉字课，设置几门，教授哪些内容等，以往的研究曾有所涉猎（孙德金，2006；顾安达等，2007），其中不乏创建性意见和可行的方略，但未形成广泛的共识，亦未能在教学实践中加以落实。我们认为，汉字如此重要而又不可逾越，毫无疑问应该开设单独的汉字课，并将其建设成为对外汉语教学的标志性课程。汉字课程的教学目标、任务和方法等，需要在既有教学经验和相关成果的基础上进一步加以研究①。

2. 汉字课程设置应注意的问题

（1）"六书"理论与对外汉字教学相结合。

具体的结合方式可以有：一是可以和教材相结合，或者教师根据生字表，有选择性地把汉字的造字理据告诉学习者，一般选择造字理据明显、类推性强的汉字。二是可以利用国际中文教学界"六书"理论的相关研究成果，比如《汉字认读助学手册》，依据国际中文教学的各类大纲和标准收字 3 600 多个，结合"六书"理论进行分类，每个字提供拼音、形旁声旁、造字理据、字义信息等。三是阶段性教学，初级阶段可以把"六书"知识分散教给学习者，中高级阶段利用系统化的"六书"理论教学②。一般我们认为象形、指事适宜初级阶段汉字课程，而会意、形声则适宜中高级汉字课。"六书"理论可以应用于汉字的初步认识，教师联系古文字形、造字理据，提升学习者的学习兴趣，帮助其建立形旁和字义的联系。除此之外，教师也可以利用"六书"理论对学习者一定阶段学习的汉字进行归类，还可以帮助其辨析形近字等。

（2）针对汉字偏误设置相关的课程。

近年来，汉字习得偏误研究受到更多人的重视，学者们分析总结学习者的汉字偏误类型，并且提出相应的教学策略。初级阶段，学习者大多没有接触过汉字，常常自创"汉字"（非字），随着汉字水平的提高，到达中高级阶段，错字减少，别字会增加，带有明显规律性的偏误会增加。初级阶段的汉字教学，教师应当帮助学习者树立正确的汉字意识，明确汉字是表意体系的文字，汉字是音、形、义的结合体。到了中高级阶段，随着学生识字量的增加，会出现很多同音字、同音词，教师可以利用不同的语境、词性、词义帮助学习者进行区别。

汉字偏误产生的影响相对于语音、词汇、语法还是比较大的，汉字多一笔或少一画就会变成别字或者错字，读错字音或者理解错字义都容易造成交际失误，

---

① 李泉. 对外汉语课程设置：总反思与再规划［J］. 语言战略研究，2017（2）：86.

② 鲁健骥. 汉字认读助学手册［M］. 北京：北京语言大学出版社，2018.

因而教师应该严格纠正学生的偏误。对于一定阶段学习者的系统性汉字偏误，教师可以设置专门的课程给予纠正，反复强调帮助纠偏，从造字理据上帮助学习者理解字形字义，或者教师也可以设计一些区别形近字的口诀，帮助纠偏。教师也可以根据以往偏误分析的成果，在课程设置中对于学习者会出现的汉字偏误进行合理预测，进行区别对比，一开始就强调汉字的音形义，帮助学习者建构正确的汉字形式。

（3）线上线下结合，课内课外结合。

在国际中文教学的课堂，仅仅依靠课堂内容来学习汉字不一定能够满足学生的学习需求。课后的汉字学习，如果没有教师强制性的安排，学生学习汉字的积极性往往不高。针对以上情况，我们可以采取线上线下结合、课内课外结合的方式来改进。课堂上的教学，可以保持原有教学安排，"随文识字"。课外的汉字教学，可以采取线上教学的方式，录制汉字教学视频，让学习者自学内容，布置相关的作业检查学习效果。教学视频可以分两种：一种是教师自己录制的个性化教学视频，可以根据班级学习者的汉语学习程度、学习习惯、兴趣爱好来设计。另一种是专业的国际中文教师录制的视频，中外语言交流合作中心的教师可以录制具有普遍适用性的汉字教学视频作为公共的教学资源使用，弥补课堂汉字教学的不足。

线上教学视频对汉字教学有一定的积极影响，具体如下：一是弥补了课堂教学的不足，把汉字的学习任务分散到每一天。二是线上教学视频不受时间地点的限制，增强了学习的灵活性。三是线上教学视频作为公共的教学资源，受众性广，可以帮助零基础的学习者自学汉语，也可以帮助学习者系统学习汉字知识。但是线上教学视频也存在局限性：一是线上教学视频需要自学，需要有一定的理解能力，适用于有一定汉语基础的中高年级学习者以及认识水平较高的成人的汉语学习。二是汉字教学初期，学习者的汉语水平比较低，教师除了借助手势、简单的口语，往往还需要借助少量的媒介语。我们可以先录制英语或者汉语学习者人数多的国家所使用语言的教学视频进行试点，后期学习者的学习水平提高后，教师可以只使用汉语，营造汉语学习的环境，循序渐进增加语言的输入量①。

二、汉字教材编纂

易嵘（2007）对七种对外汉语教材进行了分析、研究，并得出如下结论②。七种教材分别为：①《汉字速成课本》（柳燕梅编著，北京语言大学出版社2001

---

①　李春辉. 对外汉字课程设置改进策略的思考 [J]. 汉字文化，2022（6）：92－93.

②　易嵘. 对外汉语教学中的汉字教材研究 [D]. 西安：陕西师范大学，2007.

年版）；②《汉字》（陈枫、方鹏主编，三秦出版社 2002 年版）；③《初级汉语课本（汉字读写练习）》（鲁健骥主编，北京语言大学出版社 2003 年版）；④《汉语强化教程（汉字与阅读课本）》（张惠芬、陈贤纯编著，北京语言大学出版社 2005 年版）；⑤《汉字突破》（周健主编，北京大学出版社 2005 年版）；⑥《系统学汉字（中级本）》（李大遂编著，华语教学出版社 2005 年版）；⑦《阶梯汉语（初级汉字）》（易洪川主编，华语教学出版社 2005 年版）。

在汉字教学数量上各教材存在较大差异，也就是说，汉字教学该教哪些字、教多少字，都缺少一个统一的标准。七部教材中，面向初级汉语学习者的《汉字速成课本》《初级汉语课本》《汉语强化教程》《汉字突破》《阶梯汉语》是这样，就是面向中级汉语学习者的《汉字》和《系统学汉字》也是如此。

汉字教材的编写方式总的来说有两种：一种是"随文识字"的方式，一种是完全按照汉字自身的某些规律编写的方式。七部教材中，《初级汉语课本》《汉语强化教程》《阶梯汉语》这三部教材采用了"随文识字"的编写方式，即句型教学涉及什么生字就教什么生字，所学生字为课文中出现的生字。这样的教学方式，有利于留学生通过一定的语境学习、掌握汉字，但不利于把握汉字的规律性。另外，如果在编写句型教学课文时没有考虑汉字的字量和字形，容易造成每课生字量过大，初期的教学汉字字形过于复杂。《汉字速成课本》《汉字》《系统学汉字》这三部教材则是按照汉字自身规律编写的，特别是《汉字》和《系统学汉字》都充分利用了汉字的意符和字义之间的关系，将汉字按照一定的意义归类，系统地教授汉字。这种利用汉字特点集中识字的教学方式，由于所学汉字和意符在意义上有着某种联系，将它们集中在一起教授，便于留学生理解和掌握，能有效提高识字效率。但是这种教学方式对于初次接触汉字的留学生来说，如果没有控制好字量和字形，容易使他们产生畏难情绪。《汉字突破》主要也是按照汉字自身规律编写的，但同时兼取了"随文识字"的方式。该教材由四个单元组成，第一单元中的汉字大都是形体较为简单和较为常用的，第二单元中的汉字是按照占汉字总数 80% 以上的形声字的声旁排列的，第三单元中则是形旁相同的形声字，第四单元是五篇日记，采用了"随文识字"的教学方式。

汉字教学基本上都贯彻了均衡和循序渐进的原则。多数教材对生字做了一番控制，有的教材对于形体较为复杂的生字则采用拼音的形式代替，如《初级汉语课本》中的阅读材料。大多数教材在教学初期教授的多是形体比较简单的汉字，以后才逐渐过渡到形体比较复杂的汉字。这种教学原则比较符合外国学习者的认知规律，有利于他们更好地学习和掌握汉字。

上述教材中出现的生字几乎都给出了汉语拼音、英文注释以及书写笔顺，可以看出学者们都很重视训练留学生的汉字基本功。有的教材对具体汉字的教授则相对全面，如《汉字突破》，该书编者不仅给出了每个生字的拼音、英文注释，还给出了每个生字的笔画和部首，并且还用所学生字组词、造句，同时也都给出相应的英文释义，有的生字还给出了对应的繁体字。再如《系统学汉字》，该书对具体汉字的教授正如其书名一样，非常系统。从第14课开始，每一个字族先给出该字族的表意偏旁及其汉语拼音，同时给出相应的甲骨文、金文和篆书的形体，随后是该表意偏旁的本义和引申义（有的还有假借义），释义过程中一些难以理解的汉语词还给出对应的英文注释。紧接着列出 HSK《汉字等级大纲》中由该表意偏旁构成的汉字，包括甲、乙、丙、丁四级字，分别做出标示。之后则重点教授由该表意偏旁构成的乙级字，给出每个乙级字的汉语拼音、书写笔顺，同时还有由该乙级字构成的乙级词和丙级词以及由这些乙级词和丙级词所造的多种句型的句子。全面、系统地教授汉字，对外国学习者而言，学到的就不仅仅是一个个独立的汉字，而往往是该汉字构成的词、句、篇章，甚至更多汉字知识。

上述教材的一个共同之处就是都十分注重所学汉字的应用。具体做法往往是通过一定形式的练习，将汉字放到词汇、句型以及篇章等具体的语言环境中，突出汉字的实用性，使外国学习者更好地熟悉和掌握汉字。

李香平（2011）对已有汉字教材进行了集中调查研究，更为全面深入地揭示了汉字教学的现状、问题，并提出了相应的对策：

1. 教材数量

从1990年开始，截至2010年，北京大学出版社、华语教学出版社、北京语言大学出版社三家出版社出版的针对外国学习者学习汉字的汉字教材，包括汉字练习本、教学参考书达43种。用于外国学习者汉字教学的汉字教材出版总量已达到可观数目。尤其是从21世纪初开始，增长势头强劲，基本满足了近年来在初级阶段开设独立汉字课的要求，也为在中、高级阶段探索开设选修形式的汉字课提供了条件。大量新出版的汉字教材一方面是对外汉语教学成果的体现，另一方面也是新的教学法得以实施和检验的条件。

2. 教材类型

就针对对象而言，按照针对的学习层次来看，现有汉字教材有初级零起点、中级和高级汉字教材。其中，以初级汉字教材为主，占总量的88%。这与教学大纲规定在初级阶段开设汉字课程的要求是相符的。此外，中级为5%，高级为7%。中、高级汉字教材虽然所占比率不大，但它们的出现反映了学界对中、高级汉字教学的认识和实践。

就教材性质而言，按照教材编写宗旨来看，目前出版的汉字教材可分为三大类型：一类是根据大纲的要求，在词本位背景下针对汉字课而编写的独立的汉字教材，占53%（简称词本位汉字教材）；一类是打破"词本位"理论课程设置的框架，以"字本位"为中心编写的综合性汉语教材，占14%（字本位教材）；一类是为适应外国学习者学习汉语汉字需要而编写的教学参考和自学资料，占33%（参考资料）。

就采用媒介而言，长期以来，对外汉语教材都是以纯纸质版为主。近年来，还出现了广播类、电视类、音像类教材，特别是还有多媒体类等现代传播媒介的教材。汉字教学虽然不同于口语、听力等其他语言要素的教学，但汉字构形特点和形、音、义的规律仍然可以为多媒体教材的编制创造有利条件。在所调查的43种教材中，配有多媒体光盘或磁带的教材虽然在总量上已达到26%，但主要集中在汉字学习卡片类教材上，而且大部分只是利用声像来演示字词的读音、展示字形的书写，然而真正用于课堂教学和补充传统课堂教学不足的作用十分有限，制作新颖，能够增强汉字教学和学习趣味性、娱乐性的多媒体汉字教材还很少见。因此，在汉字教材中加强多媒体技术的应用，是今后教材发展的重要途径。

就教材内容而言，初级阶段汉字教材基本上形成了将识字教学与汉字知识讲授相结合的汉字教材编写体系。在已调查的初级汉字教材中，除了识字教学内容之外，都或多或少地把汉字知识讲授作为教学重要内容来安排，有的教材以讲授汉字知识为主，如周健编写的《汉字规律》。一般情况下，教材大都配有丰富的练习，有的教材还将练习单独编成册，从而保证了练习的量。

3. 教材存在的问题

（1）从教材针对的对象来看，初级汉字教材主要针对来华留学的初级汉语水平学习者，通用性较强而针对性较弱。目前按照大纲编排的初级汉字课程设置以及针对初级汉字课程的大部分教材都没有考虑到教学对象的国别差异、年龄差异和汉语读写水平本身的差异。这使得初级阶段独立开设汉字课程的教学效果大打折扣。

（2）从教材编写的内容来看，大部分初级阶段汉字教材都比较注重汉字知识的教学，但对用于初级汉字教材中的汉字知识缺乏统一的认识，对识字教学和汉字知识在教材中如何安排，如何使汉字知识教学转变成学生的汉字学习能力，均欠缺考虑，汉字知识与识字教学的关系、知识点的选取、练习的设计呈现出一定程度的随意性和无序性。

（3）从教材编写的原则来看，过分注重识字教学与汉字知识教学的系统性、通用性而忽视了教材的实用性、趣味性。

4. 教材编纂对策

（1）加强对现有教材的调查、研究、总结，构建多角度、多层面的对外汉字教材编写和分类的宏观体系。宏观体系初步设想如下：

适应范围：汉字课教材、业余自学教材。

教学内容：识字教学型教材、汉字知识讲授型教材、二者结合型教材。

教学目标：书写型汉字教材、认读型汉字教材、认读输入型汉字教材。

学习者水平层次：初级教材、中级教材、高级教材。

教材媒介：单纯纸质文字版教材、纸质漫画图画版教材、多媒体光盘版教材。

编写体例：汉字结构型教材、汉字交际型教材。

教学对象年龄层次：成年型汉字教材、儿童型汉字教材。

教学对象国别类型：韩日汉字教材、华裔子弟汉字教材、欧美学生汉字教材等。

其中汉字结构型教材主要按照汉字构形规律来安排识字教学顺序，而汉字交际型教材是指以常用汉字组成日常交际语境来编写识字教材。

（2）加强对汉字教材的针对性和创新性研究，编写针对不同国别、不同层次、不同教学目的的汉字教材。

首先，根据教学对象的母语背景和汉字基础，可以编写针对韩、日学习者和非韩、日学习者的初级汉字教材。韩、日学生由于有汉字背景，汉字的书写已有一定基础，汉字学习的积极性也很高，可考虑编写在介绍汉字规律、提高学生汉字学习能力的同时进行识字教学的汉字教材。此外，教材还应介绍韩、日汉字的异同及学习的重点和难点。非韩、日的东南亚学生和欧美学生由于母语文字是拼音文字，对汉字字形完全陌生，学习书写汉字的难度非常大。针对这部分学生的汉字教材应该适当降低书写的要求，增加汉字认读教学的内容，甚至可以考虑在入门阶段部分地用电脑输入代替汉字书写教学，使学生在认汉字、打汉字（拼音输入）中获得汉字学习的成就感，从而树立进一步学习汉字的信心。

其次，针对层次不同的学习者编写初、中、高等汉字教材。在中高级阶段开设选修形式的汉字课是目前汉语教学体系下补偏救弊的急需方法。中高级汉字课要注重揭示汉字内部的系统性，应将有计划、分层次的识字作为该课程的主要内容。由于汉字教学不只是对大纲中甲、乙、丙、丁四级 2 905 个汉字形、音、义的学习，更重要的是汉字构形系统性、汉字学习技巧和自学汉字能力的教学，不同阶段的教材不仅要体现识字教学的层次性，更要体现汉字知识教学和汉字能力培养的层次性。而这种能力的培养有赖于中高级阶段专门的汉字教学。因此，今后编写和出版受欢迎的中高级汉字教材十分必要。

另外，还要从识字内容的选择上加强针对性，如考虑适度增加口语用字和生活类汉字的频率。

（3）加强教材现代化研究，开发趣味性较强的多媒体汉字教材。

首先，我们可以利用汉字形体特点、读音特点和意义特点开发辅助课堂教学的汉字练习光盘或其他软件形式，将传统的汉字课堂游戏如组词接龙、汉字扑克牌、生字开花、构字组词制作成动画游戏，这种练习光盘不是对教材的复制，而是根据教材内容创造的富有挑战性、娱乐性的多媒体练习形式。

其次，利用汉字自身以及在发展过程中产生的文化性，开发用于课外自学的汉字故事光盘或其他软件。汉字是汉文化的载体，也是几千年来汉文化的体现。外国人对神秘的汉字非常感兴趣，但由于字形的繁难望而止步。利用汉字字形的理据性和文化性开发动画式的故事短片，用汉、英语解说汉字独特的构形规律和诸如拆字对联、字谜等有趣的汉字文化现象，这一类型的多媒体教材虽然不能帮助留学生解决汉字读、写问题，但能引起他们对汉字学习的兴趣，促使他们产生进一步学习的动力。

最后，我们还可以利用常用汉字具有构字组词的双重功能，开发多媒体字词学习光盘或其他软件，让学习者利用光盘循序渐进地学习字词，从而扩大词汇量。由于汉字本身能够单独作为构词的语素，因此应该利用常用汉字的有限性和所构词语的无限性来学习汉语中的字、词，即熟字生词。多媒体光盘等软件能够利用其自身的优势控制所学习生词的数量，给学习者自由选择的空间，提高字词学习的效率[①]。

第三节　东盟国家汉字教学的原则及模式探讨

一、汉字教学的原则

1. 遵循汉字习得理论，注重汉字与汉语的特殊关系

汉字教学首先必须遵循汉字习得规律，又要特别注意汉字本身的特点及汉字与汉语之间的特殊关系。长久以来听说先行、读写跟上的教学方法，对外国汉语二语学习者学习汉字的效果并不理想。精读课（或综合课）的进度一般比汉字教学和习得的进度要快，往往是学习者在课堂上已经学习了相当数量的汉语词汇之后，掌握汉字（含音形义，特别是书写）的数量却十分有限，汉字的特点和二语学习者的认知规律决定了汉字量不可能与精读课（或综合课）上的汉语词汇量同步。

---

① 李香平. 当前留学生汉字教材编写中的问题与对策 [J]. 汉语学习, 2011（1）: 87-95.

　　要真正提高汉字教学的效果，除了根据汉字本身的特点和发展规律开设汉字课教学外，在普遍开设的综合课上，每一节课后都提出汉字学习的具体要求，根据由易到难、由具体到抽象的原则，将汉字的基础部件及书写方法、部件的作用分别介绍给学生。教师在汉字教学课上则进行专门的汉字结构知识及汉字部件的造字功能等的讲授和汉字训练。

　　2. 遵循汉字认知规律①

　　字形加工：笔画、部件、结构、正字法知识等多种因素都会影响汉字字形的知觉与识别，但它们的影响程度并不相同。同时汉字的识别有一个随年级、语文能力、识字量的提高而发展的过程。因此，教师在汉字教学各个阶段应充分利用学生对汉字的结构的认知特点，及时调整教学策略和方法。

　　字音加工：由于汉字字形本身所提供的语音信息不如拼音文字那样直接、丰富，尽管形声字在汉字的占比很大，但在汉字发展演变历史原因的影响下，形声字的声旁表音规律具有一定的复杂性。必须注意读音规则性效应和一致性效应：形声字的声旁在整字的语音识别过程中具有重要的线索作用；规则声旁对整字的语音识别起促进作用，而不规则声旁则有干扰作用。特别是在不熟悉的低频字中，声旁的语音提示作用更加显著。规则性意识有一个逐步发展的过程。归纳同声旁读音一致字的读音规律，而突出强化声旁不一致字的教学。

　　字义加工：在成人的语义提取过程中，形声字的意符对汉语字词的语义特征提取有促进或干扰作用，但这种作用是局部的，只表现在与其上属类概念相关的定义特征上。同时，这种作用与频率、语义距离、特征强度、意符位置、语义透明度等因素共同对语义提取产生作用。儿童形旁意识有一个逐步发展的过程，低年级形旁意识尚未出现，但五、六年级已意识到形旁与词义的关系，并能用形旁来学习和推理整字意义。

　　根据汉字认知的特点与规律，在汉字教学中应考虑以下因素：

　　（1）教学对象的确定：不同的语言文化背景、不同的年龄或语言能力，语言的习得规律是不同的，汉字的认知过程也是不同的。因此在教学中，要将教学对象区分为汉字文化背景还是拼音文字背景、毫无汉语学习经历的基础汉语阶段学习者还是中高级阶段已掌握一定汉字知识的学生。甚至更细致一点，还应该按年龄、语言能力等分成不同的组别，根据学生不同的特点采取不同的教学方式。

　　（2）汉字意识的培养：目前的汉字教学主要定位于拼音文字母语者，他们有一个从单向线性排列到二维平面结构、从形音联系到形音义三结合、从表音文

　　① 冯丽萍. 汉字认知规律与汉字教学原则［C］//汉字与汉字教学研究论文选. 北京：北京大学出版社，1999.

字到表意（语素）文字的转变过程。

（3）教学汉字的选择：总体而言，汉字是作为语素文字或表意文字存在的，但不同汉字的形音义关系又是各不相同的，字与字之间的相互关系也在很大程度上影响着汉字的存储和提取。因此，在汉字教学的不同阶段，应该选择不同的汉字，帮助学习者掌握系统的汉字规律。如在基础阶段，可选择一批频率高、理据强、较规则、组词能力强的汉字，以帮助学习者形成相应的汉字观念，逐步深化对汉字的认识。

（4）教学单位的编制：笔画、部件、部件组合、整字都有可能成为知觉与加工的单元，它们在不同的识别条件下发挥的作用是不同的。因此，在汉字教学单位的确定上，不必一味地确定为笔画或部件或其他，而是综合上述几种要素，分阶段、分对象地开展教学。

（5）定性、定量研究：吸收和借鉴已有定性定量研究成果，形成汉字独特的规范体系，如口语用字与书面语用字频率、形声字与整字读音关系、字频与词频、部件频率与部件位置频率等，更好地为汉字教学提供科学依据。

3. 多项分流、交际领先[①]

语言学习的最终目的是满足交际需要。在汉字教学中必须有不同层面、不同角度的分流，针对不同的对象和情况，分别采用不同的方法，提出不同的要求。而在这些分流中，始终贯彻交际领先的原则。

（1）学生来源分流。

学生来源影响对汉字的学习，日本文字中常用的汉字有 3 000 个左右，而韩国人在中学大多学过 2 000 个左右的汉字[②]。这些国家的学生在学习汉字方面的困难较少。欧美学生的母语背景一般是拼音文字，对汉字的认知和学习困难相对较大。一般认为，东南亚学生的汉字认知和读写比欧美学生好。但实际情况并非如此。多项研究表明：东南亚学生汉字认知书写能力并不比西方学生好。主观原因可能是教师和东南亚学生都有一种误解，以为东南亚学生学习汉字比西方学生容易一些。客观原因是东南亚大多数国家跟西方国家一样，文字系统都是表音的[③]。当然，如前所述，东南亚国家的华裔汉语学习者的汉字学习背景要优于非华裔的学习者，各个国家受汉字的影响也不尽相同。因此，学生来源的分流在汉字教学中很有必要。

---

① 周小兵. 对外汉字教学中多项分流、交际领先的原则［C］//汉字与汉字教学研究论文选. 北京：北京大学出版社，1999；参见孙德金. 对外汉字教学研究［M］. 北京：商务印书馆，2006：300－308.

② 蒋家富. 汉字：架设在汉、韩语之间的一座桥梁［C］//对外汉语教学论文集. 天津：百花文艺出版社，1995.

③ 孙德金. 对外汉字教学研究［M］. 北京：商务印书馆，2006：301.

（2）学生性别分流。

学生性别的不同也会影响其对汉语汉字的掌握。女性对汉字的认读、书写能力比男性强得多①。因此，在教学中要适当地注意男女之别，如在要求上可以有轻重缓急的不同处理、使用不同的教学手段、给男生多一些学习时间等。

（3）学习方式分流。

首先，要做到输入与输出的分流。输入输出主要指认读与书写。认读是被动的接受，书写是主动的输出和创造。后者要比前者难得多。这方面的分流包括两点：①总量的分流。作为输入的认读量一定要远大于作为输出的书写量，才能培养学习者的"字感"。②汉字掌握的分流。汉字的掌握可分为三个层次：会读写的；只会读不会写的；单个不会读，但放在上下文语境中可以推测出大致意义的②。

其次，输入时识记字义与识记字音的分流。拼音文字的形体是表音的，人们的阅读认知方式可能有三种：①通过字形先唤起字音，再唤起字义；②通过词形同时唤起字音字义；③通过字形直接唤起字义。不完全认知是只会发音不懂词义。

汉字的形体主要是表意的。人们阅读认知的方式往往是通过字形直接唤起字义（尽管在阅读时间、条件允许下可以同时唤起字音）；当然也可能是通过字形同时唤起字义和字音。由于汉字的特点，不完全认知往往是知道意义（或大概意义）而不懂发音。但这种不完全认知并不影响一般阅读的进行。可见，在汉字阅读时着重形义的联系而对形音的联系放松一些是可行的③。

最后，输出时拼音与汉字的适当分流。对于母语为拼音文字的学习者来说，灵活采用拼音、汉字＋拼音和汉字的输出方式，可以最大限度地满足服务与交际需要。

4. 以部件为中心的原则

无论从心理学、汉字自身发展史、教学实践，还是从学习者的角度出发，汉字部件都应该作为汉字教学（尤其是初级阶段教学）的中心。具体而言，需要做到：①从结构分析入手，通过归纳进行学习；②强化部件的位置；③抓住作为声旁和形旁的部件，强化形声字意识；④对形似部件进行专门归纳对比；⑤对同音字适时通过部件的分析进行规范复习；⑥对学过的部件及时归纳复习，强化记忆、防止遗忘；⑦由部件的归纳逐步引出部首的概念，学会使用工具书等④。但这

① 周小兵. 第二语言教学论［M］. 石家庄：河北教育出版社，1996.
② 孙德金. 对外汉字教学研究［M］. 北京：商务印书馆，2006：301 - 302.
③ 孙德金. 对外汉字教学研究［M］. 北京：商务印书馆，2006：305.
④ 周小兵. 对外汉语教学入门［M］. 广州：中山大学出版社，2004：239 - 243.

种以部件为中心的原则，应该着眼于部件组合成字和整字拆解为部件这两个维度。

二、汉字教学的模式

对外汉字教学模式的考量主要基于汉语教学的顺序，同时关注"语"（汉语）和"文"（汉字）的关系的处理。因为汉字本身的特殊性，对外汉字教学必须正视和正确处理汉语和汉字的关系。国内外汉语教学界大体采用了以下几种教学模式：①先语后文。②语文并进。③随文识字。④汉字独立设课。⑤拼音汉字并行或交叉。⑥听说与读写分别设课。⑦字本位教学。

1. 先语后文

"先语后文"就是在汉语教学的初始阶段，先通过拼音（或母语音）教授口语，学生不接触和书写汉字。待汉语拼音教授完毕，掌握了几百个生词之后，学习者有了一定的口语能力，学习者的交际需求得到一定程度的满足，学习兴趣和动机也得以稳固，再开始学习汉字。先教认读，只认不写。待学习者能够认读的汉字达到一定数量后再开始描画汉字，接下来独立书写汉字，这时就进入了听说读写阶段，可以培养学习者的汉语综合运用能力了①。

这种教学模式比较适合汉语初学者，因为这时候学习者刚开始接触汉语，与拼音相比，他们对汉字陌生无感，更多的是会产生畏难情绪；教学先从汉语的口语交际切入，推迟了汉字学习。这种教学理念和模式充分考虑了汉语和汉字的特点，对于母语的文字书写系统为表音文字的东盟国家汉语学习者而言，特别是对于其中的初级汉语学习者来说，是一种值得尝试和推行的教学途径。需要注意的是，"先语"借助母语（或第一语言）聚焦于汉语拼音的系统学习相对容易。"后文"的安排是需要斟酌的，首先是汉字的选择，其次是教学方式的选择。这就要求教师以先期的语音词汇为基础，从音、义的系统性着眼，注重汉字的音义系列关系，采用"集中识字法"等方法进行有效教学。

这种教学途径虽然在初学阶段分散了难点，但到了后期，学生既要学新的汉字，又要补学旧的汉字，又将难点集中了。因此，这种途径并不适合所有的外国学生。

2. 语文并进

"语文并进"，即在语音阶段先教汉字的基本笔画以及笔画较少、构字能力很强的部件。开始学习语法、课文后，一边进行听说训练，一边要求学生认、写汉字。而且认读的汉字和书写的汉字可以有所不同，可以在综合课中留出专门的教学环节来学习汉字。这种途径较之先前的"先语后文"有了很大进步，是目

① 赵金铭. 初级汉语教学的有效途径："先语后文"辩证 [J]. 世界汉语教学，2011（13）.

前在国外普遍认可和接受程度较高的一种教学模式①。但汉字教学完全从属于课文和生词，并不利于学生形成对汉字的理性认识。再加上汉语学习者的动机复杂多样，学习能力和潜质存在着差异，"语文并进"模式有可能将汉语学习和汉字学习的难点叠加在一起，造成学习者较大的认知困难和心理负担，不利于汉语和汉字教学。"汉语学习者中途流失的情况较为普遍，这其中有学习者、教学环境等因素的影响，也不排除汉语、汉字难点给学生带来的困扰。"② 对于教师而言，由于受到多种因素的影响，处理好"语""文"关系其实难度极大，尤其对于汉语汉字知识相对薄弱的从教者而言更是如此。

3. 随文识字

顾名思义，"随文识字"指的是在教授汉语书面语的过程中附带学习汉字的过程，主要聚焦于"识字"，也即汉字的认读。与前面的"语文并进"不同的是，汉字教学"随文"的附带性使得这种模式并不十分关注汉字本身的特点及系统规律性，当然也无法在汉字教学中贯彻规律性和系统性的教学原则，特别是局限于"识字"认读，而对汉字书写的重视显然不够，使得这种模式中汉字教学具有片面性（李大遂，2002；吕必松，2003；周健，2007）。但是由于课程设置、课时、教材、教师等多种因素的限制，这种模式在汉语汉字的教学实践中却运用得十分广泛，特别是在东盟国家本土教师的教学中。

4. 汉字独立设课

即在遵循汉字规律和汉字教学规律的前提下，不依附于按词汇项目和语法项目编排的课文，而是单独开设汉字课程，使用专门的教材，教授汉字的内在规律，并运用多种练习形式强化汉字学习效果，以增强汉字教学的系统性。汉字与听说课、综合课等课型并行。汉字独立设课，意在立足汉字本体，根据"汉字的优点和优势教授汉字"以集中精力解决汉语教学的难点③。汉字独立设课从关注汉语汉字自身特点的"字本位"理论出发，形成一整套汉字教学理论④。

近些年，随着汉字教学理论与实践的深入，人们对独立设置汉字课的性质、内容等的认识更加全面。独立设置的汉字课的教学内容不仅应以汉字知识（如笔画、笔顺、部件知识）的传授为主，更应该以技能培养为主；不是仅对字形的教

① 田艳. 汉语国际传播背景下的泰国汉字教学研究［M］. 北京：中央民族大学出版社，2018：105 - 106.

② 赵金铭. 初级汉语教学的有效途径："先语后文"辩证［J］. 世界汉语教学，2011（3）.

③ 吕必松. 华语教学初探［M］. 北京：北京语言大学出版社，2012.

④ 参见张朋朋. 词本位教学法和字本位教学法的比较［J］. 世界汉语教学，1992（3）；王骏. 字本位与对外汉语教学［M］. 上海：上海交通大学出版社，2009；施正宇. 从汉字教学看对外汉语教学中的本位问题［J］. 民族教育研究，2010（6）.

学，而是使学习者全面掌握汉字的音、形、义，识、写、用，字、词、句，运用丰富多样的练习和活动，以增强学习者的参与意识，从而全面提高学习者的汉字能力①。但是，目前这种教学模式可能较多地适用于国内的对外汉语教学，而对于东盟国家本土的汉字教学却未必适用。原因在于：①国外很多汉语教师包括本土汉语教师以及被派驻的大多汉语志愿者教师可能并没有很好的汉字本体理论和汉字教学理论储备，他们对汉字独立设课的性质、内容可能缺少必要的认识，而且缺少足够的汉字教学实践和技能。②汉字独立设课必须纳入汉语教学总体课程规划和安排，需要相对固定的课时数，必须选择合适的教学对象，专门编写合适的汉字教材，而且要求学习者的学习时间相对充裕、学习动机较强。而东盟国家的汉语学习者复杂多样，各地对汉语和汉字教学缺少统一的规划和安排，课时量大多十分有限（专门大学汉语专业除外），要获得一种普遍适用的汉字教材殊为不易。因此，这种教学模式也许目前还是主要应用于国内外专业的东盟国家汉语学习者的汉字教学，或者待时机成熟编出更加灵活多样的适用于东盟各国多层次汉语学习者的汉字教材来推广这种教学模式。

5. 拼音汉字并行或交叉

拼音汉字交叉出现，也称"语文穿插"，即拼音与汉字在课文中交叉分布，生词与课文中只出现课本计划教授的及已经学过的汉字，其余的使用拼音。这样就可以有计划地控制生字的数量和生字出现的顺序。比如，Wǒ shì 中国人、电shì。从而在一定程度上解决了汉字出现的随机性与汉字认知规律之间的矛盾。教学中如果出现笔画、结构比较复杂的字，且超出了学生的认知能力，则可以用拼音代替②。尽管这种教学途径有效地控制了汉字学习的量，但从东盟国家的表音文字到拼音再到汉字这个认知过程的转变似乎有些漫长，不符合东盟国家汉语教学的实际，而且实际操作的难度大。

6. 听说与读写分别设课

听说与读写分别设课，即在读音阶段（两周）只出现拼音，不出现汉字。语音阶段结束后开始增加读写课，听说课和读写课的比例是 3∶1。听说课教材开始以拼音为主，同时出现读写课上学过的汉字，没有学过的用拼音代替，或用拼音给生字注音，逐渐过渡到全部使用汉字。读写课初期以教授汉字为主，所用单词和句型都是听说课学过的，但教学内容不需要与听说课完全一致，后期则逐步过渡到大量阅读和写作训练。这种教学途径增强了汉字教学的计划性，也关注

---

① 田艳. 汉语国际传播背景下的泰国汉字教学研究［M］. 北京：中央民族大学出版社，2018：102-103.

② 田艳. 汉语国际传播背景下的泰国汉字教学研究［M］. 北京：中央民族大学出版社，2018：89.

了听说和读写这两组不同的输入和输出关系，但汉字是一个个有机的音义结合体，将听说和读写割裂开来严格说来并不利于汉字的认知和学习。如果处理不好两种课型之间的关系，容易产生脱节现象。

7. 字本位教学

字本位教学基于这样的认识：汉语基本上是以字（而不是词）为单位的，以汉语为母语者接受语文教育就是从"识字"开始启蒙的。汉字作为一种独特的表意文字，它全方位立体组合的方块结构跟拼音文字由平面组合的线性字符列迥然不同。汉字自身有一定严谨的结构规律，自有其完整的系统性。因此，字本位教学应遵循汉字自身的规律性和系统性来进行，然后由字而词。字本位的提出是对对外汉字教学策略的认识的重要转折，但字本位应该强调的是词汇教学中对单个字或语素的重视，而不能完全忽视或排斥词的教学。另外，还有大量不能单独成词的汉字的存在，字义的不确定性、以词为单位的阅读认知都使汉字教学离不开词汇教学。

三、汉字教学中需克服的困难

在汉字教学中，不是以汉语为母语的学生在学习汉字中存在以下几个方面的困难①。

1. 视觉上的识别转化困扰

拼音文字不仅可以直接拼读，而且字形结构为单向线性排列的视读单位，即从左至右的单维结构，拼读和识记都较为方便。汉字是声、韵、调兼备而内隐的表音文字，形式上是音义结合的平面图形。笔画走向分为上下、左右，内外多向行进，且重叠交叉，比较复杂。从认知心理学的角度来看，人们对新事物的认知总有其相应的认知过程。外国汉语学习者，尤其是以拼音文字为母语的学习者，初次接触汉字时往往会视觉混乱，读写不得要领。从拼音文字转化到表意文字的识别不仅需要一定的转换过程，更需要一整套科学有效的专业指导和识记方法。对从未接触过汉字的学习客体来说，汉字的字形、笔画错综复杂，如同天书，认读、书写无从下手，若不加以正确引导，初学者易丧失信心，进而产生畏难情绪，甚至沮丧、绝望。

2. 识记障碍

与拼音文字相比，汉字本身无音符标记，单凭字形无法读出发音，只能逐一死记硬背。汉字构造复杂、符号繁多、信息量大，对视觉感知的要求高。同时，

---

① 李妍. 论根据汉字的特点指导对外汉字教学 [D]. 延边：延边大学，2007：19－20.

汉字的表音度低、表义度高，所占比例较大的形声字的声旁不能完全标示其正确读音，这更增加了已经习惯使用字母拼读的非汉字文化圈学习者的识记难度。此外，同音不同义字、多音字、字形相近字的大量存在都会给学习者识记汉字造成混乱，使他们在学习汉字的最初阶段举步维艰。

3. 书写障碍

拼音文字中字母是构成单词的基础，书写规则是由左至右的线性横向排列，笔画不交叉，且有逆笔和倒笔。而汉字笔画则是平面交叉排列，特别是笔画较多的汉字，层次更为复杂。初识汉字的学习者眼中的汉字只是一堆毫无意义的抽象符号或图画，若无笔画、笔顺、部件、汉字结构的概念和知识，则无法体会笔画之间的相互关系，的确令他们无从下手，难以把握。

4. 形成学习困难的主要原因

（1）汉字系统本身的原因。①

①汉字数量巨大，结构复杂，笔画繁多。

②汉字虽有理据但规律性不强。汉字的形声字虽能提示音、义，但遗憾的是大部分形声字形旁和声旁的表义表音功能都比较弱。汉字主要从象形文字演化而来，表义特征比较突出，跟语音没有直接关系。汉字形体结构中没有按音节分类标示读音的符号，不像拼音文字那样可以直接读出来，见字不知音常使外国学习者困惑。形声字的读音主要靠表音的声旁来显示，要读出形声字的音，就必须先读出这些偏旁的音。因此，一般说来，汉字的音靠硬记。形声字的表音符号众多，而且声旁中生僻字多，难以掌握。例如读"bi"的60多个形声字中，声旁就有"必、比、毕、匕、复、畀、卑、皮、百、敝、辟、贝、畐、坒"等10多个不同的符号。在形旁表义方面，同样存在不规律问题。如"虫"旁字大多为昆虫，但"虺、蛇、蛙、蚌、蜥、蝎、蛋、虹"都与昆虫无关；又如"阝"在左为阜（土山），在右为邑（城市），事实上在现代汉语中以下这些字：队、阱、阮、陈、阴、阳、阶、防、际、阿、阻、附、陋、陕、降、院、限、随、那、哪、邻、郎、邮、邹、鄂、邵、部、鄙、鄱，都看不出字义与形旁的关联。

③多音多义字多，近似发音字多，同音字多。多音字在汉字中占十分之一左右，在《现代汉语词典》中收录了将近1 000个，在《7 000通用字表》中也有700多个。这类字具有两个显著的特点：一是同一个字有两个或两个以上的读音，二是不同的读音往往表示不同的意义（如"塞""宿""差""着"等），学习和运用时很容易出错，大大增加了汉字学习的难度。汉字中近似发音的音节也

---

① 周健. 汉字教学理论与方法［M］. 北京：北京大学出版社，2007：107 - 109.

多，如"j/q/x，z/c/s，zh/ch/sh"。另外，由于汉语语音系统中可供使用的音节符号数量有限（基本音节只有400来个，算上音调变化也只有1 300多个），而汉语词汇丰富多样，造成了同音字词特别多。同音字多，容易造成写别字的错误，如"毕竟"写成"必竟"，"启事"写成"启示"，等等。

④繁简体的差异。特别是在与中国文化接触源远流长的东盟国家，繁简字的选择是学习者必须面对的。事实上，不少海外华人存在着同时使用繁简字的情况。

（2）教学方面存在的问题。

①对汉字的性质、汉字和汉语的关系及汉字教学地位缺乏正确的认识。如由于对"汉字是表意文字"的片面理解，导致汉字教学中长期没有音符教学的位置，而这显然与具有示音声旁的形声字占汉字的主体的事实相悖。在理论层面上，有人从本体论出发，认为先有语言，后有文字，文字只是记录语言的符号，符号是可以跟本体分离的；进而认为，学习汉语可以只学口语会话，不学汉字，以至于某些外国汉语学习者存在着重口语、轻汉字，重阅读、轻书写的倾向。还有人认为，现在电脑普及了，外国人只要知道汉字的读音就能借助拼音正确输入，不需要记忆汉字的字形了，也不需要汉字的书写训练了。其实，汉字是记录汉语音节的符号，跟印欧语等拼音文字的性质截然不同。汉语是一种"目治"语言，单靠朗读和听觉有时很难分辨。汉字与汉语之间的特殊关系决定了汉字在汉语二语教学中的地位，对此的认识也影响着汉字教学理念和教学方法。

②汉字教学的思路不明确。关键问题是如何认识和安排语言教学和汉字教学的关系，或者说识字教学与词汇教学的关系。目前，"先语后文""语文分开""拼音汉字交叉出现""字本位汉字教学""听说读写分别设课""汉字单独设课"都有一定的理论基础，也取得了一定的效果，但国内外对外汉语教学界对于汉字教学最佳模式远未达成共识。

③对学习者汉字认知、习得过程和学习策略认识不足。人脑对汉字的认知过程，既有从部件到整字的组合过程，也有从整字到部件的分解过程，这两个相逆的过程都应该得到充分的重视，特别是汉字分解的认知过程需要深入研究。

④汉字教学方法存在缺陷。主要问题在于针对性不强，效率不高，缺乏趣味性。

（3）母语文字负迁移的影响。

目前汉语二语学习者多是成年人，他们至少具有高中以上的文化程度。成年人习得第二语言与儿童习得第一语言的机制是有很多区别的。儿童的知识结构非常简单，习得语言如同在白纸上画画，干扰因素不多。而成年学习者在来华学习之前已经具备相当完整的母语知识。通过认知心理学可知，人类的认知过程是一个复杂的交互过程，人们总是借助过去已有的知识框架去归纳、理解、建构新的知识，并在建构新知识的同时不断地重组改造原有的知识。困难往往根源于话语系统的错位和知识背景的失落。对于那些母语系统与汉语系统差异较大的外国学习者来说，在学习汉语的时候，他们借以认知世界的链条无疑突然断裂了，所以汉语的"难"不仅仅体现在汉语本身，更体现在既有知识和既有文化背景的突然苍白，无所依傍，以及由此引发的失衡、焦虑乃至抗拒的心理。分析各国学习者汉语学习状况，可以发现日韩学习者接受使用汉语的能力明显优于欧美学习者，尽管他们起点相同，努力程度相同。这一事实说明，语言文化的差异与汉语学习的难度成正比，差异越大，难度越大，反之亦然。

（4）认知方面的问题。

认知方面的问题，即大脑处理拼音文字与象形文字的机制差异。神经心理学和语言心理学的实验证明，人脑对语言的加工有不同的分工，体系相异的文字在人脑中处理的路径各异。语言心理学认为，左脑擅长加工语言素材，右脑擅长加工图形和空间刺激。拼音文字同时携带着声音符号构成语言信息，由左脑加工处理；由于汉字和拼音文字的本质差别，学习者认知、记忆、使用汉字时的大脑神经机制跟加工处理拼音文字时不同。汉字具有极强的图形性，人们借助对汉字的整体识别来区分字义，汉字同时也包含了丰富的语义、语音信息，所以人脑对汉字信息的处理是左右脑并用。长期的拼音文字背景所形成的视觉习惯，使初学者尚未建立起适合汉字学习的记忆能力，这无疑会对汉字的识记造成一定的干扰。拼音文字对视觉的冲击，其视觉复杂程度较低。汉字投入视网膜的映像较之拼音文字复杂程度高，短暂记忆及长久记忆过程都相对较难。学习者容易产生畏难情绪和挫折感，甚至出现放弃的念头。

第七章　东盟国家汉字教学过程的实施

第一节　笔画教学

笔画作为汉字构形最基础的要素和书写单位，其教学无疑是汉字字形教学最基本的内容。尽管随着电脑和手机等现代电子产品的普及，汉字在输入方便和快捷性上有了很大的提高，但汉字书写包括笔画书写的过程仍是不可逾越的。从认知心理学角度着眼，基于笔画的汉字书写对汉字学习整体认知过程是大有裨益的：①有利于笔画编码；②头脑中有字的整体结构；③可调动触觉、视觉等多种感知；④有利于辨析（特别是形似笔画、部件及以后的整字辨析）；⑤有利于读音强记[①]。

但是，根据王汉卫、苏印霞（2012）对汉字构字频次和使用频次对汉字笔画的综合价值的排序看，汉字笔画综合价值呈现明显的递减效应。有的笔画只用于专属汉字（如"专"的第三笔），有的笔画只出现在特定偏旁部件中（如"讠"旁第二笔），学习汉字时间较短、汉字水平较低的学习者对于这类笔画可以暂时忽略。因此，汉字教学初级阶段教授笔画时，完全不必全部教授 30 个左右的笔画，可以有选择且分阶段地进行[②]。

基础笔画的称谓简短易记，而一些复合笔画的名称略显复杂，其中使用频次较低的笔画不必要求初级学习者记住。汉字学习的初级阶段，对于汉字构形的八种基本笔画教学应像教授字母文字的字母书写一样对待，然后逐渐过渡至这八种基本笔画的变形笔画。汉字书写规则是以笔画为基础的，比如"先横后竖，先撇后捺"。因而，基本的笔画名称通常是第一堂汉字课必教的内容之一，在此基础上再循序渐进地通过例字来说明书写的基本规则。

笔画教学可借鉴国内汉字教学经验，采取多种方式和方法。一般步骤为：①展示笔画；②识读笔画；③书写笔画；④练习笔画；⑤练习笔顺；⑥结合独体字教学笔画。传统的米字格、九宫格都是可以利用的。在米字格或九宫格中展示每一个笔画的书写起止点和方向，并让学习者对照练习。也可以利用汉字字形和

---

① 徐子亮. 汉语作为外语教学的认知理论研究 [M]. 北京：华语教学出版社，2000：73 – 74.
② 王汉卫，苏印霞. 论对外汉语教学的笔画 [J]. 世界汉语教学，2012（2）.

笔画书写的多媒体软件，反复体会笔画的形成过程。接着教师可以将学过的笔画组合成简单独体字，让学生初步感知笔画构成汉字的方式及笔画间的相对关系，如学完"横""竖"笔画后，可以利用例字"一、二、三、十、干、土、士、王"等进行组合练习，学完"撇""捺"笔画后，可以利用例字"人、入、从、个"等进行练习。这样，既可以避免单纯笔画练习的枯燥无味，又可以让学习者在笔画练习的同时，顺带习得一些简单的汉字并对汉字的构形进行初步的感知。

教师还可以用学生学过的简单汉字设计一些变换练习，如请学习者在汉字中补上缺失的笔画，或增减笔画，达到自己认识一个或多个字的目的。如"王"可以通过增减笔画，得到"土、十、二、三、主"等字。等学习者的汉字量有一定的积累后，仍可以通过训练继续巩固其对笔画在汉字构成中作用的认知，还可有效预防学习者在汉字书写过程中增减笔画所形成的偏误。如以下"加一笔变新字"①：

在黑板上写出以下各字，先让学生认读，再让学生给每个字加上一笔，使它成为另一个字。

①王（主、玉）；②头（买）；③亚（严）；④从（丛）；⑤尤（龙）；⑥几（凡）；⑦牛（生）；⑧古（舌）；⑨火（灭）；⑩叶（吐）；⑪休（体）；⑫天（夫、矢）；⑬白（百）；⑭名（各）；⑮曰（白、甲、由、申、电、旧、且）。

第二节　部件教学

一、部件的地位、选择及教学步骤

1. 部件教学的地位

近年来，业界对部件在汉字教学中的地位都特别重视，以部件为中心的汉字教学已经成为汉字教学界的主流，教学实践也证明了这是一种正确的定位②

所谓部件，是指由笔画组成的具有组配汉字功能的构字单位（崔永华，1997）。认知心理学的研究发现，"部件也是汉字识别的一个单元。与笔画的特征分析相比，部件分析发生在一个较高层次上"（彭聃龄，1997）。正因为部件的分析发生在一个较高的层次上，它与汉字的认读关系更为密切。可以说，汉字构形中的识别单位是以部件为主进行的，"汉字是由部件组成的，其构意是通过部件来承担的，因而在分析汉字构形时，首先不能将部件讲错"③。部件在参与构

---

①　周健. 汉字教学理论与方法［M］. 北京：北京大学出版社，2007：153.

②　周小兵，李海鸥. 对外汉语教学入门［M］. 广州：中山大学出版社，2004：239。

③　王宁，邹晓丽. 汉字应用通则［M］. 沈阳：春风文艺出版社，2000：100.

字时必须具备一定的功能，也就是说，部件必须从某一方面体现所构字的构字意图。部件的功能分为四种：表形功能、表义功能、示音功能、标示功能①。部件包括可以成字的部件（基本字多是可以做部件的独体字）和不能成字的部件两种类型。

从学习者角度来看，研究发现，外国学习者习得汉字的过程中都会不自觉地对汉字进行结构分析（王碧霞等，1994；姜丽萍，1998）。跟踪调查发现：不论学习者是否得到了关于部件知识的理论指导，他们习得汉字的早期过程都是一个部件意识逐步建立的过程。部件意识的强化在某种程度上标志着学习者汉字水平的提高（李蕊，2004）。东盟国家学习者习得偏误的总体特征也显示，大部分的偏误发生在部件层面上。因而，在汉字教学实践中最基础的环节也是最重要的环节，就是部件教学。适当加强对汉字部件知识的指导，会促进学习者的汉字学习效率。

2. 部件的选择

组成汉字的部件，根据不同标准的统计，在 400 多个到 600 多个之间（石定国，1997）。其中最常用的部件只有 100 多个，这 100 多个部件占常用汉字 80% 的作用（张旺熹，1990，见吕必松主编：《汉字与汉字教学研究论文选》，北京大学出版社，1999：26）。据统计，《高等学校外国留学生汉语教学大纲：长期进修》（2002）中出现的汉字部件构字数大于 10 个的部件从高到低依次是：扌、氵、亻、忄、口、讠、木、纟、辶、艹、土、月、贝、女、火（灬）、日、钅、刂（刀）、（足）、疒、（竹）、禾、阝（左）、衤（衣）、犭、宀、目、石、页、车、力、夂、虫、广、马、米、彳、冫、王、酉、山、亠、礻、巾。教授常见高频部件是部件教学阶段一个十分重要的原则（田艳，2018：198）。

3. 部件教学的步骤及内容

（1）第一步：呈现、讲解部件的名称、含义。

如"阝（左）"源于"阜"字，"阜"的本义是土山，原始山坡的象形，从"阜"的字一般都与高坡深谷的山地有关，如"陵、陡、险"；而"阝（右）"源于"邑"。"邑"的本义是国家，从"阝（右）"的字一般与地方有关，如"邦、都、郊"。有的姓氏与地名有关，也带"阝（右）"，如"邓、郑、郭"。

（2）第二步：讲解部件在汉字中的位置。

东盟国家汉语学习者部件镜像位置的改变就是因为他们对部件位置的记忆不确造成的。教学过程中可提醒学习者常用部件在汉字中的位置有时是高度稳定的。如"氵""忄""扌"等一般出现于汉字的左半部分，而"艹""⺮""宀"等一般出现于汉字的上半部分。

---

① 王宁，邹晓丽. 汉字应用通则 [M]. 沈阳：春风文艺出版社，2000：92 –93.

（3）第三步：讲解部件的形变。

部分部件由独体字演变而来，只不过由于汉字构形的需要，部分或整体的外形做了适度的改变，但其意义与这些独体字仍密切相关，因而这些部件的教学宜与相关的独体字进行联系讲解，以使学习者对部件形义有深入的认识。

这类部件较为常见的有：亻（人）、刂（刀）、讠（言）、忄（心）、氵（水）、扌（手）、犭（犬）、饣（食）、灬（火）、礻（示）、衤（衣）、⺮（竹）、钅（金）、⻊（足）、爫（爪）、王（玉）、月（肉）、疒（病）等。

（4）第四步：以部件系联一批字。

这种部件系联（或前述的字族系统教学）可有效地加强汉字理据的系统性，有助于学习者掌握汉字在部件层面的构形规律性，便于集中识记。如：

亻（人）：这样写只作为表意偏旁，出现在汉字的左边，意思跟人有关。如"你、修、停、化、依、位、信、体"等。

刂（刀）：这样写只作为表意偏旁，出现在汉字的右边，意思跟刀和刀的作用有关，如"利、则、刮、剥"等。

讠（言）：这个部件由"言"演变而来，常作为形旁出现在合体字的左边，有这个部件的汉字字义一般跟言语有关，如"说、话、谈、论、计、讲、诉、设、访、译、该、许、试、诗、课、谁、调、谢、谤、谊、谎、请、认、识、诚、评、诞、诊、词、语、误"等。

忄（心）：这个部件由"心"演变而来，做形旁时出现在合体字的左边。有部件"忄"的汉字意思一般跟心理活动或心情有关，如"情、怀、忆、忧、恨、悔、惨、惭、愧、惊、慌、忙、怪、愤、悟、愉、惕、怜、惜、懒、快、慢"等。

氵（水）：这个部件不能单独成字，由"水"演变而来，常出现在合体字左边。有部件"氵"的汉字意思一般都跟水或液体有关，如"油、酒、汤、汁、汗、池、河、流、江、海、深、浅、洗、浓、淡、活、济、汉、浪、泪、漫、满、溶、演"等。

扌（手）：这个部件常常出现在合体字的左边，意思与手的动作有关。如"打、提、推、拉、抱、摸、找、扔、扭、托"等。

灬（火）：这个部件不能单独成字。我们常常称作"四点底"。它是由"火"字演变而来的，意思是在东西的下面燃烧的火焰，这个部件常常出现在合体字的下部，有部件"灬"的汉字意思一般都跟用火烧煮、加热有关，如"煮、煎、烹、热、烈、熟、焦、点、熏、照、然、熬"等。

爫（爪）：这个部件不能独立成字，由"爪"字演变而来，本意是指动物的爪子，后来也指人的手。这个部件常常出现在合体字的上部，有这个部件的汉字的字义一般都跟用手采摘、抓获有关，如"采、受、孚、舀、妥、爱、奚、爰"等。

礻（示）：这个部件是由"示"字简化而成的，这样写一般作为形旁出现在合体字的左边。"示"的意思是古代用来祭祀的祭台，所以有部件"示"的汉字大多都跟祭祀活动有关，如"社、礼、祖、祥、福、祝、祷、禅"等。

衤（衣）：这个部件不能单独成字，由"衣"字演变而来，只能作为表示构字部件出现在合体字的左边。"衣"本来的意思指人的上衣，引申指所有服装类物品，凡是有部件"衤"的汉字意思多跟服装有关，如"补、衬、衫、袖、裤、被、袜、裙"等。

疒（病）：这个部件的古字形是一个人躺在床上，虚弱出汗的形象表示生病。我们可以称之为"病字头"，有这个部件的合体字都是半包围结构，意思与疾病有关，如"病、疼、痛、疯、痒、癌、症"等。

（5）第五步：部件练习巩固。

二、不成字部件的表意、表音作用教学①

1. 表意的不成字部件的教学

不成字部件中，表意的部件和表音的部件相对可以分清楚，有些在构字中仅仅表意，如"疒、阝、匚、忄、亻、宀、刂、灬、扌、冫、纟、礻、夂、衤、夊、饣、辶、冖、钅、犭、廴、氵、讠、彳、艹、竹、⻊、攴、癶、囗"等，在合体字中这些部件出现的位置和所表示的意义一般是稳定的。可以先从这些最常见而又相对简单的表意部件进行教学。从这些表意部件入手，讲解这些表意的不成字部件的形义关系，可以激发学习者的兴趣，强化可理解性输入，并体会汉字字形表意的魅力。

对不成字的表意部件的教学，除了要求学习者记住部件的写法、出现的位置和表示的意义之外，还要帮助他们辨析形似部件的写法异同及其意义差异，形似部件的混淆偏误是他们在书写中常犯的错误。如，"亻—彳"，学习者可能会"住""往"相混，教师可以解释"彳"并非两个人，其古字形是道路的形状，表示的意义跟道路有关，相关的还有"行、得、彼、彷、徨、徘、徊"等。这样学习者就可以加深"亻"与"彳"的印象和区分。不成字的表意部件的教学可以适当借鉴古字形演变的理据性来拓展教学。

2. 表音的不成字部件的教学

汉字中表音的不成字部件相对较少，因为表音部件大部分都是由成字部件充

---

① 胡文华．汉字与对外汉字教学［M］．上海：学林出版社，2008：183－188．

当的，但是仍有少部分不成字的表音部件，如"彡、殳、隹、聿"等，严格而言，这些可归入独体字，但因其不常用，一般只是出现在合体字中，故当作不成字部件进行教学更为合适。如，"彡"读作 shān（构成"衫、杉、参、钐"等）；"殳"读作 shū（构成"疫、役、毅、投"等）；"隹"读作 zhuī（构成"堆、椎、锥、雅、谁、维、唯、淮"等）；"聿"读作 yù（构成"律、肆、津、建"等）

三、成字部件的教学

部件教学中最多的还是成字部件。这里不包括那些合体字部件，只讲独体字部件。汉字中的独体字数量不多，但是构字能力却非常强，学生掌握了汉字独体字的形音义和构字功能，相当于抓住了理解汉字结构和形音义的一把钥匙。独体字部件很多都是身兼数职的，独用时可以表示汉语中的一个词，参与造字时有时候表音，有时候表意，随着汉字的简化，有时候还充当符号，因此，教学生充分了解独体字的形音义和构词功能可以帮助学生尽快形成汉字字感。

1. 表意作用教学

独体字其实就是传统的象形字、指事字、会意字、记号字。独体字是以表意为主的，独体字的字音一般来说都是约定俗成的，学生学习这一部分汉字时，记住其形义不难，倒是记住其读音非常不容易。因为他们的读音只能死记硬背，没有什么特别的规律。

对于那些古字形是象形字、指事字、会意字的独体字部件来说，教学抓住形义联系是不太难的。常见的独体字部件容易掌握，汉字中有些独体字部件并不是经常用的，但是作为构字部件参与造字时由它们组成的合体字却比它们本身更常用，这就给我们的汉字教学提出了一个问题：是先教这些不太常用的独体字部件，还是先教那些由它们组成的合体字再引出这些不太常用的独体字部件的学习呢？实际上，我们不妨先教学生常用的合体字，在学生知道那些合体字形、音、义的基础上，再归纳出这些不太常用的独体字部件进行教学，反而能够加深和促进学生对所学合体字形、音、义的理解。如：

弓：这是个独体字，在《汉语水平词汇与汉字等级大纲》中属于丙级字，意思是弓箭。有部件"弓"的合体字一般都跟弓箭或使用弓箭的动作有关，如"引、张、弛、弹、强、弯、弦"等。学习者学习过"张"等字以后，教师可归纳"弓"专门讲解，学习者明白"弓"的意思后，也可以加深和巩固对"张"及其他含"弓"字的形音义结构的理解。

贝：这是个独体字，本来的意思是贝壳。但是贝壳在古代曾具有货币的使用价值，因此有部件"贝"的合体字字义一般跟货币、钱财有关，如"财、货、购、费、赚、贩、责、贡、贤、贪、贫、贿、赂、贯、贺、资、赐、贱、贵、贷、赋、贸、败"等。

皿：这是个独体字，按照《汉语水平词汇与汉字等级大纲》标准，属于纲外字。本来的意思是指可以盛放固体和液体的器皿。部件"皿"常常出现在合体字的下部，有这个部件的汉字字义一般跟器皿和器皿的作用有关，如"盆、盘、盈、盐、益、监、盛、盒、盖、盗、盟"等。

禾：这是个独体字，本来的意思是禾苗，在《汉语水平词汇与汉字等级大纲》中属于丁级字。有部件"禾"的合体字字义一般跟粮食类农作物有关，如"稻、称、程、秀、香、季、和、委、秒、种、秋、税、稳、租"等。

酉：这个字按照《汉语水平词汇与汉字等级大纲》的标准，属于纲外字，但是由于它作为构字部件组成的合体字，不少是常用汉字，因此学习者如果知晓这个部件的意义，对于学习相关汉字是有帮助的。这个汉字在古代是盛酒的坛子的形象，坛颈和口较小，坛身较大。凡有这个部件的汉字，意思都跟酒或发酵有关，如"酒、酿、酝、酌、酥、醉、酶、酸、醋、酱、酷、酗"等。

对于独体字部件表意作用的教学，我们要注意几个问题：一是它们自己独用时，在常用语境中都有哪些用法？二是在参与构字时，其出现的位置是否有规律？除了表意以外，还可能表音吗？这些如果能在教学中实时归纳总结，学习者在学习这些独体字部件时，就会有事半功倍的效果。

比如，"王"字，一方面，它可以是中国人的姓，学习者可以了解到这个字独用时的音义，如"国王、女王、王国、王者"等词；另一方面，教师还应该让学习者记住"王"作为构字部件的意义和写法，参与造字时，"王"指的是"玉"，常常出现合体字的左边，最后一横变形为提了，如"珠、珍、理、环、班、玩"等，出现在别的位置则不改变写法，如"弄"字。"王"参与构字时还可充当表音的部件，如"旺、汪、枉、往"等。

2. 表音作用教学

独体字表音的作用是非常明显的，一般来说，尽管我们知道汉字的字形表音能力很差，但是细细归纳汉字字形的表音特点还是有不少规律可以遵循的。独体字部件中很多在参与造字时都可以充当表音符号，因此，我们在独体字部件教学中，除了要关注独体字表意的特点之外，更重要的还要关注独体字在形声字中的表音特点，因为汉字中大部分都是形声字，如果学生能掌握形声字表音的规律，意味着他们对汉字表音特点的理解，意味着学习者汉字感的进一步形成。

我们可以对苏培成归纳的 235 个独体字进行分析，这些独体字参与造字时没有充当过表音部件的只有"巾、彳、飞、甩、凹、凸、戊、书、甘、卫、乑、个、乜、灭、币、事"十六个部件，占全部独体字部件的 4.3%，看来独体字部件的表音是常见的。那么形声字的声旁表音不准确又是因为什么？主要原因是语音的演变，很多汉字的古音与今音发生了很大的变化，在形声字中还保留了不少独体字古音的发音。

在独体字部件的表音作用教学中，我们要帮助学习者归纳不同独体字在构字时表音的特点，如这个独体字独用时的读音是不是与形声字的读音相同或者相似？或者充当声旁时形声字读音与这个独体字读音完全不同，或者充当声旁时在不同的形声字中表示的读音不一样。

（1）独体字部件作为声旁时形声字的读音与独体字的读音相同或者相近：

有些独体字部件作为声旁时，形声字的读音与这个独体字的读音一样，这样的部件表音作用比较明显，也容易为学习者所掌握。如：

巴：在形声字中，可以出现在右边、下边，形声字的读音与 ba 一样，只是声调可能有差异。如"吧、把、爸、疤、靶、芭、笆、耙、粑"等。

丑：作为声旁时，常常出现在右边，形声字读音都是 niu，如"扭、妞、钮、纽、忸"等，韵母是 iu。

方：作为声旁时，形声字的读音与"方"相同或相近，如"放、房、芳、访、仿、防、纺、旁"等。

（2）独体字部件作为声旁时，可以表示几种不同的读音：

独体字作为声旁时，还可以表示几种不同的读音，这样的形声字是学生最难掌握的，因为声旁的表音特点不明显。但是通过观察一组同声旁的形声字就能发现一些规律。如，"且"做声旁时，可以读 ie，如"姐"，还可以读 u，如"组、租、祖、阻、诅"等。再如"末"做声旁时，可以读 a/ua，如"袜、抹"。

（3）独体字部件作为声旁时，形声字的读音与它的读音完全不同：

有的独体字做声旁时的读音与其本身的读音完全不同，如"我"读 wǒ，做声旁时读 e，如"娥、饿、俄、鹅、峨、蛾"等。

对于这些独体字作为声旁的表音特点，教师在汉字课上要以各种方法加以提示和说明，使学习者在学习这些独体字的形音义的同时，大体了解这个独体字如果做声旁时有什么特点，有哪些常用的形声字会出现这种声旁。

3. 记号作用教学

有些独体字参与造字时，其作用仅仅是一个记号，关于这一点，裘锡圭在《文字学概要》一书中认为字形的演变、合体字表意偏旁由于失去表意作用，字形的假借都会造成记号字，他取了"春"的构造部件"夫"，这是由"屯"演变而来的，变成了记号，还有"特"的"牛"旁，因为"特"字本义的丧失也变成了记号。"我"作为人称代词时是假借来的，从今天的意义看，这个词变成了一个记号。

在现代常用汉字中，因为汉字的简化也形成了一些记号，如"又"这个独体字作为部件时，在第一批简化字中的作用是记号，如"难、欢、观、权、叹、汉、邓"等。再如"丁"这个独体字，在"灯"当中也变成了一个表音的记号。对可以起记号作用的独体字，在教学时，教师应该注意归纳常用字例，让学生知道独体字部件在造字时有时除了表意、表音之外还可以是一个记号。如"义"这个独体字也是一个自行简化后出现的记号字。这个字的繁体字是"義"，从"我"从"羊"，本意是"不义"，今天的写法变成了记号。学生仅仅知道这是个记号字还不够，这个独体字在造字时还常常作为声旁出现在形声字中，且形声字的读音都与"义"相同或相近，如"议、仪、蚁"等。

第三节　整字教学（合体字教学）

整字教学含独体字教学（包括以上作为部件的独体字和不做部件的独体字）和合体字教学。独体字教学（特别是成字部件）可为合体字的部件和层次分析打下基础。而合体字教学有助于熟悉巩固所学过的独体字。

一、独体字教学①

李大遂（2004）指出，汉字教学应该从字形、字音、字义三方面使学习者理解并掌握汉字的系统性，从而深化汉字教学②。所有独体字的教学都要注意汉字音、形、义之间的关联。具体教学步骤如下：

第一步：呈现汉字的读音、字形。

第二步：运用各种手段（如图片、翻译等）讲解汉字的意义。

第三步：进行巩固练习（含组词、造句练习）。

独体字的学习应结合具体的语境，并在合适阶段，将形近汉字的比较、错别字的辨析等纳入教学设计中，从而帮助学习者更好地识记汉字、书写汉字。

二、合体字教学

合体字教学基本包括传统意义上的会意字和形声字，合体字字形的最大特点就是由两个或两个以上的部件组合成一个新的汉字。学习者要理解合体字的结构特点，从结构特点去判断字形表意和表音的规律。

---

① 田艳. 汉语国际传播背景下的泰国汉字教学研究［M］. 北京：中央民族大学出版社，2018：202 - 203.

② 李大遂. 突出系统性，扩大识字量：关于中高级汉字课的思考与实践［J］. 语言文字应用，2004（3）.

1. 会意字字形教学要抓住形义联系

会意字一般是由两个或两个以上的表意部件组合而成的。会意字的组合层次一般是平面的,不像形声词的组合一般是分层次的。这一点教师在教学中可以就汉字进行逐个讲解和分析。会意字的字形教学应该抓住形义联系。有明确的古字形演变轨迹的,可以借助演变线索;有意义发展线索的,可以理清意义发展的脉络。有些会意字,通过字形的讲解,学习者会记住形义之间的联系,加深对这个汉字的理解,如"既"和"即",这两个字容易混淆弄错,教师在教这两个汉字时,可以利用古字形表示的意义,帮助学习者理清这两个汉字的形义差别,"即"的甲骨文古字形写作"𝖆𝖆",像一个人跪坐在食物边,意思是开始就餐;而"既"的甲骨文古字形写作"𝖆𝖆",同样是一个人跪坐在食物边,不同的是人的头扭过去,嘴不对着食物,意思是食毕。通过对比两个汉字的古字形,可以使学习者明白"即"表示马上开始,而"既"表示已经完成,因此在今天的常用语境中,我们说"立即"应该还没有开始,要开始,所以要用"即",而"既然"有已经完成之义,因此写作"既"。学习者明白这两个汉字的形义差别后就会减少用错、写错的概率。

有些会意字的古字形能帮助学习者理解汉字的词形和词义,如"步"字,这样的写法,若学习者死记硬背字形和字义,会有相当程度的困难,教师借助于甲骨文字形"𝖆𝖆",说明这是一前一后两只脚的形象,意为"走步",并进一步补充,现在的"止"就是古代的"趾",这样学习者对"步"这个字的形义就有了直接的感知,对汉字字形的表意特点也有了更深层次的了解,而不是仅停留于现代汉字构形符号的层面上。再进一步扩展到"涉"字,学习者知道了"步"和"氵"的意思后,结合甲骨文字形"𝖆𝖆",意指一只脚在水的一边,一只脚在水的另一边,蹚水过河,成语有"跋山涉水"。

我们往往能从会意字字形追溯这个汉字形义之间的联系,不知道汉字的字形表意特点除了在独体字(象形字)中能充分体现外,在合体字的会意字中体现得更为明显。我们的汉字教学通过对典型的会意字的教学能引导学生对汉字字形与字义联系的理解,也能引起学生学习汉字的兴趣。更重要的是,通过会意字字形与字义的讲解,可以让学生体会汉字字形表意的规律,从而形成对汉字的字感。

2. 合体字教学的步骤①

无论哪种合体字,教学过程中还是需注重教学的系统性和整体性。合体字的教学最好依托于某种系联来开展,如依托部件、字义、字音、语境等。以含

---

① 田艳. 汉语国际传播背景下的泰国汉字教学研究 [M]. 北京:中央民族大学出版社,2018:203 - 204.

"氵"的系列汉字教学为例，可依以下步骤循序渐进进行：

第一步：复习偏旁"氵"的读音和意义。

第二步：学习几个含"氵"的汉字（如甲级字中的"汉、河、湖、活、江、酒、渴、流、汽、浅、深、汤、洗、消、清、泳、游、澡"），同时让学习者对这几个汉字的形音义建立比较完整的概念。

第三步：分析这几个字的结构特点，并教学习者认读这些汉字。

第四步：展示其中较难书写汉字的笔顺，让学习者练习摹写汉字。

第五步：设计单字练习，使学习者建立字内练习（音—形联系、形—义联系）。如：

看拼音，写汉字：hé（河）；xǐ（洗）；jiǔ（酒）；tāng（汤）。

第六步：学习由这些汉字组成的词语，如"游泳、洗澡、深浅、江河湖海"等。

第七步：设计词句练习，使学习者结合语境进行应用，建立字外联系。如：

组词：喝（汤、酒）；（洗）衣服；（河）流。

造句：游、河：他在河里游泳。

第四节　形声字教学

形声字的字形特点是，组成形声字的部件之间的关系是有层次的，常常是一个表意部件和一个表音部件组合成一个形声字。进行形声字教学时，从字形方面看，我们要注意抓住形和声的特点，如形声布局的方式，形旁的表意作用，还有同声旁形声字中形旁的别义作用。形声字的形旁和声旁的布局有很多方式。在教学中，我们要注意引导学习者分析一个形声字的结构。见到一个形声字时，要学会判断其形旁和声旁，因为形旁是表意的，而声旁是跟形声字的读音有关的。学生对形声字形旁和声旁的分析能反映出学生对这个形声字的认知，如"照"字，学生如果知道这个汉字的声旁是"昭"，形旁是"灬（火）"，自然就不会将这个汉字写成左右结构了。

形声字教学中要注意有些形似的形声字，它们的声旁一样，形旁也是形似的，如"脸"和"睑"，因为形旁的不同，读音和字义就不一样，从"月"的"脸"读"liǎn"和从"目"的"睑"读"jiǎn"，形旁是别意的。再如"薄"和"簿"、"蓝"和"篮"、"捧"和"棒"、"徒"和"陡"等形声字都是形似字，这些形似字在教学中，我们可以通过讲解形旁之间的差异，让学习者理解不同形旁的形声字的意义。

第五节　汉字文化教学

　　文字本质上是一种文化现象，汉字是反映汉语文化的一种文字。因此有人说，汉字是汉语文化的活化石。汉字表意特性使其在形义之间、音义之间、字义变异的联系中，常能折射出古代社会的某种文化烙印，汉字的结构特点、形音义关系都体现了中国人的思维特征，如重形象思维、辩证思维等。汉字的字形中凝聚着古代先民的风俗习惯，从很多汉字中，我们能感受到古人造字时的心理。且在形、音、义的历时演变中进一步透视出文化变异的信息，甚至有学者（如张德鑫，1999）认为，几乎每一个汉字都可以绘出一幅中国历史文化图，汉字可以视为文化信息的载体，是一种充满时代色彩、地域概念、人文心理特征等的动态文化符号。因而在进行二语汉字教学时完全可以也完全有必要从这一角度入手。比如汉字能反映中国古代的社会形态，反映上古时期的社会制度，反映中华民族远古时代的种种生产方式，还能描绘出一幅幅人类远古时期的生息图（卢小宁，1998）。汉字是汉民族认知世界的工具，汉字世界反映了汉民族心目中的世界。通过学习汉字实现对汉语文化的抽象，从而大大加速外国人对汉语的掌握和理解。因此在教学汉字时，从文化角度入手，不仅可以避免较为枯燥的字形字音练习，增强学生的学习兴趣，还可以把语言和文化有机地结合起来，完成完整意义上的汉语二语教学，对华侨华人占比较高的东盟国家汉语学习者尤其如此①。

　　汉字文化的教学，不应该在初级汉字课中过多涉及，到了高级阶段，可以为学生开设专门的选修课，让他们感受汉字文化的魅力。这门选修课，可以增加学生对汉字历史、特点、性质的了解，可以让学生在自己学过的汉语词汇中感受汉字字义发展的链条关系，可以进一步完善学生对汉语词汇的理解，促进以后的汉语学习。

　　汉字文化课不必开成汉字学的专业课，我们不妨像古人一样，将汉字以部首系联，剖析同部首字中体现的文化信息，同时将汉字所表示的意义发展线索一条条理清，让学生有豁然开朗的感觉就好。许慎的《说文解字》将汉字以部首系联，为我们提供了一个很好的范本。在汉字文化教学中，我们可以从很多角度切入，初级阶段可以借助那些古文字形去让学生感受汉字字形与字义之间的联系，从而具体地感受中国人造字的理念，如"保（ ）、舞（ ）、山（ ）、禾（ ）、采（ ）"等形象的表意字，古字形就能拉近学生对汉字的好感，因为一

---

　　① 黄锦章，刘焱. 对外汉语教学指导理论和方法［M］. 北京：北京大学出版社，2004：163 – 164.

个个古字形就像一幅幅生动的图画，让学生有兴趣去进一步学习这种特别的文字。

具体而言，可以引导学习者从汉字的部件分类、汉字出现的先后顺序和造字理据以及汉字的字形和结构来审视汉语文化的方方面面。

一、从汉字的部件分类看汉语文化

汉字是符合汉语本身特点的意音文字，其字形还是以表意为主，而且汉字字形可以承载丰富的语素义，可以灵活地构词，可以自如地完成汉语中需要表达的语法功能。打开字典和词典，也许我们会因为汉字丰富的义项而感叹，汉字跟汉语的关系真是密切，汉字表示的语素义或者语法义太丰富了。这些义项之间的联系，如果仔细去探求一下，会发现其中都有着这样那样的牵连，这种牵连，本身就体现了我们的汉语文化。比如汉字中表示颜色的字一般有"纟"这个部件，如"红、绿、紫、绛、绀"等，而且颜色字出现的时代很早，在许慎的《说文解字》中记载的以"纟"为部件的颜色字有二三十个，体现了古人对丝绸颜色分类的细微，同时也体现了古人在纺织科技方面的发达。"纟"的颜色字中就凝聚着古代中国人在纺织方面的认知和技术。我们说汉字是汉语文化的化石，这就是一个细证。这样的内容，在中高级阶段，我们可以教给学生。

汉字是可以根据部件的表意特点来分类的，如跟人体有关的、跟生物器物有关的、跟植物有关的等，这些分类体现了中国人造汉字时就融入了对生活的思考，汉字的构形是合理的，那些表意的部件除了表意，还可以表音，完成汉语需要的各种记录功能。比如汉字中以"玉"为部件的字不少，《说文》中有 126个，而且其中对玉的种类形制、玉的加工方式、玉的声音、玉的色泽、玉的使用场合等都有汉字来表示，这说明"玉"从古代开始，在中国人心中的地位就非常之高，今天我们常用的汉字中还有不少有"玉"旁，如"玩""弄""理"等都是指古代人们加工玉的方式。玉文化在汉字中的体现是生动的，我们在中高级的汉字教学中是可以列为单独的一项介绍给学生的。

另外，一些与动物有关的汉字（如"牛、羊"等）以及这些字在今天人们观念中的地位也反映了古代到今天中国人对这些动物的感受。关于"牛"和"羊"的例子，在《对外汉语课堂教学概论》中有简单的表达，另外，还可以参照刘志基的《汉字古俗观奇》（上海文艺出版社，1994 年）一书。学生了解了这些汉字文化，也就是在多角度理解中国先民的文化习俗。

汉字文化教学应该根据学生的水平和教学语境的需要适时地进行。比如，在中级学生的精读课上，当学生学习生词时，如果一个汉字的字形或者表意的部件蕴含着清晰的文化线索，教师对这种线索的梳理有利于学生掌握这个汉字词的形音义，那么，我们就可以适当地讲解一些汉字文化。比如李晓琪主编的《博雅汉语》冲刺篇Ⅰ的第一课就有"糟"这个生词，学生也许在口语中已经知道或者能说"糟糕"了，但是，要记住这个汉字怎么写就有不少的困难了，学生无法将"米"跟"糟"的常用义项联系起来。教师如果从这个汉字最初的义项入手，告诉学生"糟"就是古人用米一类的粮食造酒剩下的变质的米渣，这些米渣通常是人们不要的，可以丢弃的。从这个义项逐渐引申为"不好"的意思，学生以后听见或看见这个字时，一定能加深印象，写的时候脑子里就多了一层形象的记忆。

二、从汉字出现的先后和造字理据看中国人的生活

汉字中凝聚着丰富的文化，有时一个汉字的出现，代表着我们的祖先在久远以前掌握的生存之道和技术。一些汉字从今天的字形推演到古字形就能看出古人对一些实物的态度和观念。这样的汉字，我们在汉字文化教学中也是应该展示给学生的。

例如"豕"字在甲骨文中就有，我们知道至少在商代人们已经认识到这种动物的存在，但是"彘"字古字形（　）是一支猪腹部中了一只箭的形象，这种与"豕"的区分，证明了古人在造字时已经考虑到对家猪和野猪的分辨。"豢"字的古字形是　，《说文》："豢，以谷圈养豕也。"可见，"豢"古代通"圂"，圂古代指厕所。即使今天，在一些落后的农村，还能见到这种远古生活方式的存在，古人圈养猪的猪圈都设在离家不远的地方，而猪的粪便往往用作农业所需的肥料，古人索性在猪圈的旁边设置一个人也要用的茅房，将人畜排出的粪便都收集到茅坑之中，再用于农业生产。因此"圂"字正好为我们保留了古人的这种生活方式。从这些汉字中，我们可以生动地想象古人的生活，仿佛一幅幅形象的图画。

从一些汉字的古字形，我们能理解今天要表示一种意义为什么要用这种字形。比如，"教"和"学"这两个汉字的古字形的本身就告诉我们，古人对教、学两方面的理解，"教"字的甲骨文写作　，小篆写作　，《说文》解释是"上所施下所效也"，是一个人手持教鞭教一个孩童学习计算的形象；"学"字的甲骨文字形写作　或　，小篆写作　，字形为一个孩童双手学习计算的形象。看来"教"和"学"在古人的理解中本身就已经包含了两个方面的内容。这样的字形与字义的教学，能加深学生对这两个汉字的理解以及中国人对"教""学"观念的理解。

还有"饮食"这个词，包括吃和喝两方面，其实从汉字字形本身就能看出古人造字时的形象思维。"饮"字甲骨文写作　，小篆写作　，像一个人站着伸出

舌头到盛液体的坛中饮用的形象，这就是"饮"，今天的简化字中的"欠"表示张开嘴，"饣"表示跟饮食有关。"食"的甲骨文写作👤或👤，小篆写作👤，一说这是一个动词，表示一张嘴正张开去吃盛好的食物，还有一说认为这个汉字的字形记录的是一个名词，字的上方是一个盖子，盖住的是食物。这两种说法指古人吃饭或所吃的饭都是合理的。看到这些汉字，可以体会到古人造字的形象性。

三、从汉字的字形和结构看中国人的思维

汉字教学的主要目标是教学习者掌握汉字的音形义，同时让学习者在学习汉字时通过字形和结构理解和掌握中国人的传统思维和文化。

1. 意象思维

汉字造字之初就"仰则观象于天，俯则观法于地，视鸟兽之文与地之宜，近取诸身，远取诸物"①。不少独体字在远古造字之初都是以表意为主的，即使演变成今天的楷书写法，一路溯源，还是能清晰地看清这些汉字的发展脉络。比如古人在造字取象时，天地自然、动物植物、人体、器用等，都进入了造字取象的范畴，如"目"字，甲骨文、金文就是一只眼睛的形象勾勒，后来的字体演变将"眼睛"竖起来写，教师在教学这样的汉字时，可以直接展示字体演变的过程，学习者就会明白字形与字义的关系。对于古代一些独体表意字，古人或者取象事物的简单轮廓，如"人、身、子、大、女、木"等，或者取事物的局部特征，突出事物的特性，如"牛、羊"取象动物的头部特征，"马"取象于马这种动物脖颈上长长的鬃毛。

会意字造字取象则有两种方法，即"以形会意"和"以义会意"②。"以形会意"的字如"休"字，甲骨文像人在树下休息（👤）；"采"字取人用手从树上摘取果实之形（👤）；"益"字取水从器皿中溢出之形（👤）。这类字都是由字形就能意会出事物之间的联系，从而完成表达一个新的意义的目的。"以义会意"的字如"雀"，用"小"和"隹"组合，表示"小鸟"之意；"劣"字用"少""力"表示羸弱少力；"尖"字用"小""大"表示一头大，一头小；"孬"字表示不好；"歪"字表示不正。这类字一般可以见字知义，合义成字。

以上这些类型的字，在教学过程中，应适当地让学习者理解其中汉民族的意象思维。

2. 对称思维

汉字无论是独体字还是合体字，字形都呈现方块布局。这种布局不是随意的

---

① 许慎. 说文解字 [M]. 北京：中华书局，1996：314.

② 詹鄞鑫. 汉字说略 [M]. 沈阳：辽宁教育出版社，1991.

选择，而是与古人的思维有关，很可能与古人"天圆地方"的观念有关。相应地，他们也将空间视为方的，划分出东、西、南、北、中五种方位，中表示正中，这样构成一个大方块。古人的方形观念体现在很多方面：与时间观念结合，将四时与四方相配。东方与春季，南方与夏季，西方与秋季，北方与冬季两两相配；古代声律的五音与五方相配，角居东方，徵居南方，宫处中央，商居西方，羽居北方；古代的五味也与五方相合，酸属东方，苦居南方，甘居中央，辛处西方，咸居北方；就连颜色也与五方相配，青在东方，赤属南方，黄居中央，白在西方，黑居北方。

这种无处不在的方形观念必然体现在汉字的外部构形方面，所以从甲骨文、金文、篆书到隶书、楷书，汉字的方形结构一直存在，而且到隶书开始定型。汉字从古至今经历了刀笔、硬笔、柔笔的演变，出现了直线、曲线、弧线、点等笔画，但每个汉字的整体布局不会脱离方形。汉字的方形结构本身就是中国古代方形文化观念的平面写照。方块汉字使得汉字具有不老的生命力，因为方块体切分成不同的部分以后，每一个部分都可以再跟别的部分组合，使得汉字的合体字增多，但不影响汉字的表意特性。方块字形使得汉字具备不同层次的组合关系，如"取"字，由"耳"和"又"左右组合而成，整个汉字切分的话，只有一个层次。但是"娶"就不同，可以先切分为第一层次的"取"和"女"，"取"又可以切分出第二层次的"耳"和"又"。无论合体字的组合层次有多少，都不会改变汉字的方块布局。大部分合体字的第一层次都是由两个部分组合而成的，第一层次切分出来的部分还可以继续切分，但汉字字形始终具有一种对称平衡的美①。

第六节　汉字书法教学

汉语二语教学中的书法教学，指的是以硬笔书法教学为主线（必要时辅以毛笔书法），借助教师讲解、课堂展示、学生临摹描写等方式，进一步提升外国汉语学习者的书写能力和对书法掌握能力的教育教学，其根本目的在于提升外国学生对于中国文化，特别是语言文化的分析和理解能力。学习书法不仅能在教师教学和学习者自行练习的过程中促进他们对汉字的认识和记忆，还能有效激发其学习兴趣，帮助其克服畏难情绪，并提高他们正确书写汉字的能力。

---

① 胡文华. 汉字与对外汉字教学［M］. 上海：学林出版社，2008：243–252.

一、教学目标的确定

汉语二语教学过程中书法课程的设置具有实际教学性和艺术性的双重特征。需要注意的是，在对外汉语的书法教育过程中，受众不是中文母语者，其初步目标主要在于：

通过现场书写、视频观看等基本方式，指导学生逐渐掌握汉语书法书写过程中笔画的行进方式、书写顺序，使之掌握汉字书法书写过程中初步的运笔方法和构形的复杂多样性，在潜移默化中让外国留学生能够逐渐感受到中国汉字、中国书法的美妙之处与魅力所在，真正培养其对于汉字书写的强烈兴趣。通过网络视频、专家指导、教师现场书写等方式，能够让学生更加直观地感受到、观察到汉字书写的过程，引导其深入观察汉字变化之美，从而提升其对汉字的感知能力和理解能力，进一步促进整个语言教学。学习者通过对书法的观察、对汉字书写的深入学习，能够在极大程度上理解汉字背后的理据，更加关注中国汉字背后蕴含的深刻内涵，更加了解中华文化本身的魅力。

二、汉字书法教学内容与安排

汉字之所以成为书法艺术，就在于汉字有别于线性的字母文字。它是由若干不同笔画组成的多维书写符号，基于这种整体汉字结构的书法教学依然要涵盖从笔画到偏旁再到整字的教学过程。

一是笔画的教学。横、竖、撇、捺、点、提、折、钩是汉字最为基本的笔画构成，不同的汉字对于笔画的需求程度不一，而汉字的基本笔画会在实际书写的过程中根据汉字构成的不同而产生"变种"。对外汉语教学者在实际教学中，要特别注意对偏旁部首的类型化、综合性教学，教学要全面、例子要丰富，这往往能使得外国学习者对于笔画的掌握更加深刻。

二是偏旁的教学。汉字的偏旁是汉字的重要组成部分，其往往是由某一字体变形而来，在汉字构成中往往有着形声、象形的含义。一般来说，汉字的偏旁主要有人字头、山字头、雨字头、草字头、广字头、竹字头；单人旁、双人旁、立刀旁、提手旁、木字旁、女字旁、竖心旁、火字旁、绞丝旁、口字旁、金字旁、三点水、方字旁、虫字旁、走之旁、反犬旁、反文旁、门字框、四点底、心字底、皿字底等。在实际教学过程中，应当对学习者采用循序渐进的基本方式，教学内容不宜一时太多，每节课以3～4个部首讲解为宜；另外，在教学的实际过程中，教师要特别注意连贯性和延展性，可以采用历史脉络的发展方式进行教育，亦可以采用汉字演变过程的方式进行文化普及。

三是结构规律的教学。汉字书写的过程不是单纯的笔画堆砌的过程，而是结构构架的"建筑"过程——在实际的教学过程中，要特别注意对汉字美观度的关注，可以采用类比教学的方式，对比正常结构与非正常结构汉字的美观度，使学生在直观中直接体悟汉字的结构之美①。

当然，汉字的书法教学需要根据学习者汉语水平的高低实施分级教学。对于汉语初学者或汉语水平较差的学习者，书法课教学应以技能训练为主，文化内容的讲解为辅。教师在教学中要充分利用书法具有语言属性的特点，把书法教学对识字、写字所起到的辅助和指导作用充分体现出来。在书法讲授中，应重点规范学生的执笔方法和书写姿势，让他们初步了解各种书体特征和辨析不同书体。比如教学时就要以甲骨文中的象形文字入手，再介绍篆、隶、楷、行、草等书体的特点，最后师生共同完成不同书体里的辨析作业。这样既可以调动学生学习的积极性，又可以让他们了解汉字的演进变化，从而获得不错的教学效果。书体应首选楷书临帖。

对于汉语水平达到中、高级阶段的外国学生来说，他们的语言学习即将结束，文化教学就显得尤为重要。因此，在强调书写训练的同时应拓展其书法文化知识的广度和深度。在书法知识讲授方面，除强化对不同书体的认知外，还应增加一些与历史、文化和民俗相关的信息。

在书体选择上仍以楷书为主，并对字形结构和笔画的异同加以说明。此外，可适当增加对隶、行或篆书的书写规则和用笔的了解，进一步提高他们鉴赏书法作品的能力。在书法学习的最后阶段，应对章法和创作原则进行讲解，并在训练中加以实践②。

---

① 鲁馨遥. 汉字书法教学在对外汉语教学中的应用［J］. 东南大学学报（哲学社会科学版），2015（S2）.

② 郑博仁. 试论对外汉语书法课程教学与实践［J］. 西南交通大学学报（社会科学版），2012（4）：87－92.

第八章　东盟国家汉语学习者汉字
教学策略与方法

第一节　东盟国家汉字教学策略研究的迫切性

　　如何提高对外汉字教学效率，解决这一制约外国人汉语学习能力发展的"瓶颈"，是对外汉语教学界探索多年、已经取得一定成果但仍未很好解决的课题。在基础研究方面，我们对现代汉字的特点有了相当深入的探讨，但我们还不能完全准确地描述外国人汉字习得的过程和规律。外国学生，尤其是以拼音文字为母语的学生，他们的汉字认知有哪些特点？他们采取哪些学习策略来解决汉字学习过程中所遇到的问题以及发展汉字能力？在这些汉字学习策略中，什么样的策略最富有成效？这些问题都是对外汉字教学时十分关注的，因为学生的认知特点和汉字作为第二语言的文字的教学特点都是我们确定具体教学计划、步骤、方法和技巧的依据。我们的教学方法应当符合学生的汉字认知水平和习得能力，同时又能指导学生选择正确的学习策略。

　　目前国内外对于汉字学习策略的研究尚不多见。由于纯客观的学习策略调查检验难度很大（我们很难根据学生的汉字运用情况来判定其学习策略），通常的学习策略调查均采用主观自述的方式。

　　北京语言大学江新、赵果（2001）曾对基础阶段留学生汉字学习策略进行了调查研究。他们采用问卷调查的方式，由施测者主观确定若干策略项目，让学生根据自己的实际情况对每项做出 5 个等级的评价，最后筛选、总结出 5 大策略，即笔画策略、音义策略、字形策略、归纳策略、复习策略。在此基础上，他们又进一步研究了"什么样的汉字学习策略最有效"，他们发现：①应用策略对提高汉字学习效果有很大的帮助；②字形策略不利于汉字学习；③形声字学习效果比非形声字学习效果对策略的使用更敏感①。

　　暨南大学华文学院周健等（2004）也对 3 个汉语速成班学生的汉字学习策略做过一次调查，通过让学生口头描述学习汉字的方法，最后归纳出的学习策略

---

① 江新，赵果．初级阶段外国留学生汉字学习策略的调查研究［J］．语言教学与研究，2001（4）；江新，赵果．什么样的汉字学习策略是最有效？［C］//中国对外汉语教学学会第七届学术讨论会，2001．

有：临摹、抄写、手指空写、使用卡片（看图识字卡片、自制卡片）、形象联想、部件拆分、偏旁部首、形近对比、同音组词、分类记忆、结合语境、查字典、扩大阅读、看电视字幕、定时复习、培养对汉字的敏感（如留心观察站牌、招牌、广告、菜单等的用字）、使用汉字（如记日记、写信、写作文、出黑板报、写留言条、写贺卡、赠言、记诵台词、表演节目等）、练习书法、学习汉字电脑输入方法、汉字游戏等20余种。

周健等进一步结合学生历年的汉字和汉语成绩，发现了以下3种现象：①汉字学习与汉语学习的正相关联系显著，汉字学得好的学生往往也是汉语成绩好的，反之亦然。汉语成绩好的学生通常是大量使用汉语（尤其是阅读、习作和书面交际）的学生，这也验证了江新、赵果调查研究的结论"应用策略对提高汉字学习学习效果有很大的帮助"。②尽管反复书写练习是留学生普遍认同的策略，但优秀学生更多地采用了音义符归纳策略或整字策略。基本上可以认定偏旁部首策略优于部件策略，部件策略又优于笔画策略和字形联想策略，理据策略优于机械策略。但留学生认为在开始学习汉字的阶段（识字量在200个以内），字形策略（包括反复书写、笔画记忆和字形联想等）是最有效的策略，这一点与江新、赵果的结论相左。这也提示我们在汉字教学中必须注意阶段性策略。③男生与女生、华裔学生与非华裔学生、汉字圈国家学生与非汉字圈国家学生的比较：在成绩排名前50%的学生中，女生优于男生，华裔学生优于非华裔学生，日、韩等汉字圈国家学生优于非汉字圈国家学生；在成绩排名后50%的学生中，也有不少华裔学生，日、韩等汉字圈国家的学生；在最优秀的学生群中，华裔学生表现突出。来自印度尼西亚、泰国等非汉字文化圈国家的优秀华裔学生在汉字学习上能超过日、韩学生，可能依靠的是他们所拥有的"汉字文化基因"（其中部分学生有方言基础）、强烈的学习动机和正确的学习策略。不过，"汉字文化基因"并不能起决定作用。而日、韩学生虽然在汉字的识别、书写方面有优势，但由于字音、字义在不同国家长期演变中所产生的差异，又为日、韩学生的汉字习得带来了负迁移的影响。

包括汉字教材编写和汉字课堂教学方法在内的汉字教学策略的确定，离不开对汉字学习策略的调查研究，我们必须深入开展这项工作。

张朋朋、周健等学者主张开设独立于精读、泛读、听力、说话等课型之外的初级汉字教学课，按照汉字自身的规律教学，同时让学生在汉字学习的过程中掌握汉字的规律，培养汉字自学能力。也就是说，汉字课的教学目的有二：一是让学生学会使用一定数量的汉字；二是让学生理解和掌握汉字的结构特点，表音、表意的规律和汉字体系的系统性知识，了解汉字与汉语的关系，形成汉字学习能力。后一项更为重要。汉字的教学要考虑的因素很多，例如，识字量固然是越多越好，但外国学生的课堂学习时间有限，如何利用较少量的汉字负载较大的词汇量，提高汉字的利用率，用最佳的字词比来减轻学习者的负担；如何确定一个科学的汉字教学顺序，做到在教每一个生字时都尽可能有熟悉的部件、偏旁或汉字作为认知基础，使学生能比较轻松地以滚雪球的方式迅速扩大识字量；如何提高汉字教学的效率，让学生在较短的时间内集中学会 2 000 个以上的汉字；如何进行正字教学，避免别字的产生；如何对汉字中所蕴含的文化内容进行教学；如何真正抓住汉语特点，以汉字教学带动整个汉语教学……这些都是需要研究的课题。

第二节　第二语言教学中的汉字教学策略

一、在汉字的结构网络中进行汉字教学

从语言的认知规律出发，我们认为有必要把汉字放在一定的网络系统中进行教学才能提高效率，因此，汉字的教学必须与语素（字义）、词、句、篇章相结合。目前对外教学界通行的汉字教学方式是随文识字、随词识字，把汉字的识认、记忆、书写作为课文生词学习的一个组成部分。汉字的教学本身则重在对结构形体的掌握。由于现在汉语的词汇已演变为以双音节为主，课本上生词表上的注音、释义、扩展、翻译都是以词为单位的，语汇教学只限于"词"的教学，一般不把词的构成部分拆开来分别解释，也就是说，没有了汉字字义（或语素）的地位。这种做法是照搬了印欧语中"词"的概念模式，脱离了汉语汉字的特点。许多语言学家对字和词的关系以及语言的基本单位提出了自己的见解。吕叔湘（1980）说："汉语里的'词'之所以不容易归纳出一个令人满意的定义，就是因为本来没有这样一种现成的东西。"赵元任（1992）认为，汉语句法的基本结构单位是"字"，而不是"词"，印欧系语言中 word（词）这一级单位在汉语里没有确切的对应物。王力（1986）也认为，"汉语基本上是以字为单位的，不是以词为单位的"。徐通锵（2001）更是明确地指出"'字'是汉语的基本结构单位"。除了极少数连绵字外，绝大多数汉字都是"一个汉字·一个音节·一个概念"的结构格局。以汉语为本体的语言学视角给我们的汉字教学带来了许多新的启示，我们应把以"词"为中心的汉语教学转移到以"字"为中心的汉语教学上来。

即使仍以传统的"语素—词—词组—句子"作为基本语法单位，我们也必须在汉字教学中加强语素义的教学。吕文华（1999）指出："汉语中约占97％的

语素是单音节的，它们组合新词的能力极强，多数语素与汉字是一对一的关系；汉语是理据性高的语言，复合词的意义一般可由其组成成分去推求。""语素教学是以提高词汇教学的水平和效率为目的的，以分析语素的构词功能和语素义、词义的方法使学生从长期被动的学习状态和死记硬背的苦恼中解脱出来，有效地提高词汇的记忆、理解和运用能力。"李芳杰（1998）也提出"字词直通，字词同步"的教学建议。

我们平常所说的"字不离词、词不离句"就是很好的经验总结。汉字不仅是文字的符号和书写单位，也是语义句法结构的基本单位。实际上，存在着两个"字"的概念。中国人大脑中对汉语词汇的储存，既有字（语素）的方式，也有词的方式，而且二者是可以互相推求的。例如，一个人初次听到"jiǎnfù"一词，不解其意，后来见到"减负"二字，立即明白是"减轻负担"的意思；另一次他可能听见"zhìái 药物"一词，以为是"治癌药物"，但一联系上文，便明白原来是"致癌药物"。而外国学生以整词的存储为主，字与词相互连通的渠道不畅，以至于出现学生学了"鸡蛋"却不知"鸡"为何物的情况，词语的学习效率自然要大打折扣。对外汉字的教学实践表明，应当突出汉字的语素义和构词方法，而且汉字的认读实际都必须与汉语的表达和交际紧密结合才能收到良好的效果。根据黄昌宁（转引自张庆旭：《汉语真实文本自动语义标注取得突破性进展》，《语文建设》1993 年第 9 期）的研究，复合词的词义与字义的联系有 5 种类型：①同义，即 A＋B＝A＝B，如"声音"；②合义，即 A＋B＝AB，如"品德"；③加义，即 A＋B＝AB＋C，如"景物"；④偏义，即 A＋B＝A 或 B，如"国家""容易"；⑤转义，即 A＋B＝C，如"毛病"。其中，前三类共占 90% 以上。字义在词义中的作用十分明显。那种脱离语境、脱离词语、孤立教汉字的办法是不可取的。

与拼音文字比较，汉字的一个特点是难以书写却易于辨认。这是因为字母拼音文字按照分词连写的规则依次排列，呈线形分布；而方块汉字以平面作为信息分布的形式，字形结构复杂，特征明显，视觉分辨率高。易认、难读、难写是汉字自身的特性，我们的汉字教学应注意阅读的心理特点，利用这一特点把认、读、写的要求适时分开，努力扩大学生的识字量。学生认识的字多了，就可以大幅度地增加阅读量，从而为汉语水平的提高奠定坚实的基础。据应用策略，这又会反过来巩固对汉字的掌握。从另一个方面来看，随着信息技术的发展和汉字输入技术的成熟，越来越多的人依赖电脑"书写"，只要能掌握读音、字义和模糊的字形，他们都能利用电脑把所需表达的汉字正确无误地"写"出来。从阅读和使用电脑的角度来说，认读可能比书写更为重要。因此，我们要把认汉字、写汉字、用汉字三者区分开来。我们设想，在初级阶段让学生牢固掌握 1 000 个左右最基本的汉字，做到会认读、会理解、会书写、会使用，同时通过音符、意符和字形的联系，再扩大150个左右的识字量。据权威部门统计，2 500个常用汉字对于一般语料的覆盖率为97.9%。如果学生在一年内集中识字2 500个（不要求都会写），那么他们就能急剧地扩大课内外阅读量，从而使他们的汉语水平产生质的飞跃。

汉字的构成方式以形声字为主，占80%以上，显然是汉字的主体，也是汉字教学的重点。我们在安排汉字教学顺序的时候，常常按照汉字的组合规律，把具有某种联系的汉字放在一起，以便于学生加深对汉字构字规律的认识，同时也能扩大识字量。让汉字有规律地出现，显然比孤立地出现更符合学生的认知心理。汉字具有形、音、义3个要素，按其中的任何一个要素来联系生字都是可行的办法，但也都存在缺陷。问题是在字形系联、字音系联和字义系联以及形声字的形旁（意符）系联、声旁（音符）系联这5种做法中，哪一种更符合汉字作为第二语言的文字认知规律？哪一种做法效果最好？

二、从认知规律出发探求高效的汉字教学方法

近年来我们积极研究留学生的汉字认知规律，不断反复实践各种不同的教学策略，探索出以下一些新颖实用的对外汉字教学的方法与技巧。

1. 字形系联

对中外学生的语言文字习得的心理研究表明：表意文字和表音文字的差别影响心理的加工方式。非汉字文化圈国家学生首先面对的一大困难是汉字字形的掌握，而汉字的识别以字形编码为主，说明字形在汉语语汇信息的储存和提取中起着重要的作用。而且，研究还证明，汉字识别具有整体识别先于局部识别的倾向，具体地说，就是先整体后部件，先轮廓后内含，先上部后下部，先左部后右部，先熟悉后生疏。在汉字学习的初期阶段，学生掌握了必要的基本笔画、笔顺和一定量的汉字后，重点可以放在部件及其组合演变形式方面，但孤立的汉字难以记忆，我们要尽可能选择有一定字形关联的字群来教。例如，"人"字系列：人、入、个、大、太、天、夫、从、众、介；"木"字系列：木、本、未、末、林、森、休、体；"口"字系列：口、中、古、叶、右、可、句、只、叫、名、品、回；"日"字系列：日、旦、早、旧、旬、时、是、昌、晶；"十"字系列：十、土、士、干、千、古、早、克、华等。字形系联适用于汉字学习的初期阶段，而且数量很有限，宜在高频字的范围内进行，不宜扩展过多。先学这些字的目的在于帮助学生建立对汉字字形、部件、结构和轮廓的感性认识。字形策略还可以用于形近字的异同对比以吸引学生的兴趣和注意力，例如：多横少横：日一目、大一天、十一干、白一自、竞一竟、史一吏；其他笔画增减：万一方、拔一

拨、狠—狼、代—伐；出头不出头：田—由、力—刀、工—土、天—夫；笔画变化：贝—见、干—千、仓—仑、天—夭、土—士、末—未、己—已、乞—气；笔画位置：玉—主、太—犬、庄—压、办—为；部件改变：住—往、持—特、处—外、蓝—篮、辛—幸、部—陪、即—既、段—假、冻—拣 ；等等。由于母语文字为拼音文字的学生感知汉字细微差别的能力较弱，写字时常有笔画增减、部件替换、位置移动等情形，尤其是细部错误，在初级阶段外国学习者汉字书写中最为常见，所以有必要强化字形策略。

应当说，以偏旁部首为核心的传统的识字教学方法是符合汉字认知规律的。但因为细小的部件在整字中的位置不定，变化繁多，难以把握，且不能起到提示音义的作用，有时反而干扰了整字的识别。我们对优秀学生的汉字学习策略的调查也印证了这一点。因此，我们可以从笔画简单的独体字入手开始汉字教学，以后逐步增加汉字字形的组合变化，训练学生对汉字字形的整体识别能力。可优先考虑选择常用的部首字，这些字往往也是常用的部件字。据统计，在 1 000 个最常用字中有 44 个部件为 5 个以上形声字所共有。其中有许多是古象形字，可以充分利用图画等直观的展示手段来吸引学生，提高他们学习汉字的兴趣，理解这些象形字的基本含义。

2. 字音系联

字音系联即以声符为纽带的字音有关的字群的聚合和同音字的聚合。认读困难自始至终都是困扰外国学习者汉字习得的突出问题。习惯了拼音文字的人在学习汉字的时候非常希望能够"因形求声""因声求义"。他们对字音高度重视。万业馨（1999）、李大遂（2001）等人都指出，留学生"读音方面的困难多于书写"，"见字不知音是最大的困难"，"我们应当充分注意利用现行汉字声旁的表音作用"。"要提高对外汉字教学水平，加强表音偏旁的教学是一个重要方面。"根据西方语言学的研究，可以假设语音转录是一种普遍现象，汉字也不例外。形声字的声旁有表音功能，识字的时候会表现出前词汇语音加工效应。曾志明、洪兰（1978）的实验发现，发音由其声旁决定的规律的形声字较不规律的形声字反应时间短，有语音线索的形声字比没有语音线索的字反应时间快。但声旁表音功能的情况比较复杂，专家们对表音度的统计也有很大的出入。周有光（1979）以"含旁字"的声旁跟整字的声韵母相同为标准，认为现代汉字声旁的有效表音率为39%。而李燕、康加深（1993）以 7 000 个通用字为对象，用模糊数学方法加以计算，把声符表音方式分为声、韵、调全同，如"圆"；声、韵同，调不同，如"远"；声、调不同，如"结"；韵、调同，声不同，如"琛"；声同，韵、调不同，如"猪"；韵同，声、调不同，如"葵"；调同，声、韵不同，如"赌"；一共 7 种情形。再根据声韵调在汉语语音中的不同地位计算不同的分值，最后得出声符的总表音度为66.04%。若再加上声、韵、调都不同,但声旁具有明显类推作用的字,例如:"我"作为"鹅、蛾、哦、娥、峨、俄、饿"等字的声旁;"果"作为"棵、颗、稞、窠、课"等字的声旁,声韵调都不同,但声旁具有明显的提示作用。又如"徘"字读音与声旁"非"相去甚远,但联系常用字"排",还是很容易记住它的读音。如把这类字考虑进去的话,至少有2/3的形声字的声符具有表音功能,这是我们在汉字教学中可以好好利用的宝贵资源。

诚然,在形声字中声符能准确表音(即声韵调都相同)的只占37.51%,对于大多数形声字来说,"读字读半边"是不够准确的。而笼统性、模糊性正是形声字表意的特征。实际上,意符的表意功能通常也只限于一个义类范畴,有时用义类都难以概括,例如三点水,讲"江河湖海"自然顺理成章,但讲"法温洞淡"就很难与水相关联了。拼音文字的读音实际上也存在类似的不规则情况,只不过正字法深度(orthographic depth)存在差异而已,如英语在历史发展中形成的"一字多音"和"例外"也是非常普遍的。拼音文字尚且如此,我们更不必苛求汉字的表音度了。

万业馨(1999)考察了《汉语水平词汇与汉字等级大纲》里合体字符作用的分工,指出形符少(155个)而声符多(820个),形符构字能力强,如构字数量最多的10个形符平均构字92.6个;而声符构字能力弱,构字数量最多的10个声符平均构字量仅为8个,而且越是典型的意符、音符,越不兼类。

声符在合体字中只起表音或部分表音的作用,其字义与整字的字义无关联,似不必单个讲授,何况还有众多不成字的声符。由于方言影响和历史音变,声符的表音作用较弱,但声旁音变的线索仍有迹可寻,尤其是同类声母的变换(如"同"旁字有的读 tong:铜、桐、筒,有的读 dong:洞、侗、恫;又如"包"旁字有的读 bao:苞、抱、饱,有的读 pao:泡、炮、跑),对于提示读音很有意义。完全可以考虑在中高级阶段,结合声符讲一些汉语语音演变规律,增强对声符利用的自觉意识,对于外国学习者生字认读能力的形成是有好处的。如古无轻唇音的规律,可以让学习者更容易地记住傅、缚和博、搏、薄、膊。

由于同音字(包括假借字)与字形、字义基本没有什么关联,不利于汉字的认知,我们一般不采用这一系统来教汉字,但可以用于中高级阶段的由语音导致的错别字的辨析和纠正。

3. 字义系联

字义系联是结合词汇教学,借助认知语义场的概念,进一步巩固和扩大汉字量的一种有效方法。字义系联的第一种做法是充分利用形符(或意符)特别是部首,如人(亻)、刀(刂)、言(讠)、土、口、山、广、水(氵)、女、手(扌)、日、月、文(攵)、火(灬)、心(忄)、石、示(礻)、衣(衤)、金

（钅）、禾、走（辶）、足、门、雨、食（饣）、鸟、鱼、竹、目、田等，基本上都可以表示一个义类，我们把这些意符的相关字串联起来，组成一个字族。在对外汉语教学甚至包括汉语作为母语教学的实践中，我们一直偏重表意偏旁，采用的方法多为意符系联，即把同一部首的汉字放在一起教。李大遂（2001）指出：这种局面的形成，首先是汉字的表意特点决定的；其次是许慎的《说文解字》的影响，形成了重视部首的教学与研究的传统；最后是表音偏旁自身的问题。声旁不仅数量大，且表音规律复杂，常常出现例外。正是由于这些原因，导致我们在对外汉字教学中重视意符，轻视声符。

字义系联的另一种做法不考虑字形的结构因素，只从语义出发，如反义的"大小、左右、男女、买卖"；同义的"朱红赤、道路街"；同类属的"你我他她、兄弟姐妹、金木水火土"等。一般说来，不考虑字形对学生掌握汉字书写不利，但字义系联颇符合认知心理学。因此，适当运用字义系联的办法对于扩大学生的字词量和提高交际能力都大有裨益。如数字系列"一二三四五六七八九十百千万亿"，就可以结合数目的表达作为最开始阶段的教学内容。还有反义对举，如"大—小，上—下，多—少，左—右，远—近，男—女"等也可以作为初始阶段的教学内容，但我们并不主张把字义系联作为汉字教学最主要的途径。

4. 综合运用

我们主张在汉字教学中，字形系联、音符系联、意符系联、字义系联等多种方式并举，但优先考虑音符系联的方式，如方—访、防、芳、妨、纺、仿、放、房、坊；青—清、请、晴、情、精、睛；王—狂、汪、枉、旺、逛、诳；元—园、远、院、完、玩、顽、冠；工—功、攻、江、红、空、恐、控、贡、汞、杠、肛、项、鸿。这些字既是音近字，又是形近字。按照这种系统教汉字，有利于学生运用类比策略，掌握这些汉字的读音和字形，进一步利用表音线索来识记成批的形声字。对于以拼音文字为母语的学生来说，音符系联扩大识字量的策略是符合他们的认知特点的，因为他们已经习惯于首先从音码提取语言信息和根据音码储存语言信息。对于不便于采用音符系联的汉字，如有些音符系联的汉字太少，有些音符过于生僻甚至不成字，我们就可以把这些字纳入意符系联或其他关联的系统之中。总之，应当突出汉字的理据性，多种方法并行不悖，可收取长补短之效。

对于每个常用字，不仅介绍其读音、笔顺、基本语素义、记忆提示，还要介绍组词及两个短语或短句；对于扩展字，则只介绍读音、基本语素义和一个（少数两个）组词。（两类字在教材中应用不同的颜色印刷，以示突出重点、有所区别）其中记忆提示可以通过编写一些奇特联想、字谜、顺口溜、口诀等加强学生对难字的把握。例如：教"怕"字时告诉学生：心中害怕，脸上发白；学生写

"奥"字时常常把上边封了口（对比封口的"粤"字），我们可以教学生记住一句话：奥运会的大门永远敞开；教"贪"字："做人不能贪一点"，学生就不会把上边的"今"写成"令"了；又如"烧"："大火烧掉一点水"；"轨"："铁轨上有九辆车"（避免把"九"写成"丸"）；再如"延建廷，不加点；武式代，没有撇。"就把同类特点的字（延、涎、诞、筵、蜒，建、健、键、腱、毽、廷、庭、挺、艇、霆、蜓、铤、梃；武、斌、鹉、式、试、拭、轼、弑，代、袋、贷、岱、玳、黛）都概括了。这些提示能让学生受益终生。对于字的结构，我们设计了字母编码。例如，我们用 I（idea）表示意符，用 S（sound）表示音符，用 B（both）表示兼做意符音符。对于形声字中的左形右声、右形左声、上形下声或外形内声的汉字如"唱、政、草、圆"等就可以分别用 IS、SI、I/S 及 I\boxed{S} 来表示；对于"林、休、明、解"等会意字，则可用 II 或 III 来表示；对于"钱、论、甯、婚"等声旁兼义字可用 IB 来表示；而"就"字则可用 SS 来表示。这种编码形式简单、含义明了，对外国学生来说是很有效的认知策略。对于合成词 5 种主要的组合关系也可以用字母编码来表示。

练习是汉字习得的关键，必须下大力气设计编写，力求做到特色鲜明、实用而有效。除了不可或缺的描摹、抄写、填缺失部件、汉字拆分、部件组合等机械性的练习形式外，还要多设计形、音、义互相勾连的练习。艾伟（1949）很早就指出所谓识字是"见形而知声、义，闻声而知义、形也"，"故以形为刺激须能引起声、义二反应，以声为刺激须能引起形、义二反应"。例如，学完了"元的家族"之后，可安排学生做下列的填空练习：

first	garden			end			
yuán				yuàn		wán	
元		远				顽	冠

每学完一个系列或一个家族，都必须做这种练习。还可以设计猜测形声字音义的练习，例如选取 10 个左右比较典型的形声字，其中大多数是没有学过的，可以把这些字的形、音、义（英译）分为三排，注意打乱对应次序，让学生用连线的方式找出每个字的音、义。在音、义的系联方面，既可以做通过形旁、声旁带形声字的练习，也可以反过来，做找形声字中意符、音符的练习。还可以通过字素义的组合拆分来了解词义，例如，学了"作者"一词以后，让学生分析"读者、老者、记者、工作者、强者"等词的含义；又如让学生利用语素义分析"颠倒词"的含义，如"国王—王国，名人—人名，国外—外国，女儿—儿女，手枪—枪手"等。尤其要多安排总结表音表义规律的练习，如在系列字中意符表

义的分类（古义、今义；本义、关联义、引申义；名词、动词、形容词等）和音符表音的分类（声韵调全同、部分相同）等。在学了一定量（比如300字）的汉字之后，就可以开始利用已学过的汉字编一些短小生动的故事、诗歌、说明文等阅读材料，一方面通过应用策略巩固所学汉字，另一方面也能加强学生的成就感。例如附在"青字家族"后边的小诗"小青蛙"："河水清清天气晴，小小青蛙真精神，睁大眼睛吃害虫，请看它做好事情"，就把"青—清—晴—精—睛—请—情"这一字族编在一起了。总之，练习的形式必须丰富多样，练习的内容要突出形音义关联策略、规律归纳策略和汉字应用策略。

正如徐通锵（2001）指出的："固然，相对于拼音文字来说，汉字确实难学、难认、难记和难写，但是，这种'难'是有道理的，不仅是它适应汉语的结构原理，而且在认知上也得到了有价值的补偿，这就是通过'难'的途径而在认知上达到'易'和思维能力的综合性训练。"按照汉字自身的规律进行教学，掌握等量的汉语字（词）和英文单词的价值绝对不是等价的，前者要远远大于后者。我们的教学实践也证明了汉字的作用不限于阅读和书面表达，它对汉语思维和口语表达训练也有极其重要的促进作用，汉字在汉语学习中的地位是不可动摇的。而且，"汉字难"主要是难在初级阶段，学生一旦掌握了汉字系统的规律，就能很容易地掌握新的汉字，并能进一步通过字义分析理解词语的组合构造原理，从而大大提高汉语学习的效率。

第三节　东盟国家汉语学习者汉字教学方法探讨

针对东盟国家汉语学习者汉字偏误情况的考察和汉字教学的现状，我们提出以下几点设想和建议，供教学参考。

一、重视对学习者的调查和研究

鉴于东盟国家汉语学习者极为复杂的语言文化背景，在实施教学活动前以及在教学活动中，都应该重视做好学习者有关情况的调查。目前不少教师反映，同一班的学习者汉语汉字水平相差过大，以致很难组织有效的教学。这种情况恐怕就与入学前对学习者的情况了解不充分、分班不够细致合理有很大关系。只有弄清学习者汉语汉字基础、第一语言及方言等方面的"底细"，才能真正从多角度、多层面了解其汉字偏误的原因，做到心中有数，因材施教，尽量缩小和弥补其在汉字学习上的不平衡性，而且还可以配合教学管理活动，在整体上提高教学效率①。

二、加强汉字偏误的量化研究

在汉字教学过程中，及时收集有关汉字偏误的原始语料并加以整理，加大量化研究的力度，这样才能分清各种偏误类型的主次，从而更有针对性地加强对错别字的前瞻性预防和后续性补救。近年来汉字偏误中介语语料库的建立和不断扩充，为我们从事汉字偏误的量化研究提供了方便。

三、汉字教学应贯穿于汉语教学始终，而且要有相应的重点和针对性

（一）初级阶段，突出笔画教学，转变学习者文字观念

作为现代汉字基本结构的基本层级单位，笔画无疑是初级阶段教学的重要内容。初级阶段为汉字的入门阶段，笔画教学可从层级相对简单的独体字开始。具体的笔画教学内容涉及②：

笔画名称：应该知道基本笔画的名称；非基本笔画的名称可以有选择地教授或运用比较的方法来教授。

笔画书写：笔画走向、笔画的变体；

笔画数量：汉字的笔画数、笔画数量的比较和归类；

笔画顺序：基本笔顺规则、衍生笔顺规则；

笔画之间的关系：相交、相接、相离 3 种；

笔画形状：形近笔画的比较、初步的形近字和错别字笔画辨析。

苏培成（1994）、朱志平（1999）、王汉卫（2012）、陈昱（2018）等从笔画系统出发，就如何使笔画教学更简洁、笔画习得更高效等问题展开讨论，都强调要加强汉字基本笔画的输入与书写训练。万业馨（1999）认为，考虑到汉字笔画的复杂性、笔画与汉字意义的不相干性，可以利用部件、字符组合的方式减轻学习者对细小构件数量的记忆负担。

外国学习者最易犯的毛病之一就是只认轮廓，不辨细微。笔画增损、部件错用以致整字的偏误，其根源往往就在于开始阶段的笔画、部件这些汉字的基本零件没能掌握好。在此阶段，尽管东盟国家汉语学习者由于自己的特殊背景可能或

① 尉万传. 东南亚华裔留学生汉字偏误综合考察 ［D］. 广州：暨南大学，2004.

② 田艳. 汉语国际传播背景下的泰国汉字教学研究 ［M］. 北京：中央民族大学出版社，2018：172.

多或少地对汉字有一点感性认识，但是这种认识还是肤浅模糊的，即使对看似简单的汉字最基本的构形单位——笔画属性的认识也远非全面准确，故有关笔画的知识应为首选。教师要有意识地结合初级阶段的字例向学习者介绍有关笔形、笔画数、笔顺、笔画关系的基本知识。打好这个基础，对以后笔画组装成部件、部件组装成整字的教学应该是事半功倍的。正如中国小学生现在有写字训练，过去私塾有长期的描红基本功练习，学习者在此阶段也应该有适量的练习来巩固基础汉字知识。当然这种练习可以借鉴中国传统汉字教学法的长处，更可以利用现代化的多媒体教学手段提高学习者的汉字学习兴趣。

汉字教学不仅要让学生学会使用一定数量的汉字，而且更应该让学生理解汉字的结构特点，表音、表意的规律和系统性知识，了解汉字与汉语的关系，形成汉字的学习能力。因此，一开始就应注意帮助学习者转变原有的文字观念，确立正确的汉字观，培养其汉字的分析、认读、书写等技能。在教学汉字的过程中，结合典型字例，通过如下文字特点的比较逐步培养其对汉字的理性认识。

主要记音 ⟺ 兼表音义而实质是以表意为主
记录音素、音节 ⟺ 记录语素为主
书面形式单一线性排列 ⟺ 字形纵横二维平面组合
字母、音节、单词三级序列 ⟺ 笔画、部件、整字三级序列
语言和文字只有形音联系 ⟺ 语言文字形音义三结合
符号的基本单元只有表音字母 ⟺ 兼有表意的意符、记音的音符和记号

在此阶段，笔画的教学、汉字观念的培养宜先从独体字，尤其是结构简单、构字率或构词率高的独体字着手（如人、口、木、日、月、目、贝、虫、示、戈等）。

（1）笔画的选择与称说。

王汉卫、苏印霞（2012）根据汉字构字频次和使用频次对笔画的综合价值进行了排序，统计结果如表 8 - 1 所示：

表 8 – 1　笔画综合价值排序表

排序	笔画	使用次数	使用频率	排序	笔画	使用次数	使用频率	排序	笔画	使用次数	使用频率	排序	笔画	使用次数	使用频率
1	一	7687	27.11	9	亅	550	1.94	17	乀	82	0.29	25	乛	22	0.08
2	丨	4813	16.97	10	乛	441	1.56	18	乀	78	0.28	26	乚	21	0.07
3	丿	4661	16.44	11	㇄	349	1.23	19	乚	77	0.27	27	𠃌	20	0.07
4	丶	3936	13.88	12	㇀	316	1.11	20	乚	63	0.22	28	𠃋	14	0.05
5	㇕	1852	6.53	13	㇆	314	1.11	21	㇌	62	0.22	29	ㄥ	4	0.01
6	乀	939	3.31	14	㇙	212	0.75	22	乚	47	0.17	30	㇆	1	0.00
7	㇀	798	2.81	15	㇄	161	0.57	23	乚	41	0.14	31	𠄌	1	0.00
8	𠃌	678	2.39	16	㇄	89	0.31	24	乚	28	0.10	32	ㄣ	1	0.00

从表 8 – 1 中可以看出，汉字笔画综合价值呈现出明显的递减效应。有的笔画只用于专属汉字（如"专"字的第三笔），有的笔画只出现在特定的偏旁部件中（如"氵"字旁的第二笔），这类笔画对于学习汉字时间较短、汉字水平较低的初学者可以在教学中暂时忽略或延迟。

由此可见，汉字教学初级的笔画教学，不必将 30 个左右的笔画全部平均用力教授，而是要有选择、分阶段地进行。基础笔画的称谓简短易记，如横、竖、撇、捺、点、提，这些笔画的名称可以要求学习者记住。一些复合笔画的名称则略显复杂，因此复合笔画中使用频次较低的笔画则不必要求学习者记住；对一些常用当代复合笔画的称谓，如横折、竖折、竖提等则可以多加介绍，加深学习①。

（2）笔画教学的步骤和内容。

看似简单的笔画教学，其实需要精心设计，其教学的步骤和内容是非常复杂和丰富的。在具体教学中，要展示汉字的笔画、笔顺，念出笔画的名称，明了笔顺的规则，使学生逐渐熟悉汉字的基本笔画和笔顺，通过视听觉识记所学生字。笔画教学具体步骤和内容如下：

①展示笔画。

教师可以在黑板上或电子屏上，通过动态演示，展示笔画的起落笔和走向，让学习者认识汉字笔画，熟悉笔画形状。笔画的学习不能孤立地进行，要结合具体的汉字教学来进行，特别是那些包含汉字基本笔画的常用汉字，如"十""木""大""小"等。初级阶段的笔画教学所选汉字笔画宜少。

---

① 田艳. 汉语国际传播背景下的泰国汉字教学研究 [M]. 北京：中央民族大学出版社，2018：194.

②识读笔画。

在掌握笔画形状的同时，学习者需要知晓一些基本笔画的名称。故在展示笔画的过程中，教师可以读出并重复这些笔画的名称，以使学习者识记。

③书写笔画。

展示笔画和明确的笔画名称之后，学习者就要跟随教师进行笔画的书写。初级阶段的笔画书写要尽量做到准确规范，如横是从左向右写；提是从左下向右上写。教师此时还要提醒注意形近笔画的区别以及笔画间关系的处理，如横和提、提和撇的区别，笔画间相离、相交、相接关系的不同。

④练习笔画。

为检测笔画形状及名称的掌握情况，可以在课内外布置学习者进行笔画练习。练习的内容可以包括：

摹写笔画。在描红或字帖上描摹笔画，以巩固记忆，加深印象。

拆分笔画。即把某个汉字的笔画一一分解开来，如将"大"拆分为横、撇、捺三个笔画。

增减笔画。给某个汉字增加一笔或减少一笔，变成另一个字。如，"十"上加一横，可变为"干"，下加一横，可变为"士"；"人"加一横，变为"大"等。

组合笔画。将不同的笔画通过不同的方式组合在一起，组成不同的汉字。如给出横、横、撇、捺四个笔画，学习者可组成"二""人""大""天""夫"等字。

辨析笔画。对汉字中的形近笔画进行辨析区分。如"干"和"千"中第一笔的辨析，"土"和"士"中上下两横的辨析。

数算笔画。让学习者计算汉字笔画的数量，如"工"和"王"中的一笔之差，可以有效加深学习者对笔画数量的意识，避免笔画的随意增减造成的偏误。

辨析笔画关系。通过例字，阐明笔画之间的相接、相离、相交三种不同关系可以形成不同的汉字，如"工"与"土"。

⑤练习笔顺。

汉字笔顺遵循的基本原则：先横后竖、从上到下、从左到右、从外到内、先内后外再封口、先中间后两边。

（二）中级阶段，突出汉字部件教学，帮助学习者建立汉字的网络系统

部件教学是主要按照汉字构形的部件来分析字形的教学。中级阶段突出汉字部件的教学，是汉字的三个构形层级所决定汉字教学的常规模式（即笔画教学、部件教学和整字教学）中被公认为最实用的汉字教学方法之一。

中级阶段（或者可以在初级阶段后期），学习者已掌握一定量的汉字以后，以部件为中心，以形声字的教学为重点，借鉴国内集中识字法的长处，帮助其建立汉字形、音、义的网络联系，逐步掌握汉字的构形规律性和系统性。"分析的系统性越深，教学的效果越好，这是因为学生在分析的基础上才意识到汉字结构的内在规律，他的记忆力由此会得到支持。"

张旺熹（1990）、王碧霞（1994）、崔永华（1997）、伍巍（2004）、梁彦民（2004）、邢红兵（2005）、郝美玲（2007）、李华（2017）等学者论证了部件教学的可行性和经济性，提出汉字教学中应如何加强汉字的部件教学。

崔永华（1997）、周健（2007）指出，部件教学法最大的优点之一是可以减少记忆单位。汉字拆分出来的记忆单位越少，越利于记忆；汉字拆分出来的记忆单位的可称谓性越强，越利于识记；汉字拆分出来的记忆单位的理据性越高，越利于识记。《汉语水平词汇与汉字等级大纲》所规定的 1 033 个甲级词中有 801 个汉字，仅用 330 个部件。全部 8 822 个词中有 2 866 个汉字，仅用 431 个部件；甲级词所用由 330 个部件组成的 801 个汉字中，构字部件全部可称谓的占 61.5%，加上基本可称谓的共占近 70%；甲级词所用 801 个汉字的 310 个部件中，表意部件 226 个，占 68.5%。据统计，汉字平均笔画数为 7~9 个，而平均部件数则为 2.3 个。跟笔画和整字相比，部件显然是最为理想的。初学汉字者由于缺乏相应的汉字部件的组合能力，常将笔画看成汉字的基本单位，从而造成记忆单位过多。如乙级字"激"，从笔画来看，共有 16 笔，而按部件理论分析，则可以分为"氵""白""方""攵"4 个部件，记忆单位减少了 70%。由此可见，把由若干笔画构成的基本部件作为一个整体的模块来记忆，其记忆量要比记忆笔画少得多。而且教学中可以利用基本部件将汉字进行系联，成串成系列地学习汉字，这样可以提高学习者的汉字记忆效率。然而如何利用这些部件进行教学则是非常重要的[①]。

汉字不仅是历史的现实，而且是共时的系统，汉字的构形是成系统的，它们相互之间发生着网络的联系。汉字自身的系统性和结构的规律性给汉字教学提供了足够的条件，教师的创造性完全可以在科学的基础上体现出来[②]。对于形音义联系的特点及其重要性，艾伟（1949）曾指出：所谓识字是"见形而知声、义，闻声而知义、形"。"故以形为刺激须能引起声、义二反应，以声为刺激须能引

---

① 参见费锦昌. 对外汉字教学的特点、难点及其对策［J］. 北京大学学报（哲学社会科学版），1998（3）；王宁. 汉字构形理据与现代汉字部件拆分［J］. 语文建设，1997（3）；石定果，万业馨. 关于对外汉字教学的调查报告［J］. 语言教学与研究，1998（1）；梁彦民. 汉字部件区别特征与对外汉字教学［J］. 语言教学与研究，2004（4）；田艳. 汉语国际传播背景下的泰国汉字教学研究［M］. 北京：中央民族大学出版社，2018：173.

② 王宁. 汉字构形学讲座［M］. 上海：上海教育出版社，2002：99-104.

起形、义二反应。我们阅读的时候，目光注视于字形而引起字声与字义之反应至在听讲之时因闻字声而得字形与字义之反应。在此二种事形之下，反应必须正确，或形声、形义、声形、声义必皆牢固，始为合科识字之条件。有一错误，不能为全识字也。"实验发现，在学习时间相等的情况下，不论在学习后的即时测验还是延时测验中，不论在释形法的学习还是在同音法的学习中，结果都是形义联系比形声联系的效果好，表现为见形释义的成绩比见形忆声的成绩更好。在汉字学习中，形—音和形—义都可以形成联想，在即时测验中，两种联想的强弱无差异；两周后，形义联想较形音联想持久。在字形呈现后，如解释其意义，则较不解释意义保持较久；释义不仅有利于形义联想，而且有利于形音联想；一个联结较弱的字若长期不用，则形音联想先破坏，然后是形义联想，但不会完全消失。当形义联想消失之后，形音联想就不再起作用。而且，从我们前面的分析可以看出，东盟国家汉语学习者的汉字学习中字形作用比较突出，所以我们应首先充分利用汉字意符和形义联系的规律性进行汉字教学。

鲁川（2003）在国家语言文字应用"十五"科研项目——汉语基因工程理论中提出了有关根字和字族的系统网络理论，这对于我们以意符、音符、根字为纲为学习者编织一个个汉字知识网络是一个很好的启示①。

（1）利用汉语的"字"具有灵活的"可拆装性"建立"字族"。

这里以根字（意符）"车"为例建构一个小的系统并进行汉英对比：

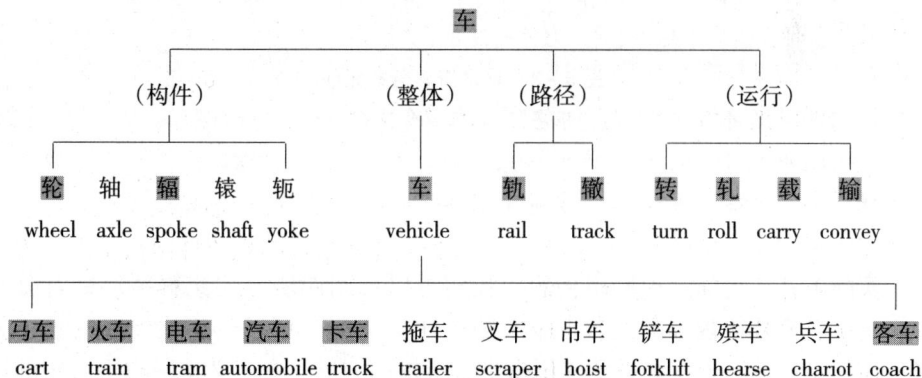

图 8-1　"车"的汉英对比

注：带阴影的字词为汉字等级大纲和词汇等级大纲内的字词。

（2）利用根字建立构件汉字的网络系统（根字统辖与其相关的字族）。

---

① 鲁川. 汉语的根字和字族：面向知识处理的汉语基因工程 [J]. 汉语学习，2003（3）：1-9.

现代汉语的根"字"是在《3 500 常用字表》之内的常用字，并且是有较强的"构字能力"和"构词能力"的汉字。如果一个常用字作为"字符"所构成的"合成字"在《7 000 通用字表》中达到或超过 4 个（其中 2 个以上为常用字），此字即为"根字"。（还有一种"根字"是"不成字的字符"，给出其"名称"）

主要作意符的 140 个"根字"可以反映出"基本概念分类系统"：

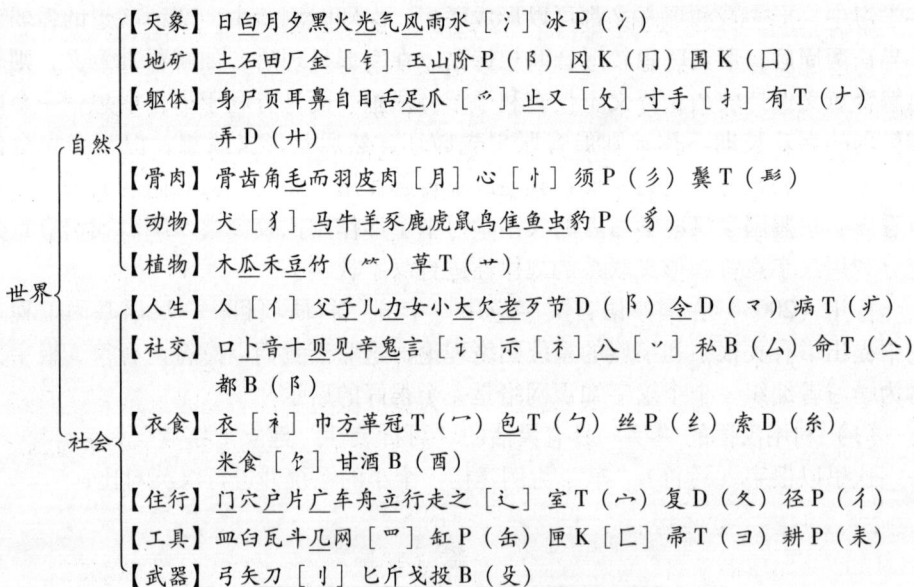

【天象】日白月夕黑火光气风雨水［氵］冰 P（〉）
【地矿】土石田厂金［钅］玉山阶 P（阝）冈 K（冂）围 K（囗）
【躯体】身尸页耳鼻自目舌足爪［爫］止又［攵］寸手［扌］有 T（𠂇）弄 D（廾）
【骨肉】骨齿角毛而羽皮肉［月］心［忄］须 P（彡）髟 T（髟）
【动物】犬［犭］马牛羊豕鹿虎鼠鸟隹鱼虫豸 P（豸）
【植物】木瓜禾豆竹（⺮）草 T（艹）
【人生】人［亻］父子儿力女小大欠老歹节 D（阝）令 D（亇）病 T（疒）
【社交】口卜音十贝见辛鬼言［讠］示［礻］八［丷］私 B（厶）命 T（亼）都 B（阝）
【衣食】衣［衤］巾方革冠 T（冖）包 T（勹）丝 P（纟）索 D（糸）米食［饣］甘酒 B（酉）
【住行】门穴户片广车舟立行走之［辶］室 T（宀）复 D（夂）径 P（彳）
【工具】皿白瓦斗几网［罒］缸 P（缶）匣 K（匚）帚 T（彐）耕 P（耒）
【武器】弓矢刀［刂］匕斤戈投 B（殳）

图 8-2　基本概念分类系统

（左侧结构）世界 — 自然、社会；自然含【天象】【地矿】【躯体】【骨肉】【动物】【植物】；社会含【人生】【社交】【衣食】【住行】【工具】【武器】

注：①图中 39 个带下划线的"根字"，既可以作意符，也可以作声符。
②其中 T、D、B、P、K 表示字头、字底、字边、字旁、字框。
（关于声符、标符分类系统，限于篇幅，从略。）

实际上，从上面这种网络构想，我们可以看到许慎《说文解字》部首分类的影子，它充分体现了国人自古以来的"比类取象"和"援物比类"的思维方式；而且与目前对外汉语教学界不少学者所提倡的形、音、义系联教学汉字的思路也不谋而合，似乎说明古人今人在汉字系统的构建方面大体遵循着基本相同的认知规律。这样，我们就可以意符、声符（还有标符）、根字为线索建立起一个个形音义有机联系的系统，便于学习者掌握汉字系统的规律性，从而避免孤立地死记硬背。从学习者偏误情况的分析中我们也可以看出，学习者自己似乎也在极力探寻汉字的这种规律性。当然，这仅仅是一个网络的框架，构建一个这样的可用于对外汉语教学的系统需要深厚的汉字学知识，同时还必须根据字频统计、汉字等级大纲和教学进度等做大量的研究工作，进行精心设计、合理剪裁；而且这样的系统的使用还必须以学习者掌握一定量的汉字、对汉字具备了一定的感性认识和理性认识为前提。一些经过历史演变，理据性很差或者理据性已丧失的字也需要另作处理。但我们相信，这样的一个个系统在适当的时候应用于教学必将有助于学习者把零碎的汉字知识条理化、系统化，而且可能对于汉语的词汇教学产生非同寻常的积极影响。

（三）高级阶段，加强形近字、音近字、形音皆近字的比较辨析与练习

如前文所述，形近字、音同音近字是汉字习得过程中易于产生混淆、出现偏误的重要类别，因而在汉字教学中需要予以特别的关注。汉字中的形近字、音同音近字的总量不少，即使中国的汉语母语者也常常在这方面出现所谓的"错白字"错误，对于汉字二语习得者而言，无疑更具有难度。仅以同音字为例，据周健（2007）统计，现代汉语中读"yi"的就有 177 个，读"ji"的有 163 个，读"yu"的有 139 个，读"zhi"的有 128 个，读"li"的有 133 个，读"xi"的有130 个。

对于形近字、音近字、形音皆近字教学究竟如何处理？先教授哪些字，后教授哪些字？哪些字宜排列在一起教？这些究竟应该集中教学还是分散教学？到底哪种教学方法效果更好？学界进行了一些实证研究。而其中形近字的数量最多，值得特别关注。

1. 形近字（或称形似字）①

关于形似字的数量，张静贤在《现代汉字教程》（1992）一书中列出了一份现代常用汉字形似字表。杜智群编了一本《形近易误字八百组》（1984），这两本书都为我们列出了很多容易认错的形似字。形似字是指字形相似而意义不同的汉字。看起来这个概念容易理解，但是不同的人有时对具体的汉字之间的形似关系的看法是不完全一致的。比如，有的学生认为"车"和"东"是容易记错的形似字，而有的人则不会有这样的感觉。限于篇幅，此处仅以 HSK 中 800 个甲级字为范围，找出其中全部的形似字进行分析。

（1）形似字的特点分析。

根据平时学生错误的字例和笔者自己的判断，找出了 HSK 800 个甲级字的形似字共 135 组，其中涉及甲级字中至少 200 个汉字，也就是说，甲级字中有四分之一的汉字有着形似问题。

为什么有这么多形似字？形似字产生的原因何在？学界的主要观点有以下几种。

---

① 参见胡文华. 汉字与对外汉字教学［M］. 上海：学林出版社，2008：201－202，232－242.

①因为汉字字体演变而形成的形似字，这一类形似字很多都是独体字。如"干"和"千"，古字本来完全不同，"干"甲骨文、金文字形为象形字，像一顶端有叉的长柄工具，本义是指古人打猎时的一种工具，后发展为防卫武器，作用类似于后来的盾，因此后来专指防御性武器，如"干戈"。"千"字的古字形像在一侧立的人形腿部加一短横之形，假借作数词，表示十百。千还表示多，如"千方百计"。我们一看古字形就知道这是两个不同的汉字，随着汉字的隶定，楷书的字形变成了形似字。这样的形似字还有户—尸（丁）、牛—午、己—已、见—贝（丁）等（括号中的丁指的是 HSK 汉字等级大纲中的丁级字，下同）。

②因为汉字的简化而形成的形似字。如"历"和"厉"，繁体字分别写作"歷/曆"和"厲"，简化后变成了形似字，这样的形似字还有杂—朵（乙）、让—认、备—各、火—灭、边—这、厂—广、乐—东、旧—归（丙）、车—东、休—体等。

③因为汉字的造字法形成的形似字。汉字最早是取象造字的，对于有形可像的事物，造出象形字当然不难，如"山、水、日、月、人、目、牛、羊、木"等。有的概念比较抽象，古人便用指事、会意、形声，甚至假借的方式来造字，对于已有的字形，古人本着节约的原则，合理利用，如"太"和"大"，"今"和"令"，"代"和"化"，"夫"和"天"等。

有很多同音形似字是因为汉语中有很多同音节词，体现在汉字的字形上，就用声旁相同、形旁不同的方式来造字。如"话—活""练—炼""晴—睛""跟—根"等。

像"啊—阿""成—城""倒—到""彩—采""安—按"这类形似字，严格地说，是由于我们大脑对这些汉字的认知模糊而形成的形似字，由于它们之中有一个是另一个汉字的分化字，发音相同，意义上又有关联，容易在使用中出错。

关于形似字的分类，有以下几种。

①从形似字的结构来看，有独体形似字、合体形似字和形似部件。

独体形似字的差别在于笔画的一些组合差异，如白—百—自、半—丰、办—为、必—心、厂—广、车—东、刀—力—刃（丁）、丢—去、电—申（丙）、夫—失（乙）、儿—几、干—千、风—凤（丁）、工—土、户—尸、互—五、真—直、目—日、术—木、牛—午、办—为、气—乞（丁）、今—令（乙）、己—已、见—贝（丁）、每—母、而—面、处—外、重—童（乙）等；合体字从字形来看，一般是结构相同，其中的某个部件不同，如爱—受、备—各、间—闻、体—休、朋—明、杂—朵（乙）、让—认等。

另外还有形似部件的问题，如："阝—卩""广—疒""宀—穴""亻—彳""攵—夂""辶—廴""臽—舀""免—兔""衤—礻"等，不少形似部件是字体隶定后造成的，如"礻—衤""亻—彳""攵—夂"等部件。

②从形似字的表意来看，形似字似乎不能反映汉字以形别义的特点。两个形似的字却要表达完全不同的意义，这对学习汉字的人来说是个障碍。但是形似字之所以存在，有它以形变义、以声别义的规律，形似字在很大程度上体现了古人造字时充分考虑到了汉语本身的特点，古汉语是以单音节为主的，同音词很多，而且同音词中还存在音近义通的现象。

形似字中，能够区分两个形似字的最大因素还是在于字形所代表的音义差异，我们判定两个形似字为不同的汉字，是因为它们之间小小的差异带来了音义的截然不同。如"体"和"休"，字形的差异仅仅在于一笔，但是"亻＋本"和"亻＋木"的组合所表示的音义完全不一样。合体形似字的区别要素主要不在于那简单的一笔一画，而在于能辨义别音的那些部件。如"练"和"炼"的差异在于"纟"和"火"表达的义类范畴不同。所以尽管它们发音相同，但是我们凭借两个不同的形旁，可以区分其意义。"目"和"日"，我们看字形，就能想到眼睛和太阳，尽管字形已经不像真正的眼睛和太阳的样子，这说明"目"和"日"两个字形积淀了从造字之初就有的意义信息，我们根据这个信息判断它们的读音分别是 mù 和 rì。

③从形似字的字音来看：独体形似字一般仅仅是形似，音完全不同，意义当然也不一样。这类形似字，只能根据字形表达出意义信息来记忆。从合体形似字的字音来看，有同音形似字与异音形似字两种，同音形似字有的是声旁相同，形旁不同，如板—版（乙）、把—吧、喝—渴、很—恨（乙）等。异音形似字有的是声旁不同，形旁相同，如暖—暖；有的是结构的貌似，如我—找、备—各、各—名、困—因等。

有很多形似字，如买—卖、帮—邦（丁）、搬—般、彩—采（乙）等，它们之间本身就有形音义的联系，这样的汉字常常是在原有的汉字上增加形旁而成的，字音也就相同或相近，这在训诂学上应该算同源关系了。

（2）区分形似字的关键。

①区分形似字的关键在于分清形似字字形差异背后所体现的音义信息。

对于形似字，我们要知晓形似的原因，掌握字形记载的核心音义。这里说的核心音义是指这个字形在运用中常常使用的音义，有时可能是造字时的字形本义，如"木、车、亻、氵、扌"等一些充当形旁的部件字形一般都表示造字本义；有时可能是字形后来的引申义，如"取"的造字本义是战争中以手割取敌人左耳来记功，在"娶"中用的就是引申义了；有的甚至是假借义，如"东""我"等。对于独体形似字，字形承载的音义是非常重要的区分线索。对合体形似字也一样，如"折"和"析"都是会意字，"折"古字形是以斤（斧子）砍断草木，小篆字形变成从"扌"从"斤"，表示折断；"析"字从木从斤，意思是以斤劈开木头，后发展为"分析"之义。

再比如"导"和"异"，不同点在于下面的部件"寸"和"廾"，有"寸"的字，意思跟手有关；有"廾"的字，意思跟两只手同时使用有关。这两个汉字也是因简化而形似的，我们如果理清它们的字形来源和部件的形义关系，对理解这两个汉字也有帮助。

②对合体形似字，首先将结构分析清楚，找出结构上的差异。

如"我"和"找"，一个为独体字，一个为左右结构的合体字；"切"和"功"虽然都是左右结构的形声字，但其组合部件各不相同。分清结构层次，有助于我们认清形声字的字形差异。

同音形似字要注意以形辨义，如"蓝"和"篮"，"快"和"块"，"恨"和"很"等。这些形声字仅仅形旁不同，学生很容易误看或误解，教师在教学中要注意引导辨析。

③对形似字的部件，要熟悉它们的表意或表音特点。

这样在见到形声字时，能根据这些部件的表意、表音特点判断形似字的差异。如"马"这个字，音 mǎ，意思指马这种动物。在"吗、妈、骂"等字中，"马"只是充当了表音部件，在合体字中的位置也非常灵活；而在"骑、笃、驶"中，"马"又成了表意部件。再比如，"我"字在别的合体字中一般只充当表音部件，有"我"的合体字字音一般都为 e，如"俄、鹅、饿、峨、娥"等。熟悉汉字部件的表意、表音规律，对判断形似字的形音义是有很大帮助的。如熟悉了"采、成、景、及、冒"等汉字的表音特点，就不难区分"彩、城、影、极、帽"了。

④要熟悉形似字的常用语境。

两个形似字容易混淆，但它们各自出现的语境常常是不同的，常用语境可以帮助我们区分形似字的音义。如"末"和"未"，我们当然知道从字形的表意方面去区分，但是我们还可以从"周末"和"未来"来区分这两个汉字的差别，如"周末"表示一周的最后一天，过完了，所以"末"的第二横更短，而"未来"还有很长的一段路，所以"未"的第二横更长（这当然是随字设景的俗解，但有利于记忆）。

（3）形近（似）汉字教学中的相应策略。

汉字也被称为可以阅读的文字。王宁在《汉字构形讲座》（2001）中说："汉字构形的最大特点是它根据所表达的意义来构形，因此，汉字形体总是携带着可供分析的意义信息。"

从形似字的特点我们不难看出，汉字的字形承载着记录汉语词音义的重大责任，形似字字形背后的音义信息在学生眼里就成了密码，一旦他们掌握了汉字字形结构以及字形表意和表音的规律，有了相应的汉字字感以后，对形声字的困惑也就自然会减少。形似字涉及汉字中传统"六书"中所说的象形字、指事字、会意字、形声字等。教师在汉字教学中应该注意形似字的教学，注意随时抓住可能的机会，教学生领会形似字之间的差异。

在初级汉字课上，教师可以有意识地安排甲级字中形似字的学习。无论是独体的还是合体的，要做到循序渐进地出现，当一组形似字学过之后，就要设计相关的巩固练习，帮助学生形成区分形似字的能力。

如：

①给出几组形似字，要求学生给每个汉字写出拼音和至少两个常用词。

例如：各_____（拼音）_____（常用词）

　　　名_____（拼音）_____（常用词）

②给出一组形似字以及拼音，请学生在下面给出的常用词空格处填上适当的汉字。

例如：（析 xī　折 zhé）：分_____　_____叠

　　　　　　　　　　　　打_____

　　　（湿 shī　温 wēn）：打_____　_____暖

　　　　　　　　　　　　_____润　_____度

　　　（坐 zuò　座 zuò）：请_____　_____位

　　　　　　　　　　　　一_____山　_____车

　　　　　　　　　　　　讲_____

③改错字练习（教师给出常用词或句子，其中有一些学生常常写错的汉字，让他们找出错字，写出正确的汉字，从而加深对这些汉字的运用）。

例如：a. 竞争　竞然（竞、竞）

　　　b. 天气遂渐凉起来了。（逐）

　　　c. 这个孩子非常玩皮。（顽）

　　　d. 星期五下午有蓝球比赛。（篮）

④可以写出一些包含形似字的句子或段落，请学生朗读。

a. 我从未想过他周末会来看大家。

b. 他跟别人不一样，喜欢喝牛奶。

c. 你可以向警察问路。

d. 陈老师的脸一阵红一阵白。

e. 口渴了，就喝冰箱里的水。

在综合课上，针对学生常常出现的错误，抓住同音形似字的差别进行讲解。

如"历"和"厉"两个汉字，既是形似字，又是同音字，学生常常会用错，如"经历"写成"经厉"，"日历"写成"日厉"，而"厉害"又写成"历害"，"严厉"写成"严历"，这样错的学生一定不知道这两个汉字的形义区别，教师可以从字形一直解剖到常用词或更多语境，让学生明白这两个汉字的意义所在。"历"是形声字，"厉"不是，但二者都是简化字，所有跟"历"有关的常用词或语境都跟时间、经过有关，如"历史、历时、学历、经历、阅历、日历、历历在目"等；而"厉"中的"万"是由"萬"简化而来的，"萬"的古字形就是蝎子的形状，所以"厉"字取蝎子在"厂"下，当然让人生畏，因此跟"厉"有关的常用词或语境都离不开严厉、严肃之意，如"厉害、严厉、厉兵秣马、色厉内荏"等，给学生讲清这两条意义线索，而且贯穿一些常用词，相信学生以后再使用这两个汉字时，脑子里不会再是一团浆糊糊。

在口语课上，针对学生因为形似字的障碍而出现的错误，及时引导和培养学生以形辨义的能力。如学生常常在口语课上说"我的生 huà"，让他写下来，是"话"，听他说明，原来他要说的是"我的生活"，为什么会出现这样的误差？可能是因为中国人在写这些汉字时，行书的写法居多，"讠"写出来的效果与"氵"差不多。由此我们可以联想到学生们"渴"与"谒"、"汁"与"计"、"洋"与"详"不分等类似的错误。这就告诉我们，教师在板书时要特别注意这样的汉字，尤其是在学生学习新的汉字时，最好不要写行书，因为那样不利于学生理解汉字的笔画、笔顺和结构。学生如果知道"话"跟"活"是不同的汉字，教师在学生写错这两个字的时候，应帮助他们区分二者的差异："话"的左边是"讠"，有这个部件的汉字意思都离不开用嘴说，都跟语言表达有关，因此我们常常说"说话、话语、话说……""一番话"等；"活"字的左边是"氵"，意思是"水"，作形旁时一定出现在左边，有这个部件的汉字意义都跟水有关，"活"本来的意思是河水流动的声音，后来引申指流动的、有生命的，大概生命也在于运动不息，所以有"活着"，另外现在常常用的词有"生活、活动、干活、活水、活灵活现、活学活用"等。学生从形的差异上了解了两个汉字意义的不同，相信以后在运用这两个形似字时，会减少出错的概率，至少不会写出"生话"（应为"生活"）这样的错词了。

在写作课上，注意收集对学生因形似字问题而时常写错的案例，从字形的表音表意规律到常用语境进行集中讲解，并设计巩固练习。如在写作课上，学生会将"昨天"写成"作天"，把"汽车"写成"气东"。看来他们对"作"和"昨"、"气"和"汽"、"车"和"东"的使用场合还很模糊。教师首先要确认学生对这些形似字单独出现时掌握的情况，如让学生读出这些汉字的发音，让他们组词。要强化讲解"作"跟人有关，要人去作，所以形旁是"亻"，而"昨"

跟时间有关，跟日子有关，左边的形旁是"日"。告诉学生这些形似字的常用词，"作"有"工作、写作、作为"等，"昨"有"昨天、昨夜、昨晚"等；"汽"有"汽水、汽车、汽油"等，"气"有"生气、氧气、人气"等。"车"和"东"都是简化汉字，所表示的意思和字音完全不同，可以用古字形帮助学生记忆这两个汉字。

形似字的客观存在和字形背后的音义信息使得我们在汉字的教学中可以从汉字字形所表达的意义入手，让学生学会从字形的意义到字音再到字的使用去认知汉字，通过许多形似字的辨析练习，让学生逐渐掌握判别形似字差异的方法，从而获得一种汉字的认知能力和学习能力。对形似字的教学应该贯穿于汉语教学的整个过程。

以下为 HSK 甲级常用字中存在的形似字（以甲级字为主线）：

1. 啊—阿（乙） 2. 爱—受 3. 把—吧 4. 白—百—自 5. 班—斑

6. 搬—般 7. 板—版 8. 半—丰 9. 办—为 10. 帮—邦（丁）

11. 抱—饱 12. 报—服 13. 杯—坏 14. 备—各 15. 被—披

16. 本—木 17. 比—化 18. 必—心 19. 边—这 20. 便—使

21. 别—另（乙） 22. 彩—采（乙） 23. 参—叁（丁） 24. 厂—广

25. 车—东 26. 成—城 27. 处—外 28. 吹—次 29. 磁—滋（丁）

30. 代—化 31. 但—旦（丙） 32. 刀—力—刃（丁） 33. 倒—到

34. 导—异 35. 第—弟 36. 电—申（丙） 37. 丢—去

38. 懂—董（丁） 39. 反—后 40. 风—凤（丁）

41. 夫—天—失 （乙） 42. 儿—几 43. 负—贝（丁） 44. 干—千

45. 哥—歌 46. 各—名 47. 跟—根 48. 工—土 49. 观—欢

50. 孩—该 51. 海—海 52. 喝—渴 53. 何—向—问 54. 很—恨（乙）

55. 候—侯 56. 互—五 57. 户—尸（丁） 58. 话—活

59. 火—灭（乙） 60. 而—面 61. 极—及 62. 已—己 63. 计—汁

64. 记—纪 65. 驾—架 66. 睛—晴 67. 久—文 68. 间—闻

69. 见—贝（丁） 70. 建—健 71. 结—给 72. 今—令（乙）

73. 紧—系 74. 九—几 75. 酒—洒（乙） 76. 旧—归（丙）

77. 决—诀 78. 棵—颗（乙） 79. 快—块 80. 困—因

81. 蓝—篮 82. 乐—东 83. 历—厉 84. 例—列（乙） 85. 俩—两

86. 练—炼 87. 凉—谅 88. 了—子—于（乙） 89. 买—卖 90. 毛—手

91. 冒—帽 92. 没—设 93. 每—母 94. 民—尼 95. 门—们

96. 朋—明 97. 目—日 98. 那—哪 99. 牛—午 100. 暖—暖（纲外）

101. 平—苹 102. 气—乞（丁） 103. 气—汽 104. 切—功

105. 且—旦（丙）　　106. 清—请—情　107. 让—认　108. 师—帅

109. 术—木　110. 束—束（纲外）　　111. 思—恩　112. 太—大

113. 特—持　114. 体—休　115. 往—住　116. 我—找　117. 误—娱（丙）

118. 安—按（乙）　119. 宜—宣（乙）　　120. 以—从　121. 阴—阳

122. 影—景（乙）　　123. 园—圆　124. 远—运　125. 尤—龙（乙）

126. 杂—朵（乙）　127. 政—改　128. 支—枝　129. 中—申（丙）

130. 重—童（乙）　　131. 着—看　132. 昨—作　133. 坐—座

134. 真—直　135. 背—脊（丁）

　　曾凡雪（2019）的实证研究也给我们提供了启示。实验选取了 5 组形近字（①吹、欢、软、次、欣，②笛、油、宙、袖、抽，③著、奢、暑、煮、堵，④烧、绕、挠、浇、晓，⑤折、拆、诉、析、所），5 组音同、音近字（①相、乡、象、响、香，②附、服、复、福、付，③经、净、景、惊、晴，④愿、远、院、圆、园，⑤易、意、谊、忆、移）［其中一级汉字 24 个（次、吹、欢、油、诉、所、浇、服、福、复、经、景、净、响、相、香、象、乡、易、意、园、院、远、愿），二级汉字 22 个（折、拆、堵、付、附、晴、绕、烧、暑、惊、晓、欣、袖、移、忆、煮、著、抽、圆、软、析、谊），三级汉字 4 个（挠、宙、奢、笛）］。实验结果显示：形近字和音同、音近字集中教学与分散教学在教学效果上存在显著性差异，其中分散教学的效果显著优于集中教学①。每次教学将 5 个形近字放在一起集中进行教学，汉字之间的相似性在极大程度上影响到学习者的识别与记忆。当然，这与实验对象都是初级汉语学习者有一定的关系。因为初级阶段的汉语学习者尚未形成对汉字的整体认识，大量字形相似的汉字在视觉识别中造成了冲击。人对汉字的辨认通常经历由整体到部分最后再到整体的过程。在识别汉字的初期阶段，学习者往往会将注意力集中在汉字整个形体上而忽略了其细微的差别②。而且这项研究仅仅局限于生字的学习，属于对汉字学习短时记忆效果的一种研究。如果将形近字、音近音同字放在高级学习阶段、复习阶段，或者学习生字时以形近字、音近音同字的旧字进行比较学习新字，特别是在学习者掌握了一定量的汉字和较为系统的汉字知识之后，集中教学的效果理论上来讲应该优于分散教学，有待于更进一步的实验验证。陈宝国、宁爱华（2005）已证明了存在"同音词效应"，即汉字字形的激活与汉字频率高低和语音、字形有很大关联。学习者易理解的、常用的形近字、音近字可先学习，初期可以将生

　　① 曾凡雪. 形近及音近、音同汉字集中与分散教学效果差异实证研究［D］. 广州：暨南大学，2019：56.

　　② 曾凡雪. 形近及音近、音同汉字集中与分散教学效果差异实证研究［D］. 广州：暨南大学，2019：27.

字按照音、形、义的重要程度分散呈现，针对高级阶段形近、音近别字增多的情况，除了注重汉字的理据性教学之外，可以适当加强汉字的对比教学，把形似字、音近音同字集中呈现，放在一起教授，这种看似机械的方法事实上既可查缺补漏，也可以旧带新、防患于未然①。还可以编制一些相关练习，增强刺激，巩固效果。如历—厉、恋—变、幻—幼、蓝—篮、抢—抡、脑—胸、卷—券、代—伐、怕—拍、拔—拨、辨—辩、已—己—巳、折—拆—析、检—捡—拣、哀—衷—衰，等等。

2. 音近字

音近字主要分为声母相同字、韵母相同字和声韵母均相同的字，其中声韵母均相同的字因为语音的区别度低容易导致别字。这类字主要采取音符系联的策略进行教学，可以把同（近）音字分为若干个系列，对独体音近字在构形上的差异进行比较（如"心—兴、生—升"），对于合体字特别是其中的形声字，除了声符的构形比较外，更重要的是可以通过突出形符构形及表意差异进行区分（如"说—所、逛—旷、到—道"）。

3. 形音皆近字

如上所述，形音皆近因为复合了音和形两方面的相似性，使得辨识和记忆难度比前两者都更大、更易混淆，因而在教学这类字时可以在前两者教学的基础上，综合形近字和音近字的教学对策进行强化教学。

4. 繁、简体字教学

东盟国家华文媒体华文教材均存在着繁简字并存的情况。受其影响，这些国家汉语学习者的汉字偏误中也存在一定比例的繁体字（甚至异同字）情况，在汉字教学过程中应本着"写简识繁"的原则，适时归纳总结，处理好繁简字的关系问题。

四、"教无定法，殊途同归"——灵活运用各种对策与方法

应根据不同的教学阶段和汉字的不同属性，选择不同的教学策略。识字教学的具体方法和切入点可以灵活选择。汉字教学的方法不应当是一元化的，不但在不同阶段需要不同的方法，对属性不同的字也要选择不同的策略来教。如初级积累阶段，在教传承独体字（日、月、木等）时，可以采用古文字作背景，沟通物象、古代象形字和楷书。而对黏合独体字（如兼、共）就不宜用这种办法；又如对理据明晰度高的会意合成字，可以个体为单位，多用字理讲解法，而对形声字，则宜用上述的系统归纳法；再如对表音度比较高的声符系统（如方—访、

---

① 陈宝国，宁爱华. 汉字识别中的同音字效应：语音影响字形加工的证据［J］. 心理学探新，2005（4）：35－39，55.

防、房、放、仿、芳、妨、坊、肪），可以利用声符系统成批讲解，而对表音度差的声符系统就不宜用这种办法。

五、适应信息化需要，开发使用汉字学习 App 辅助汉字学习

在信息时代和互联网日益普及的背景下，由互联网技术、电脑手机 App 开发技术创造出来的汉字学习 App 成为一种新型汉字学习工具，具有便捷性、灵活性、实用性等特质。虽然目前已有的汉字学习 App 种类繁杂，内容形式多样，但并没有受到教师应有的重视。孙玥（2020）就外国汉语学习者使用汉字学习 App 的情况进行了调查研究，具体分析了 train Chinese、I learn Chinese、ELCC、Zizzle、Daily Manderin 五款汉字学习 App 的使用情况，发现超过九成的学习者使用过并愿意使用汉字学习 App，App 的学习效果得到了大部分学习者的认可；优质的汉字学习 App 具有内容丰富、功能强大、形式多样的特点，目前的汉字学习 App 仍存在不能与教材形成优势互补、内容同质化严重、学习者使用过程中注意力容易分散的问题。基于调查研究和教学实验，孙玥提出：①应该设计教材"对口"App，使 App 与教材形成优势互补；在教学内容的表现方面应充分利用"可视化"多媒体资源，刺激学习者的多种感官系统；在功能开发方面，在已有功能基础上，应完善包括交互功能、语音评分功能、免打扰功能等。②教师应充分了解 App 的各项功能再开始 App 辅助教学，将课上教学与课下练习相结合，以加深汉字记忆，同时需注意学习者的主观感受，不强制其使用 App 辅助学习。③学习者可充分利用碎片化时间通过 App 进行汉字学习，提高学习专注力，抵制手机其他功能的诱惑，持之以恒地学习汉字。

参考文献

一、专著

1. 艾伟. 汉字心理 [M]. 北京：中央大学出版组，1949.

2. 蔡昌卓，杨林. 东盟教育 [M]. 桂林：广西师范大学出版社，2009.

3. 郭熙. 华文教学概论 [M]. 北京：商务印书馆，2007.

4. 国家对外汉语教学领导小组办公室汉语水平考试部. 汉语水平词汇与汉字等级大纲 [M]. 北京：北京语言学院出版社，1992.

5. 国家对外汉语教学领导小组办公室. 高等学校外国留学生汉语长期进修教学大纲 [M]. 北京：北京语言文化大学出版社，2002.

6. 胡文华. 汉字与对外汉字教学 [M]. 上海：学林出版社，2008.

7. 黄锦章，刘焱. 对外汉语教学中的理论和方法 [M]. 北京：北京大学出版社，2004.

8. 梁志明，梁英明. 近现代东南亚（1511—1992）[M]. 北京：北京大学出版社，1994.

9. 柳燕梅，刘华. 东南亚华文媒体用字用语研究 [M]. 广州：暨南大学出版社，2015.

10. 罗美珍. 东南亚相关民族的历史渊源和语言文字关系研究 [M]. 北京：中国社会科学出版社，2013.

11. 吕必松. 汉字与汉字教学研究论文选 [M]. 北京：北京大学出版社，1999.

12. 吕叔湘. 语文常谈 [M]. 北京：生活·读书·新知三联书店，1980.

13. 田艳. 汉语国际传播背景下的泰国汉字教学研究 [M]. 北京：中央民族大学出版社，2018.

14. 周士琦. 实用解字组词词典 [M]. 上海：上海辞书出版社，1986.

15. 王宁. 汉字构形学讲座 [M]. 上海：上海教育出版社，2002.

16. 温广益. "二战"后东南亚华侨华人史 [M]. 广州：中山大学出版社，2000.

17. 徐彩华. 汉字认知与汉字学习心理研究 [M]. 北京：知识产权出版社，2010.

18. 徐通锵. 基础语言学教程［M］. 北京：北京大学出版社，2001.

19. 于维雅. 东方语言文字与文化［M］. 北京：北京大学出版社，2002.

20. 张旺熹. 对外汉语本体教学概论［M］. 北京：商务印书馆，2013.

21. 赵元任. 语言问题［M］. 北京：商务印书馆，1980.

22. 周健. 汉字教学的理论与方法［M］. 北京：北京大学出版社，2007.

23. 周健，彭小川，张军. 汉语教学法研修教程［M］. 北京：人民教育出版社，2004.

24. 周南京. 世界华侨华人词典［M］. 北京：北京大学出版社，1993.

25. 周有光. 汉字声旁便查［M］. 北京：语文出版社，1979.

26. NOSS, RICHARD B. An overview of language Lssues in South-east Asia 1950—1980［M］. Oxford：Oxford University Press，1984.

二、论文

1. 安然，单韵鸣. 非汉字圈学生书写汉字及修正过程的个案研究［J］. 暨南大学华文学院学报，2006（3）.

2. 安然，单韵鸣. 非汉字圈学生的笔顺问题：从书写汉字的个案谈起［J］. 语言文字应用，2007（3）.

3. 安藤亮大. 留学生汉字书写错误的综合考察与成因分析［D］. 北京：北京语言文化大学，2000.

4. 安雄. 谈对外"理性识字法"的构造［J］. 世界汉语教学，2003（2）.

5. 白乐桑. 汉语教材中的文、语领土之争：是合并，还是自主，抑或分离［J］. 世界汉语教学，1996（4）.

6. 白双法. 据理识字："字理识字法"初探［J］. 山西大学学报（哲学社会科学版），1997（1）.

7. 北京语言大学"外国学生错字别字数据库"课题组. "外国学生错字别字数据库"的建立与基于数据库的汉字教学研究［J］. 语言教学与研究，2006（4）.

8. 卞觉非. 汉字教学：教什么？怎么教？［J］. 语言文字应用，1999（1）.

9. 陈宝国，宁爱华. 汉字识别中的同音字效应：语音影响字形加工的证据［J］. 心理学探新，2005（4）.

10. 陈兵. 新加坡和印度尼西亚语言政策的对比研究及其启示［J］. 东南亚研究，2009（6）.

11. 陈羿竹，傅亚庶. 关于"六书"理论应用在对外汉字教学中的研究［J］. 湖北民族学院学报（哲学社会科学版），2014（2）.

12. 陈绂. 谈对欧美留学生的字词教学 [J]. 语言教学与研究, 1996 (4).

13. 陈慧, 王魁京. 外国学生识别形声字的实验研究 [J]. 世界汉语教学, 2001 (2).

14. 陈慧. 外国学生识别形声字错误类型小析 [J]. 语言教学与研究, 2001 (2).

15. 陈俊羽. 对外汉语初级阶段汉字教学重要性初探 [J]. 云南师范大学学报 (对外汉语教学与研究版), 2003 (6).

16. 陈若芬. 马来西亚和印度尼西亚语言政策探析 [D]. 广州: 暨南大学, 2006.

17. 陈文博. 中亚留学生汉语学习重"音"轻"字"现象分析 [J]. 语言与翻译, 2008 (2).

18. 陈曦. 关于汉字教学法研究的思考与探索: 兼论利用汉字"字族理论"进行汉字教学 [J]. 汉语学习, 2001 (3).

19. 陈瑛. 外国汉语学习者汉字偏误研究 [D]. 上海: 华东师范大学, 2011.

20. 程朝晖. 汉字的教与学 [J]. 世界汉语教学, 1997 (3).

21. 崔瑶, 魏晶. 文化视角下中国—东盟的交流与发展 [J]. 海南热带海洋学院学报, 2018 (1).

22. 崔永华. 从母语儿童识字看对外汉字教学 [J]. 语言教学与研究, 2008 (2).

23. 杜同惠. 留学生汉字书写差错规律试析 [J]. 世界汉语教学, 1993 (1).

24. 费锦昌. 对外汉字教学的特点、难点及其对策 [J]. 北京大学学报 (哲学社会科学版), 1998 (3).

25. 冯丽萍. 汉字认知规律研究综述 [J]. 世界汉语教学, 1998 (3).

26. 冯丽萍. 外国留学生汉字读音的识别规律与汉字教学原则 [J]. 唐山师范学院学报, 2002 (4).

27. 冯丽萍, 卢华岩, 徐彩华. 部件位置信息在留学生汉字加工中的作用 [J]. 语言教学与研究, 2005 (3).

28. 冯丽萍. 外国留学生汉字正字法意识及其发展研究 [J]. 云南师范大学学报, 2006 (1).

29. 高立群, 孟凌. 外国留学生汉语阅读中音、形信息对汉字辨认的影响 [J]. 世界汉语教学, 2000 (4).

30. 高立群. 外国留学生规则字偏误分析: 基于中介语语料库的研究 [J].

语言教学与研究，2001（5）.

31. 耿红卫. 二十一世纪海外华文教育的挑战与展望［J］. 船山学刊，2005（3）.

32. 龚剑超. 基于汉字国际传播的东盟国家汉字教学推进策略研究［J］. 文化创新比较研究，2020（4）.

33. 管春林. "字本位"与"词本位"教学方法结合质疑：兼与刘颂浩先生商榷［J］. 暨南大学华文学院学报，2008（4）.

34. 郭熙. 域内外汉语协调问题刍议［J］. 语言文字应用，2022（3）.

35. 郝美玲. 留学生汉字正字法意识的萌芽与发展［J］. 世界汉语教学，2007（1）.

36. 郝美玲，舒华. 声旁语音信息在留学生汉字学习中的作用［J］. 语言教学与研究，2005（4）.

37. 郝美玲，张伟. 语素意识在留学生汉字学习中的作用［J］. 汉语学习，2006（1）.

38. 郝美玲，刘友谊. 留学生教材汉字复现率的实验研究［J］. 语言文字应用，2007（2）.

39. 郝美玲，范慧琴. 部件特征与结构类型对留学生汉字书写的影响［J］. 语言教学与研究，2008（5）.

40. 洪丽芬. 马来西亚语言教育政策的变化及对华人的影响［J］. 八桂侨刊，2008（9）.

41. 洪柳. "一带一路"背景下东盟国家汉语教育发展研究［J］. 河北师范大学学报（教育科学版），2018（2）.

42. 侯慧奇. 基于无缝学习理念的汉语学习 App 对比分析和调查研究［D］. 南京：南京师范大学，2017.

43. 贾颖. "字本位"与对外汉语词汇教学［J］. 汉语学习，2001（4）.

44. 姜安. 对外汉字初级教材评价研究［D］. 北京：北京语言大学，2007.

45. 江健. 东南亚国家语言教育政策的发展特征及趋势［J］. 比较教育研究，2011（9）.

46. 姜丽萍. 基础阶段留学生识记汉字的过程［J］. 汉语学习，1998（2）.

47. 江新，赵果. 初级阶段外国留学生汉字学习策略的调查研究［J］. 语言教学与研究，2001（4）.

48. 江新. 外国学生形声字表音线索意识的实验研究［J］. 世界汉语教学，2001（2）.

75. 江新，柳燕梅. 拼音文字背景的外国学生汉字书写错误研究［J］. 世界汉语教学，2004（1）.

49. 江新. 汉字频率和构词数对非汉字圈学生汉字学习的影响［J］. 心理学报，2006（4）.

50. 江新，赵果，黄慧英，等. 外国学生汉语字词学习的影响因素：兼论《汉语水平大纲》字词的选择与分级［J］. 语言教学与研究，2006（2）.

51. 江新. "认写分流、多认少写"汉字教学方法的实验研究［J］. 世界汉语教学，2007（2）.

52. 蒋尊国. 东南亚国家华文教育之比较研究［J］. 东南亚纵横，2005（8）.

53. 柯彼得. 汉语拼音在国际汉语教学中的地位和作用［J］. 世界汉语教学，2003（3）.

54. 郦青，王飞华. 字本位与对外汉语教学［J］. 西南民族大学学报（人文社科版），2004（6）.

55. 李宝贵. 汉字理据性与对外汉字教学［J］. 汉字文化，2005（1）.

56. 李芳杰. 字词直通、字词同步［J］. 语言教学与研究，1998（1）.

57. 李大遂. 汉字理据的认识、利用与维护［J］. 华文教学与研究，2011（2）.

58. 李大遂. 从汉语的两个特点谈必须切实重视汉字教学［J］. 北京大学学报（哲学社会科学版），1998（3）.

59. 李大遂. 简论偏旁和偏旁教学［J］. 暨南大学华文学院学报，2002（1）.

60. 李大遂. 中高级留学生识字量抽样测试报告［J］. 暨南大学华文学院学报，2003（2）.

61. 李大遂. 对外汉字教学发展与研究概述［J］. 暨南大学华文学院学报，2004（2）.

62. 李大遂. 突出系统性　扩大识字量：关于中高级汉字课的思考与实践［J］. 语言文字应用，2004（3）.

63. 李大遂. 汉字的系统性与汉字认知［J］. 暨南大学华文学院学报，2006（1）.

64. 李大遂. 汉字系统性研究与应用［J］. 语言文字应用，2007（3）.

65. 李大遂. 关系对外汉字教学全局的几个问题［J］. 暨南大学华文学院学报，2008（2）.

66. 李大遂. 中高级汉字课教学新模式实验报告［J］. 语言文字应用，2011（3）.

67. 李开. 论常用汉字的语像和习得［J］. 南京大学学报（哲学·人文科

学·社会科学版)，1998 (3).

68. 李力红，刘宏艳，刘秀丽. 汉字结构对汉字识别加工的影响 [J]. 心理学探新，2005 (1).

69. 李谋. 泰国华文教育的现状与前瞻 [J]. 南洋问题研究，2005 (3).

70. 李平. 对外汉语初级阶段随文识字类汉字教材的个案研究：以《汉语阅读教程》(修订本)(一、二) 为例 [D]. 合肥：安徽大学，2010.

71. 李蕊. 留学生形声字形旁意识发展的实验研究 [J]. 语言教学与研究，2005 (4).

72. 李蕊. 对外汉语教学中的形声字表义状况分析 [J]. 语言文字应用，2005 (2).

73. 李蕊. 声旁规则性对留学生形声字输出能力的影响 [J]. 云南师范大学学报 (对外汉语教学与研究版)，2008 (6).

74. 李蕊. 汉字学习策略的介入性研究 [J]. 云南师范大学学报 (对外汉语教学与研究版)，2009 (5).

75. 李蕊，叶彬彬. 语文分进的对外汉字教学模式初探 [J]. 学术探索，2012 (4).

76. 李香平. 对外汉字教学中的字理阐释 [J]. 暨南大学华文学院学报，2008 (1).

77. 李香平. 当前留学生汉字教材编写中的问题与对策 [J]. 汉语学习，2011 (1).

78. 李香平. 留学生高级班汉字课汉字知识教学与教材编写研究 [J]. 语言教学与研究，2008 (4).

79. 李香平. 对外汉字教学中的"新说文解字"评述 [J]. 语言教学与研究，2006 (2).

80. 李运富. "六书"性质及其价值的重新认识 [J]. 世界汉语教学，2012 (1).

81. 李妍. 论根据汉字的特点指导对外汉字教学 [D]. 延边：延边大学，2007.

82. 李阳琇. 影响新加坡双语教育政策的若干因素分析 [J]. 江西师范大学学报 (哲学社会科学版)，2000 (4).

83. 梁彦民. 汉字部件区别特征与对外汉字教学 [J]. 语言教学与研究，2004 (4).

84. 刘丽萍. 笔画数与结构方式对留学生汉字学习的影响 [J]. 语言教学与研究，2008 (1).

85. 刘建梅，许嘉璐．对外汉语教学中的汉字教学研究［J］．语言文字应用，2004（3）．

86. 刘颂浩．对外汉语教学中的多样性问题［J］．暨南大学文学院学报，2006（4）．

87. 刘永山．汉字笔画的写法及常见错误分析［J］．世界汉语教学，1990（1）．

88. 柳燕梅．从识记因素谈汉字教材的编写原则［J］．汉语学习，2002（2）．

89. 刘泽海．路径依赖视角下东南亚国家语言教育政策发展趋势研究［J］．大理大学学报，2021（9）．

90. 柳燕梅，江新．欧美学生汉字学习方法的实验研究：回忆默写法与重复抄写法的比较［J］．世界汉语教学，2003（1）．

91. 刘振平，贺丽君．柬埔寨华校华文教育发展的问题及对策［J］．北部湾大学学报，2019（8）．

92. 刘振平，闫亚平，罗庆铭．东盟华文教育的政策的历史演进与深层次动因探赜［J］．北部湾大学学报，2020（7）．

93. 刘振平，杨绪明．"一带一路"背景下新加坡汉语传播现状及策略［J］．海外华文教育，2019（1）．

94. 刘振平，张丽萍．"一带一路"背景下老挝高校汉语教育发展问题探究［J］．北华大学学报（社会科学版），2019（3）．

95. 柳燕梅．汉字教学中部件策略训练效果的研究［J］．语言教学与研究，2009（2）．

96. 柳燕梅．汉字策略训练的必要性、可教性和有效性的实验研究［J］．世界汉语教学，2009（2）．

97. 鹿士义．母语为拼音文字的学习者汉字正字法意识发展的研究［J］．语言教学与研究，2002（3）．

98. 卢小宁．对外汉字教学研究的角度［J］．汉语学习，1998（3）．

99. 卢小宁．关于对外汉语汉字教材的思考［J］．天津外国语学院学报，2001（2）．

100. 鲁川，王玉菊．汉字"示音度"的定量研究：浅谈汉语研究中的"家族论"［J］．汉语学习，2005（3）．

101. 鲁川．汉语的根字和字族：面向知识处理的汉语基因工程［J］．汉语学习，2003（3）．

102. 陆雅茹．零基础对外汉字教材练习研究［D］．上海：复旦大学，2012.

103. 罗庆铭，王岩．"一带一路"视域下菲律宾汉语师资问题探析 [J]．北华大学学报（社会科学版），2019（3）．

104. 吕必松．对外汉语教学概论（讲义）[Z]．国家教委对外汉语教师资格审查委员会办公室，1996．

105. 马明艳．初级阶段非汉字圈留学生汉字学习策略的个案研究 [J]．世界汉语教学，2007（1）．

106. 彭聃龄，王春茂．汉字加工的基本单元：来自笔画数效应和部件数效应的证据 [J]．心理学报，1997（1）．

107. 潘先军．对外汉字教学的层次性 [J]．汉字文化，2005（2）．

108. 孟华．"字本位"理论与汉语的能指投射原则 [J]．语言教学与研究，2001（6）．

109. 彭调鼎．东南亚华文教育的概况及发展前景 [J]．云南教育学院学报，1997（4）．

110. 彭小川，马煜逵．汉语作为第二语言词汇教学应有的意识与策略 [J]．语言文字应用，2010（1）．

111. 齐元涛，符渝．汉字发展中的成字化 [J]．语言教学与研究，2011（3）．

112. 钱学烈．对外汉字教学实验报告 [J]．北京大学学报（哲学社会科学版），1998（3）．

113. 任瑚琏．字、词与对外汉语教学的基本单位及教学策略 [J]．世界汉语教学，2002（4）．

114. 石定果．汉字研究与对外汉字教学 [J]．语言教学与研究，1997（1）．

115. 石定果，万业馨．关于对外汉字教学的调查报告 [J]．语言教学与研究，1998（1）．

116. 施正宇．现代汉字的几何性质及其在汉字教学中的意义 [J]．语言文字应用，1998（4）．

117. 施正宇．论汉字能力 [J]．世界汉语教学，1999（2）．

118. 施正宇．外国留学生形符书写偏误分析 [J]．北京大学学报（哲学社会科学版），1999（4）．

119. 施正宇．外国留学生字形书写偏误分析 [J]．汉语学习，2000（2）．

120. 施正宇．词·语素·汉字教学初探 [J]．世界汉语教学，2008（2）．

121. 施正宇．从汉字教学看对外汉语教学中的本位问题 [J]．民族教育研究，2010（6）．

122. 石传良，罗音．理据识字法是对外汉字教学的重要方法 [J]．云南师范大学学报（对外汉语教学与研究版），2007（2）．

123．孙超．汉字：越南文字的始祖［J］．民俗研究，2002（2）．

124．孙艺菁．对外汉语初级阶段汉字教学研究［D］．南宁：广西大学，2017．

125．孙玥．留学生汉字学习 App 使用情况及教学辅助效果调查研究［D］．南宁：广西民族大学，2020．

126．唐燕儿．东南亚华文教育发展的背景条件［J］．比较教育研究，2000（S1）．

127．田艳．关于对外汉字教学层次性原则的思考［J］．汉字文化，2009（1）．

128．万业馨．略论形声字声旁与对外汉字教学［J］．世界汉语教学，2000（1）．

129．万业馨．汉字字符分工与部件教学［J］．语言教学与研究，1999（4）．

130．万业馨．从汉字识别谈汉字与汉字认知的综合研究［J］．语言教学与研究，2003（2）．

131．万业馨．从汉字研究到汉字教学［J］．世界汉语教学，2004（2）．

132．万业馨．从汉字研究到汉字教学：认识汉字符号体系过程中的几个问题［J］．世界汉语教学，2007（1）．

133．万业馨．略论汉字教学的总体设计［J］．语言教学与研究，2009（5）．

134．万业馨．略论汉语拼音和汉字在对外汉语教学中的位置和关系［J］．世界汉语教学，2012（3）．

135．汪向．泰国中学汉语教学现状调查及对策［J］．语文建设，2012（22）．

136．王爱平．东南亚国家华裔学生语言文化背景调查刍议［J］．华侨大学学报，2001（3）．

137．王爱平，乔印伟，朱蓉玲．语言文化背景与汉语学习：对东南亚华裔学生的调查与思考［J］．海外华文教育，2002（3）．

138．王碧霞，李宁，种国胜，等．从留学生识记汉字的心理过程探讨基础阶段汉字教学［J］．语言教学与研究，1994（3）．

139．王国庆，陈香．汉字与对外汉语词汇教学［J］．北方语言论丛，2011（0）．

140．王海峰．国际汉语传播背景下的汉字教学实践：以对韩汉字教学为例［J］．汉字文化，2018（24）．

141．王汉卫．精读课框架内相对独立的汉字教学模式初探［J］．语言文字应用，2007（1）.

142. 王汉卫，苏印霞. 论对外汉语教学的笔画［J］. 世界汉语教学，2012
（2）.

143. 王汉卫，刘静，王士雷. 笔素与汉字的难度序［J］. 语言教学与研究，
2013（2）.

144. 王汉卫，苏印霞，李冬萍. 外向型检字法初探［J］. 语言文字应用，
2012（3）.

145. 王建勤. 外国学生汉字构形意识发展模拟研究［D］. 世界汉语教学，
2005（4）.

146. 王静. 记忆原理对汉字听写训练的启示［J］. 语言教学与研究，2001
（1）.

147. 王骏. 在对外汉语词汇教学中实施"字本位"方法的实验报告［J］.
暨南大学华文学院学报，2005（3）.

148. 王骏. 留学生汉字习得的相关因素研究［J］. 语言教学与研究，2009
（1）.

149. 王骏. 外国人汉字习得研究述评［J］. 华文教学与研究，2011（1）.

150. 王宁. 汉字构形理据与现代汉字部件拆分［J］. 语文建设，1997（3）.

151. 王若江. 由法国"字本位"汉语教材引发的思考［J］. 世界汉语教学，
2000（3）.

152. 王若江. 对法国汉语教材的再认识［J］. 汉语学习，2004（6）.

153. 王瑞烽. 对外汉字教学研究：基础汉语教材的汉字教学内容分析［D］.
北京：北京语言文化大学，2002.

154. 尉春艳，何青霞. 近十年对外汉字教学原则和方法研究综述［J］. 现
代语文（语言研究版），2012（1）.

155. 吴门吉，高定国，肖晓云，等. 欧美韩日学生汉字认读与书写习得研究
［J］. 语言教学与研究，2006（6）.

156. 吴世雄. 认知心理学的记忆原理对汉字教学的启迪［J］. 语言教学与
研究，1998（4）.

157. 武氏春蓉. 略论汉语对越南语的影响［J］. 济南大学学报，2001（5）.

158. 伍巍. 对外汉语教学中的汉字教学探讨［J］. 广州大学学报（社会科
学版），2004（7）.

159. 肖奚强. 汉字教学及其教材编写问题［J］. 世界汉语教学，1994（4）.

160. 肖奚强. 外国学生汉字偏误分析［J］. 世界汉语教学，2002（2）.

161. 谢慧蓉. 初级对外汉字教材对比分析［D］. 成都：四川师范大

学，2012.

162. 谢玲玲. 现行基础汉字教材与古代蒙学教材的比较分析 [D]. 武汉：华中师范大学，2008.

163. 邢红兵.《(汉语水平) 汉字等级大纲》汉字部件统计分析 [J]. 世界汉语教学，2005 (2).

164. 徐彩华. 汉字教学中的几个认知心理问题 [J]. 北京师范大学学报 (人文社会科学版)，2000 (6).

165. 徐彩华. 外国留学生汉字分解水平的发展 [J]. 世界汉语教学，2007 (1).

166. 徐彩华，刘芳，冯丽萍. 留学生汉字形误识别能力发展的实验研究 [J]. 语言教学与研究，2007 (4).

167. 徐彩华. 整字速示条件下留学生汉字形误监控特点的研究 [J]. 汉语学习，2009 (6).

168. 徐彩华，邓园. 形符不表义的高频汉字的加工特点：来自启动实验的探索 [J]. 语言文字应用，2011 (1).

169. 徐通锵."字"和汉语研究的方法论：兼评汉语研究中的"印欧语的眼光"[J]. 世界汉语教学，1994 (3).

170. 徐通锵. 中西语言学的结合应以字的研究为基础 [J]. 语言文字应用，1998 (1).

171. 徐子亮. 汉字背景与汉语认知 [J]. 汉语学习，2003 (6).

172. 严奉强，陈鸿瑶. 东南亚华文教育：现状、问题与对策 [J]. 深圳大学学报 (人文社科版)，2006 (4).

173. 杨开昌，何顺超."六书"理论在对外汉语汉字教学中的作用 [J]. 河套大学学报，2010 (3).

174. 杨夷平，易洪川. 浅析识字教学的对内、对外差别 [J]. 世界汉语教学，1998 (2).

175. 杨月蓉. 论对外汉字教学中字与词的关系 [J]. 重庆工商大学学报 (社会科学版)，2010 (1).

176. 杨作为. 泰国汉语教育的过去、现在与将来 [J]. 东南亚研究，2003 (5).

177. 姚敏. 现代汉字理据研究在对外汉语教学中的应用 [J]. 语言教学与研究，2011 (2).

178. 尹秀娟. 近十年来对外汉字教学研究综述 [J]. 安徽科技学院学报，2008 (6).

179. 尤浩杰. 笔画数、部件数和拓扑结构类型对非汉字文化圈学习者汉字掌握的影响 [J]. 世界汉语教学, 2003 (2).

180. 余又兰. 谈第二语言的汉字教学 [J]. 世界汉语教学, 1999 (1).

181. 俞云平. 90 年代东南亚国家华文教育政策的新变动 [J]. 南洋问题研究, 1995 (2).

182. 尉万传. 东南亚华裔留学生汉字偏误综合考察 [D]. 广州: 暨南大学, 2004.

183. 尉万传. 泰国华文教育若干问题管窥 [J]. 云南师范大学学报, 2007 (1).

184. 尉万传. 近二十年对外教学研究综述 [J]. 国际汉语学报, 2016 (1).

185. 尉万传. 近二十年汉字习得认知过程研究 [J]. 海外华文教育, 2019 (1).

186. 曾凡雪. 形近及音近、音同汉字集中与分散教学效果差异实证研究 [D]. 广州: 暨南大学, 2019.

187. 曾志朗, 洪兰. 阅读中文字: 一些基本的实验研究 [J]. 中华心理学刊, 1978 (20).

188. 张斌, 张莉, 胡云莉. 进一步促进中国—东盟人文交流路径研究 [J]. 东南亚纵横, 2018 (6).

189. 张春凤. 把直读法引入"集中识字"教学 [J]. 语文建设, 1993 (3).

190. 张凤麟. 谈集中识字教学 [J]. 汉语学习, 1997 (6).

191. 张德鑫. 关于汉字文化研究与汉字教学的几点思考 [J]. 世界汉语教学, 1999 (1).

192. 张德鑫. 从"词本位"到"字中心": 对外汉语教学的战略转移 [J]. 汉语学报, 2006 (2).

193. 张积家, 张厚粲. 汉字认知过程中整体与部分关系论 [J]. 应用心理学, 2001 (3).

194. 张积家, 王惠萍. 声旁与整字的音段、声调关系对形声字命名的影响 [J]. 心理学报, 2001 (1).

195. 张积家, 王惠萍, 张萌, 等. 笔画复杂性和重复性对笔画和汉字认知的影响 [J]. 心理学报, 2002 (5).

196. 张健. 马来西亚华人文化认同之汉字影响研究 [D]. 重庆: 西南大学, 2014.

197. 张景业. 构建全方位的对外汉字教学格局 [J]. 外语与外语教学, 2001 (6).

198. 张静贤. 谈谈对外汉语教学中的汉字课 [J]. 语言教学与研究, 1986 (1).

199. 张静贤. 关于编写对外汉字教材的思考 [J]. 语言教学与研究, 1998 (2).

200. 张朋朋. 词本位教学法和字本位教学法的比较 [J]. 世界汉语教学, 1992 (3).

201. 张朋朋. 谈"字本位"的内涵 [J]. 汉字文化, 2005 (4).

202. 易嵘. 对外汉语教学中的汉字教材研究 [D]. 西安: 陕西师范大学, 2007.

203. 张朋朋. 语文分开、语文分进的教学模式 [J]. 汉字文化, 2007 (1).

204. 张熙昌. 论形声字声旁在汉字教学中的作用 [J]. 语言教学与研究, 2007 (2).

205. 赵果, 江新. 什么样的汉字学习策略最有效: 对基础阶段留学生的一次调查研究 [J]. 语言文字应用, 2002 (2).

206. 赵金铭. 汉语作为第二语言教学: 理念与模式 [J]. 世界汉语教学, 2008 (1).

207. 赵金铭. 初级汉语教学的有效途径: "先语后文"辩证 [J]. 世界汉语教学, 2011 (3).

208. 赵金铭. 现代汉语词中字义的析出与教学 [J]. 世界汉语教学, 2012 (3).

209. 郑继娥. 汉字的理据性与汉字教学 [J]. 华东师范大学学报 (哲学社会科学版), 1998 (6).

210. 周健. 分析字词关系　改进字词教学 [J]. 语言文字应用, 2010 (1).

211. 周健, 尉万传. 研究学习策略　改进汉字教学 [J]. 暨南大学华文学院学报, 2004 (1).

212. 周健. "汉字难学"的分析与对策 [J]. 汉字文化, 1998 (2).

213. 周健. 留学生汉字教学的新思路 [J]. 暨南学报, 1998 (2).

214. 朱宇. 再谈电子抽认卡对美国汉语初学者汉字记忆的影响 [J]. 世界汉语教学, 2010 (1).

215. 朱志平, 哈丽娜. 波兰学生暨欧美学生汉字习得的考察、分析和思考 [J]. 北京师范大学学报 (社会科学版), 1999 (6).

216. 朱志平. 汉字构形学说与对外汉字教学 [J]. 语言教学与研究, 2002 (4).

217. ZHU Y. Effects of digital voiced pronunciation and stroke sequence animation on character memorization of CFL learners [J]. Journal of the Chinese language teachers association, 2005, 40 (3): 49-70.

附录一　二语汉字教学方法和教学活动示例

1. 展示汉字①

展示汉字就是把汉字展现给学生看，要求简单明晰。常用方法如下：

（1）板书展示。

板书展示即教师把要学习的汉字书写在黑板上，达到介绍的目的。这是最常用也是最方便的方式。它的好处是不仅可以展示汉字，还能展示汉字的书写过程。应该说在教学任何一个汉字的时候都要用到它。

在最初接触汉字的时候，板书过程尤为重要，因为这时候汉字的音、形、义、笔画名称、笔画顺序甚至运笔的方式等对于学习者来说都是要学习的东西。

比如要学习"个"，教师的板书要伴随着讲解（以英语为例）：

个，gè，a measure word. How to write it? 撇、捺、竖，gè，一个人、一个学生……

初期的板书，汉字一定要清楚，字要大，速度要慢，让学生能看清楚每一笔。有时需要板书一系列字，根据不同的目的和需要，有多种方式可以采用：

●以笔画为系。讲解基本笔画时，势必给出含有该笔画的例字，此时采用这种方式：

横：一、二、三

竖：十、工、上、下

竖钩：水、月、门

●以结构为系。讲解合体字的基本结构时，要采用这种方式：

左右结构：你、汉、的

上下结构：字、是、点

●以部件为系。归纳部件时，要采用这种方式：

十：什、南、支

ナ：左、右、有、友、在

讠：说、话、语、认、识

---

① 周小兵，李海鸥．对外汉语教学入门［M］．广州：中山大学出版社，2004：243－245.

●同音字。

gōng：工、公、宫

yī：一、医、衣

●形似字或形似部件。

千—干　办—为　处—外　我—找　老—考

欠：欢、歌　攵：收、放、教、数

总之，以板书展示汉字十分灵活，可以根据需要设计多种展示方式。具体操作时，可以采取以旧带新、归纳、演绎等多种方法。而且这些展示汉字的方式不仅适合于教新的知识，也可以用于复习。

（2）图片展示。

图片展示汉字生动而直观，尤其适用于字义容易以图画描摹的汉字，一目了然，省去了很多讲解意义的过程。比如雨、雪、哭、笑、山、林等。

（3）卡片展示。

用同一张卡片的正反两面分别展示形、音、义，如正面写着用汉字和拼音，反面写着相应的英文。

利用卡片的好处是灵活机动，利于多方式反复操练，方便复习。主要适用于初期的认读教学，书写方法还需要板书来补充。

（4）多媒体动画演示。

由于当代电脑、平板和手机等电子产品的普及，运用多媒体动画来全方位多维度展示汉字（包括汉字静态构成和动态演变）会更加形象全面地展示汉字的各种属性。

这种方法主要适用于初级和中级水平学习者。

2. 闪现记字①

用汉字卡片将一个没见过的字在学生面前闪现一秒钟（时间还可以渐短）以后，让学生马上默写下来。要求学生在看到汉字时小声读出部件，如出示"念"字时，说出"今、心"；出示"谢"字时，说出"言（讠）、身、寸"（若没学过"寸"，但可记住它是"对"字的右边）。学生熟练以后还可以扩大到词汇，如"同志""词典""桌子"……

需要注意的是，在初教汉字时，要特别注意部件教学。使用这种方法，学生在短短的一秒钟内，眼睛与大脑的活动十分紧张，效果比较显著。教初级汉语时，每课的汉字都可以超前进行，大部分学生都能做到过目不忘。此法可以提高初级阶段的汉字教学效率，培养学生正确分解、合成汉字的能力，提高阅读速度。

---

① 周健. 汉语课堂教学技巧与游戏［M］. 北京：北京语言文化大学出版社，1998：17.

这种方法主要适用于初级水平学习者。

3. 笔顺比赛①

教师先讲解汉字的一般笔顺规则：

（1）先上后下：二、旦、星、章、军、叁；

（2）先左后右：汉、阳、明、打、谢、啪；

（3）先横后竖：十、干、击、王、拜；

（4）先撇后捺：人、八、入、分、参；

（5）上、左上包围的，先写包围：同、周、风、问、用、庆；

（6）下、左下包围的，后写包围：凶、过、山、幽；

（7）全包围的，先进入，后封口：国、园、田、目、团、围；

（8）先中间，后两边：办、小、水、木、永、兼；

（9）点在上、左上，先写点：门、头、斗、义；

（10）点在右，后写点：犬、代、或、玉；

（11）点在中央，后写点：瓦；

（12）横在中间，且比较突出时后写横：女、丹、册。

上述的笔顺只是一般的原则，由于汉字结构复杂、形体变化多样，不同字的笔顺只是上述原则的综合运用，不一定完全如此。然后教师把一批笔顺容易出错的汉字印发给学生，让学生根据要求写出或用红色笔描出每个汉字的指定笔画，限时完成，看谁正确率高。

例如，可选用如下汉字：

（1）水②（　　）　　　（2）化③（　　）　　　（3）为③（　　）

（4）与②（　　）　　　（5）考⑤（　　）　　　（6）北②（　　）

（7）车③（　　）　　　（8）皮②（　　）　　　（9）长②（　　）

（10）方③（　　）　　　（11）及②（　　）　　　（12）奶④（　　）

（13）火②（　　）　　　（14）讯④（　　）　　　（15）凸③（　　）

（16）出③（　　）　　　（17）贯③（　　）　　　（18）重⑧（　　）

（19）脊④（　　）　　　（20）敝⑤（　　）　　　（21）爽②（　　）

（22）登④（　　）　　　（23）非④（　　）　　　（24）晨⑥（　　）

（25）典⑤（　　）　　　（26）辆④（　　）　　　（27）再④（　　）

（28）瓜③（　　）　　　（29）幽③（　　）　　　（30）插⑥（　　）

这些字的笔顺连中国人都不容易写正确，教师平时教汉字时要特别注意提醒学生关注笔画、重视笔画。

---

① 周健. 汉字教学理论与方法［M］. 北京：北京大学出版社，2007：149－150.

参考答案：（1）横折撇；（2）撇；（3）横折钩；（4）竖折折钩；（5）横；（6）横；（7）横；（8）撇；（9）横；（10）横折钩；（11）横折折撇；（12）横折折钩；（13）撇（右上方的短撇）；（14）横；（15）竖（左边下方）；（16）竖（中间长竖）；（17）竖（上方中间的短竖）；（18）横；（19）点（上边的笔顺是先写左边的点和提，再写右边的撇和点，最后写中间的人）；（20）竖（左边中间的长竖）；（21）撇（爽先写横，再从左到右写四个"╳"，最后写"人"）；（22）撇（登的右上角先写两撇，再写捺）；（23）横；（24）撇；（25）竖（上方右边的竖）；（26）提（注意与单独的"车"字笔顺不同）；（27）竖（中间的竖）；（28）竖提（中间的）；（29）撇折（先写中间一竖，再写左边的幺）；（30）竖。

这种方法主要适用于初级和中级水平学习者。

4. 形近偏旁辨析①

教师先故意在黑板上写两个错字：把"效"字里的反文写成"欠"，再把"纸"的右边写成"氐"。然后分析一下这几个字："饮""欢""歌""漱""欣""欺""歉"，它们是饮酒的"饮"，欢笑的"欢"，歌唱的"歌"，漱口的"漱"，欣喜的"欣"，欺骗的"欺"，道歉的"歉"，这些字都含有"欠"旁，因为这些动作都和嘴有关，"欠"的甲骨文写法是"𣢆"，就是张开嘴打哈欠的样子。而"效"和嘴没有关系，应当是反文旁。"攵"（或"攴"）是表示行为动作的，所以在"收""政""故""效""教""敏""敢""敬""散""数"这些字中都是"攵"旁，不能写成"欠"旁。

再来看"纸"（zhǐ），读音跟它的声旁"氏（shì）"比较接近；而"氐"念"di"，凡是含有"氐"的字大都念"di"，比如"底下（dǐxià）""抵抗（dǐkàng）""低头（dītóu）""诋毁（dǐhuǐ）""中流砥柱（zhōngliúdǐzhù）""官邸（guāndǐ）"等。明白了字理，学生以后写"氏"和"氐"就不会乱加"点"或忘记"点"了。

形近偏旁的误写，中国人也常常发生，关键是弄清楚形旁的含义和声旁的读音。讲解时虽可能有一些字学生学过，但放在一起讲，学生容易理解，有助于他们把握形声字的组合规律、扩大识字量和词汇量。

这种方法适用于中级水平学习者。

5. 形声字归类②

先向学生介绍形声字的基本知识。形声字就是一个由形旁（具有表意作用）

---

① 周健. 汉字教学理论与方法［M］. 北京：北京大学出版社，2007：171－172.

② 周健. 汉字教学理论与方法［M］. 北京：北京大学出版社，2007：169－170.

和声旁两个部分组成的字。如"湖"字，"氵"（三点水）是形旁，表示与水有关；"胡"字是声旁，表示这个汉字的读音。占总数 80% 以上的汉字都是形声字，掌握了形声字的构造方法，就掌握了汉字的主要特点。形声字按形旁、声旁的位置可以分为以下几种类型：

（1）左形右声，如：城；

（2）右形左声，如：功；

（3）上形下声，如：花；

（4）下形上声，如：梨；

（5）内形外声，如：闷；

（6）外形内声，如：围。

然后要求学生把以下汉字进行归类：

情、战、雾、闻、想、描、盒、府、宇、期、松、效、怒、裹、园、景、切、珠、简、衷。

答案为：左形右声的：情、描、松、珠；

右形左声的：战、期、效、切；

上形下声的：雾、宇、景、简；

下形上声的：想、盒、怒；

内形外声的：闻；

外形内声的：府、裹、园、衷。

学生掌握了形声字的构造知识以后，每次遇到生字，教师都可以提问。还要适时告诉学生由于汉字的长期演变，有些形声字的声符已经不能准确表音了，有的是所谓"省声"等。可列举：问；歼、忏、纤；豹（貌省声）。

这种方法适用于中级和高级水平学习者。

6. 改错别字①

下列成语或词语中都有一个错别字，要求学生找出错别字并把正确的汉字写在括号中。

（1）哀声叹气（唉）　（2）横度长江（渡）　（3）明知固犯（故）

（4）撒销处分（撤）　（5）坠落腐化（堕）　（6）流览一遍（浏）

（7）计日成功（程）　（8）翻复无常（反）　（9）意义深粤（奥）

（10）搬门弄斧（班）　（11）义不容词（辞）　（12）防碍交通（妨）

（13）按装机器（安）　（14）语无仑次（伦）　（15）风糜一时（靡）

（16）浪废金钱（费）　（17）认识夫浅（肤）　（18）甜言密语（蜜）

---

① 周健. 汉字教学理论与方法 [M]. 北京：北京大学出版社，2007：116 – 117.

（19）自寻烦脑（恼）　（20）英雄气慨（概）　（21）赤搏上阵（膊）

（22）令人恐布（怖）　（23）沤心沥血（呕）　（24）嗜酒成僻（癖）

（25）沾污清白（玷）　（26）残无人道（惨）　（27）打架斗欧（殴）

（28）必恭必敬（毕）　（29）调以轻心（掉）　（30）情不自尽（禁）

（31）感情融恰（洽）　（32）随声付和（附）　（33）巧装打扮（乔）

（34）性格崛强（倔）　（35）一巧不通（窍）　（36）倾刻之间（顷）

（37）声音宏亮（洪）　（38）痴心忘想（妄）　（39）记忆尤新（犹）

（40）通霄不眠（宵）

改正这些错别字需要具有较高的汉字水平。教师可以布置此练习作为开放作业，学生可以通过查字典词典来确定答案。对于其中的典型错误，教师可以适当讲解。

常见错误类型有多音字（如"差"）、形似字（如撼—憾）、形声字（尤其是声旁读音有变化的字，如"酗"）、同音字（事故—世故）、生活中常用错的字（必竟—毕竟）等。注意音随义转的规律，如"自怨自艾"和"方兴未艾"。区别形似字的形旁，应多考虑形似字的形符所表达的含义（碧—壁—璧—臂—擘—譬）。注意表面上似乎讲得通的词，如"百尺杆（竿）头"。

这种方法适用于高级水平学习者。

7. 口诀巧记形近字①

根据汉字的构字规律，对形近字编"顺口溜"口诀进行字形教学，既有趣味性，又有启发性，符合学习者认知特点，学生喜闻乐见。如，

（1）两字组：

渴—喝：渴了要喝水（氵），喝水要用嘴（口）。

晴—睛：有日天就晴，有目是眼睛。

（2）三字组：

已—己—巳：全堵巳（sì），半堵己（yǐ），一点不堵是个己（jǐ）。

钓—钩—钧：钓一点鱼，钩两点重，钧中弯心。

（3）四字组：

银—跟—根—很：有金存银行，有足跟着跑，树木根连根，双人就是很。

（4）五字组：

戌—戍—戊—戒—戎：横戌（xū）点戍（shù）戊（wù）中空，戒（jiè）字去竖就念戎（róng）。

---

① 周健. 汉字教学理论与方法［M］. 北京：北京大学出版社，2007：166－167.

（5）六字组：

墓—幕—摹—慕—蓦—暮：有土可做坟墓，有布可做幕布。有手可以临摹，有心令人羡慕。马跳蓦地一惊，日落天色已暮。

（6）七字组：

泡—袍—跑—炮—饱—刨—抱：有水吹泡泡，有衣做旗袍，有足飞快跑，有火能点炮，有食能吃饱，用刀把木刨，伸手来拥抱。

此法建立在学生对汉语字词有一定积累的基础之上，可以按层次选择形近字的数量进行比较。教学前，可先把需要辨别的形近字并排写在黑板上，让学生观察其异同，说出它们的差异所在，并把各字的不同部分用彩笔标出。待学生对其差别有所了解之后，教师就可带领学生进行"顺口溜"教学。教学时，要让学生切实明白"顺口溜"是如何对每个字进行解释的，需要注意的部分要重读，且用彩笔标出。

此法也可以用于汉字部首识别练习。如：

有日天就_____，有目是眼睛。（晴—睛）

有金存_____行，有_____跟着跑，树木根连根，双人就是_____。（银—跟—根—很）

有水吹泡泡，有_____做旗袍，有足飞快_____，有火能点_____，有_____能吃饱，用_____把木刨，伸手来拥抱。（泡—袍—跑—炮—饱—刨—抱）

教师注意引导学生仔细观察，进行思考识记，达到区分形近字的效果。

这种方法适用于中级和高级水平学习者。

8. 同音字练习①

汉字中的同音字多，在教学中可经常进行同音字的辨析，以防止学习者因为字音影响而导致的偏误（特别是别字）。

（1）可先做找同音字练习。如：

shí：石、时、十、实、识、食、拾、什……

lì：力、历、厉、励、立、利、例、丽……

jiàn：见、件、间、建、健、键、荐、贱、剑、渐、践、鉴、箭……

yì：义、亿、艺、忆、议、异；易、抑、译、役、益、意、谊、毅、翼……

（2）再做"同音辨义"的练习，选择容易混淆的字，要求学生组词。如：

{ 块——一块钱（蛋糕）
{ 快——愉快，快慢

---

① 周健，彭小川，张军. 汉语教学法研修教程［M］. 北京：人民教育出版社，2004：184 – 186.

晴—晴天
睛—眼睛

力—力量，权力（power）
利—利益，权利（right）

青—青年，年青（处在青少年时期）
轻—轻重，年轻（年纪小）

记—记忆，忘记
纪—纪念，纪律

报—报名，报复（打击批评自己或损害自己利益的人）
抱—抱歉，抱负（远大的志向）

杨—杨树
扬—扬手，飞扬

板—黑板
版—出版

拦—拦路，阻拦
栏—栏杆，栏目

（3）进一步可以做"编句子"练习，要求把两个同音字编在一个句子里。如：

才、材：刚才我和小明去买木材。

汉、汗：他一口气写了五百个汉字，手都出汗了。

报、抱：他爸爸抱着一大捆报纸进来了。

慕、幕：我真羡慕参加开幕式表演的同学。

（4）做"成语填空"纠正同音造成的错别字。如：

（下划线的字是正确的字，括号里是别字）

出类拔萃（粹）　　按部（步）就班　一筹（愁）莫展

原形毕（必）露　谈笑风生（声）　　出奇制（致）胜

再接再厉（励）　声名狼藉（籍）　　前仆（扑）后继

礼尚（上）往来　首（手）屈一指　　喧（宣）宾夺主

记忆犹（尤）新　披星戴（带）月　　仗义执（直）言

此类练习的目的在于帮助学习者有效辨析和记忆同音字（和音形皆近的字）。这种方法适用于中级和高级水平学习者。

9. 正字训练①

正字训练指的是使用规范化、标准化的汉字，纠正学生书写中出现的错别字和不规范汉字。汉字书写错误种类很多，可以出现多个层面上，大致可以在以下几个方面进行训练：

（1）笔画错误。

由于汉字笔画多（平均 10.8 画），字形复杂，外国学习者对细微处和近似处常常不注意区分，易造成错误，写得不成字（非字）。例如：把"长"的下边写成"衣"或"畏"字的下边，把"夂"写成"夂"，把"含"的上边写成"令"，把"楚"的下边写成"是"的下边等。有时还会写出一些中国人不可能出现的错误，如把"扌"和"小"字下边的钩弯向右方，把"亻"下边的钩弯向左方，"皮"字上边的横钩不写，把"感"字中腹的"一口"写成"口一"，在"不"字上加点等。

在初学汉字阶段，由于还没有建立起汉字的"字感"，对常用笔画的笔形和部件的结构规律还不熟悉，容易出现一些"荒唐"的错误。教师要选取学生常见的典型错字，写在黑板上，用彩笔纠正，也可以叫其他同学加以纠正。在初始阶段，不必多讲汉字知识，重点应放在引导学生观察笔画结构的细微处，写好基本部件方面。

（2）笔顺错误。

通常只有在学生当场写字时才能看出他们笔顺错误，但通过错别字分析，我们也能发现有些错字是由于笔顺不正确导致的，比如有的学生把"可"写成"司"字无中间一横，如果按笔顺先写"一"，再写"口"，最后再写竖钩就不会错了；又如"那"字的左边，很多人误写为"月"，这明显也是笔顺错误导致的。可见正确的笔顺不仅能使人写字写得快，写得好看，也容易写得对。笔顺训练绝不是可有可无的。教师教新字时，可让学生到黑板上书写，同时观察其笔顺是否正确，如有错误立即加以纠正。让学生数笔画也是训练正确笔顺的方法之一。对于较为复杂的字，可以用提问的方式如"'越'字的第九笔是哪一画？"这种训练能有效检验学生的笔顺正确与否。

（3）部件组合错误。

部件组合错误是学生对汉字的结构组合规律有了初步的认识，但还未能全面把握汉字形音义关系时犯的错误，也是汉字书写中最为常见的错误。同部件错误组合构成的字，可能是假字或别字。错误的类型大致有以下几种：

①形似意符替代，如把"冷"写成"泠"，把"被"写成"礻"旁，把

---

① 周健，彭小川，张军. 汉语教学法研修教程［M］. 北京：人民教育出版社，2004：194.

"疒"写成"广"，把"春"下边写成"目"，把"笑"下边写成"天"，把"须"左边写成"彡"，以及混淆"钅"与"亻"、"夂"与"辶"等。

②义近意符替代，如把"呼"写成"讠"旁，把"越"写成"辶+戍"，把"糟"写成"亻+曹"，把"跳"写成"辶+兆"，把"广"字头写成"厂"字头，把"女"写成"亻"旁等。

③相关意符替代或类推，如把"挚"写成"心"字底，把"奶"写成"牛+乃"或"女+及"，把"祝"写成"讠+兄"，受到词汇前后语素的影响，把"据说"的"据"写成"讠"旁，把"啤酒"的"啤"写成"氵"旁，把"池塘"写成"氵"旁等。

④意符误用，主要是由于对意符表音作用缺乏认识，常常出现意符部件方面的错误。例如把"懂"写成"忄+重"，把"哼"写成"口+享"，把"通"写成"角+辶"，把"钱"写成"钅+戈"，把"假"写成"亻+段"，把"舒"写成"舍+子"等。

在指出上述部件误用时，教师可根据造字原理给学生讲清楚意符的含义和规范写法，以避免出现类似的错误。

（4）别字。

又叫"白字"，指把甲字写成乙字，这些字本身虽然存在，但用错了地方，所以也是错字的一种。大多数别字是音同或义近的别字，如以下别字例子：

欣赏—欣尝，承认—成认，迫害—破害，刻苦—克苦、课苦，残酷—惨酷，姿态—恣态，分钟—分种，遵守—尊守，安装—按装，幻想—幼想，反映—反应，厉害—利害。

其中的有些词如"反应、利害"等也存在，但用错了地方。

（5）形体不佳。

所谓形体不佳是指那些虽然没有错但写得不好的字。字写得不好看的原因很多，主要是结构比例和笔画部件方面的问题。当一个独体字成为合体字中一个部件时，它的大小形状都要发生相应的变化，例如"女"字在"汝""嫁""嬴"中不仅大小发生了变化，形状方面也是有的长，有的扁，如果仍按独体字的形态写合体字，结构就会显得不匀称。训练的方法是让学生为范字画上结构框架。如"好"，左右相等；"林"虽然左右都是"木"，但要写得左小右大；"谢"左中右三分；"装"下部略大，上部左右相等。然后让学生画出同样的结构图，对照范字填写部件。要注意，框架结构图只是大致的划分，很多笔画都要伸展过"界"的，如"政""夺"等。左右结构的字写得不紧凑，把一个字似乎写成了两个字也是初学者常见的问题。写字还要特别注意的因部件处于不同位置而产生的笔画变形，例如"左收右放"的原则，"林"左边的"木"字的捺要改为点，以便让右边"木"字的一捺得以舒展，这样写稳定有力。部件居左时，下方的横通常要改为提，如，"土—地""鱼—鲜""已—改""厄—顾""孝—教""元—顽""工—巧""里—野""止—歧"等。还有其他细微的笔形变化规律，也要引导学生注意。

这种方法适用于初级、中级、高级水平学习者。

10. 猜字谜①

字谜是中国传统的益智游戏，各地元宵节和中秋节都有灯谜竞猜的活动。字谜用于汉语教学也很有效，可以增加学生对汉字学习的兴趣，提高对汉语字形音义结构的认识。但由于外国学生识字量和对中国文化知识储备的局限，教师要选择难度小、内容有趣的字谜。教师也可以根据所教内容自己编制字谜。教师在字谜比赛前可先给学生讲常见字谜的结构和猜谜的方法。如谜面："你有，他们也有，我没有。"从谜面"你""他们"中共有的部件中可以提出"人（亻）"，所以答案为"人"；再如"天下无人"，"天"字去掉下边的"人"，就剩下"二"字，正是答案；又如谜面："省一半，扔一半。"我们先找出"省"字的一半（少，目），再找出"扔"字的一半（扌、乃），能够组合成字的只有"抄"，这样就找到了谜底；再如"合"字可以拆成"人""一""口"三个字，当我们看到谜面"一人一口"时，我们立刻就能想到谜底是"合"字。下面100条字谜可供汉语或汉字课教学中选用。

（1）山上有座山。（出）

（2）一人站在大门边。（们）

（3）你是我心上人。（您）

（4）一月一日。（明）

（5）月亮跟着太阳走。（明）

（6）一人跟着另一个人走。（从）

（7）一加一。（王）

（8）一人在内。（肉）

（9）镜中人。（人）

（10）在田里出力干活的人。（男）

（11）头上有十顶帽子。（卖）

（12）一箭穿心。（必）

（13）十个哥哥。（克）

（14）开大门，进太阳。（间）

---

① 周健. 汉字教学理论与方法［M］. 北京：北京大学出版社，2007：183.

（15）一口咬掉牛尾巴。（告）

（16）国内。（玉）

（17）真心。（三）

（18）团中央。（才）

（19）写在下面。（与）

（20）birthday（生日）。（星）

（21）自言自语。（记）

（22）家里起火了。（灾）

（23）女生集合。（姓）

（24）鼓掌。（拿）

（25）人在草木中。（茶）

（26）粗细各一半。（组）

（27）哥一半，你一半。（何）

（28）一边打，一边跳。（挑）

（29）取一半，送一半。（联）

（30）说对一半。（讨）

（31）要一半，扔一半。（奶）

（32）找到一半。（划）

（33）一半满，一半空。（江）

（34）半耕半读。（讲）

（35）降价一半。（阶）

（36）上边留一半，下边加一半。（男）

（37）只有一半。（右）

（38）省一半加一半。（劣）

（39）两口子一条心。（串）

（40）炒一半，吃一半。（吵）

（41）没人信。（言）

（42）女儿去了别人家。（嫁）

（43）一家十一口。（吉）

（44）一人一口一只手。（拿，拾）

（45）银行两边。（很）

（46）一只狗，四张口。（器）

（47）又进村中。（树）

（48）半月就发福。（胖）

（49）十月十日。（朝）

（50）少两点还是字。（学）

（51）一上一下，不上不下。（卡）

（52）又在左边，又在右边。（双）

（53）一大二小。（奈）

（54）上面三画小，下面三画大。（尖）

（55）左边一千少一，右边一千多一。（任）

（56）有土成地，有女是她。（也）

（57）一口吃了一多半。（名）

（58）下一个还不是男的。（她）

（59）球王跑了。（求）

（60）还不走，车来了。（连）

（61）才进去，就关门。（闭）

（62）在草上，在湖中。（苦）

（63）人有它大，天没有它大。它是什么字？（一）

（64）日月一起来，不作明字猜。（胆）

（65）有心记不住，有眼看不见。（亡）

（66）运动会上都有它。（云）

（67）有头没尾。（友）

（68）加一等于四。（匹）

（69）怕是不用心。（白）

（70）窝窝头。（穴）

（71）一手推倒山。（扫）

（72）本来就不聪明。（竹）

（73）十字花下。（华）

（74）一人旁边立。（位）

（75）晚去一天。（免）

（76）火烧横山。（灵）

（77）遇水则清，遇日则晴。（青）

（78）零头。（雨）

（79）千口一言。（话）

（80）鞋未沾土。（革）

（81）半软半硬。（砍）

（82）左边一千少些，右边一万多点。（仿）

（83）相差一半。（着）

（84）猜错一半。（猎）

（85）女子组。（好）

（86）手高眼低。（看）

（87）此字谁也写不正。（歪）

（88）自大一点，人人讨厌。（臭）

（89）正在病中。（症）

（90）身高只有一寸长。（射）

（91）从上至下。（坐）

（92）走在刀口下。（超）

（93）牛角边上挂把刀。（解）

（94）上山下厂，干在基层。（岸）

（95）部位相反。（陪）

（96）心上只有我，生怕别人强。（忌）

（97）一天走一里。（量）

（98）三面墙，一面空，小孩子，坐当中。（匹）

（99）一字有千口，人人都得有，如果你不信，请你张开口。（舌）

（100）一个游水，一个吃草，合在一起，味道真好。（鲜）

学生猜对了，教师要给予鼓励，增加学生猜谜的信心和兴趣。有些字谜学生当时可能猜不出来，教师可以提示，也可以留作作业，让学生回头去想。

这种方法适用于高级水平学习者。

附录二 汉字等级大纲

1. 按级别排列的汉字等级大纲（2 864 + 11 + 30 = 2 905）

甲级字（800）

1. 啊	26. 备	51. 层	76. 穿	101. 到
2. 矮	27. 被	52. 茶	77. 船	102. 道
3. 爱	28. 本	53. 查	78. 窗	103. 得
4. 安	29. 比	54. 差	79. 床	104. 的
5. 吧	30. 笔	55. 产	80. 吹	105. 灯
6. 八	31. 必	56. 常	81. 春	106. 等
7. 把	32. 边	57. 长	82. 磁	107. 低
8. 爸	33. 便	58. 厂	83. 词	108. 地
9. 白	34. 变	59. 场	84. 次	109. 第
10. 百	35. 遍	60. 唱	85. 从	110. 弟
11. 摆	36. 表	61. 朝	86. 村	111. 点
12. 班	37. 别	62. 车	87. 错	112. 典
13. 搬	38. 病	63. 晨	88. 答	113. 电
14. 般	39. 播	64. 城	89. 打	114. 店
15. 板	40. 不	65. 成	90. 大	115. 掉
16. 半	41. 布	66. 吃	91. 戴	116. 调
17. 办	42. 步	67. 持	92. 带	117. 定
18. 帮	43. 部	68. 迟	93. 代	118. 丢
19. 包	44. 擦	69. 抽	94. 单	119. 东
20. 饱	45. 才	70. 初	95. 但	120. 冬
21. 抱	46. 彩	71. 出	96. 蛋	121. 懂
22. 报	47. 菜	72. 除	97. 当	122. 动
23. 杯	48. 参	73. 楚	98. 刀	123. 都
24. 北	49. 操	74. 础	99. 倒	124. 读
25. 倍	50. 草	75. 处	100. 导	125. 度

126. 短	160. 父	194. 馆	228. 坏	262. 检
127. 锻	161. 负	195. 惯	229. 欢	263. 简
128. 段	162. 富	196. 广	230. 还	264. 践
129. 对	163. 附	197. 贵	231. 换	265. 见
130. 顿	164. 该	198. 国	232. 黄	266. 件
131. 多	165. 改	199. 果	233. 回	267. 健
132. 饿	166. 概	200. 过	234. 会	268. 建
133. 而	167. 干	201. 哈	235. 活	269. 将
134. 儿	168. 感	202. 孩	236. 火	270. 江
135. 二	169. 敢	203. 海	237. 或	271. 讲
136. 发	170. 刚	204. 寒	238. 基	272. 蕉
137. 法	171. 钢	205. 喊	239. 机	273. 交
138. 翻	172. 高	206. 汉	240. 鸡	274. 脚
139. 烦	173. 搞	207. 好	241. 极	275. 角
140. 反	174. 告	208. 号	242. 集	276. 饺
141. 饭	175. 哥	209. 喝	243. 急	277. 教
142. 方	176. 歌	210. 和	244. 级	278. 较
143. 房	177. 个	211. 何	245. 挤	279. 叫
144. 访	178. 各	212. 合	246. 几	280. 接
145. 放	179. 给	213. 河	247. 己	281. 街
146. 非	180. 根	214. 黑	248. 绩	282. 节
147. 啡	181. 跟	215. 很	249. 技	283. 结
148. 飞	182. 更	216. 红	250. 济	284. 解
149. 分	183. 工	217. 候	251. 寄	285. 姐
150. 丰	184. 公	218. 后	252. 计	286. 界
151. 封	185. 共	219. 忽	253. 记	287. 借
152. 风	186. 够	220. 湖	254. 继	288. 介
153. 夫	187. 姑	221. 互	255. 纪	289. 斤
154. 服	188. 故	222. 户	256. 家	290. 今
155. 福	189. 顾	223. 花	257. 加	291. 紧
156. 辅	190. 刮	224. 画	258. 假	292. 进
157. 府	191. 挂	225. 划	259. 驾	293. 近
158. 复	192. 关	226. 化	260. 坚	294. 睛
159. 傅	193. 观	227. 话	261. 间	295. 精

296. 经	330. 苦	364. 亮	398. 米	432. 旁
297. 静	331. 块	365. 谅	399. 面	433. 跑
298. 净	332. 快	366. 了	400. 民	434. 朋
299. 究	333. 况	367. 零	401. 明	435. 碰
300. 久	334. 困	368. 领	402. 名	436. 批
301. 九	335. 拉	369. 留	403. 母	437. 啤
302. 酒	336. 啦	370. 流	404. 目	438. 篇
303. 旧	337. 来	371. 六	405. 拿	439. 片
304. 就	338. 蓝	372. 楼	406. 哪	440. 漂
305. 局	339. 篮	373. 路	407. 呐	441. 票
306. 橘	340. 览	374. 录	408. 那	442. 苹
307. 桔	341. 劳	375. 旅	409. 奶	443. 平
308. 举	342. 老	376. 绿	410. 南	444. 瓶
309. 句	343. 乐	377. 乱	411. 男	445. 评
310. 觉	344. 累	378. 论	412. 难	446. 破
311. 决	345. 冷	379. 妈	413. 呢	447. 期
312. 咖	346. 离	380. 麻	414. 内	448. 七
313. 卡	347. 理	381. 马	415. 能	449. 其
314. 开	348. 里	382. 嘛	416. 嗯	450. 齐
315. 看	349. 礼	383. 吗	417. 你	451. 骑
316. 康	350. 历	384. 买	418. 年	452. 起
317. 考	351. 利	385. 卖	419. 念	453. 器
318. 棵	352. 例	386. 满	420. 娘	454. 气
319. 科	353. 立	387. 慢	421. 您	455. 汽
320. 咳	354. 力	388. 忙	422. 牛	456. 铅
321. 可	355. 俩	389. 毛	423. 农	457. 千
322. 渴	356. 联	390. 冒	424. 努	458. 钱
323. 克	357. 连	391. 帽	425. 女	459. 前
324. 刻	358. 脸	392. 么	426. 暖	460. 浅
325. 客	359. 炼	393. 没	427. 爬	461. 墙
326. 课	360. 练	394. 每	428. 怕	462. 桥
327. 空	361. 凉	395. 妹	429. 拍	463. 切
328. 口	362. 两	396. 门	430. 排	464. 且
329. 哭	363. 辆	397. 们	431. 派	465. 亲

466. 青	500. 社	534. 舒	568. 躺	602. 望
467. 轻	501. 设	535. 书	569. 讨	603. 忘
468. 清	502. 身	536. 熟	570. 特	604. 危
469. 晴	503. 深	537. 术	571. 疼	605. 围
470. 情	504. 神	538. 树	572. 踢	606. 为
471. 请	505. 声	539. 束	573. 提	607. 伟
472. 秋	506. 生	540. 数	574. 题	608. 喂
473. 球	507. 省	541. 双	575. 体	609. 位
474. 求	508. 剩	542. 谁	576. 天	610. 文
475. 取	509. 胜	543. 水	577. 条	611. 闻
476. 去	510. 师	544. 睡	578. 跳	612. 问
477. 全	511. 十	545. 说	579. 听	613. 我
478. 确	512. 拾	546. 思	580. 停	614. 握
479. 然	513. 时	547. 死	581. 庭	615. 屋
480. 让	514. 什	548. 四	582. 挺	616. 五
481. 热	515. 食	549. 送	583. 通	617. 午
482. 人	516. 实	550. 嗽	584. 同	618. 舞
483. 任	517. 识	551. 宿	585. 痛	619. 物
484. 认	518. 史	552. 诉	586. 头	620. 务
485. 日	519. 使	553. 酸	587. 突	621. 误
486. 容	520. 始	554. 算	588. 图	622. 西
487. 肉	521. 示	555. 虽	589. 团	623. 息
488. 如	522. 世	556. 岁	590. 推	624. 希
489. 赛	523. 事	557. 所	591. 腿	625. 习
490. 三	524. 是	558. 他	592. 退	626. 喜
491. 散	525. 适	559. 它	593. 脱	627. 洗
492. 色	526. 市	560. 她	594. 袜	628. 系
493. 山	527. 室	561. 抬	595. 外	629. 细
494. 商	528. 视	562. 太	596. 玩	630. 下
495. 上	529. 试	563. 态	597. 完	631. 夏
496. 烧	530. 收	564. 谈	598. 碗	632. 先
497. 少	531. 手	565. 汤	599. 晚	633. 险
498. 绍	532. 首	566. 堂	600. 万	634. 现
499. 舍	533. 输	567. 糖	601. 往	635. 相

636. 香	669. 眼	702. 应	735. 再	768. 中
637. 想	670. 演	703. 迎	736. 在	769. 钟
638. 响	671. 宴	704. 赢	737. 咱	770. 种
639. 像	672. 验	705. 影	738. 脏	771. 重
640. 向	673. 扬	706. 泳	739. 早	772. 周
641. 消	674. 羊	707. 永	740. 澡	773. 猪
642. 小	675. 阳	708. 用	741. 责	774. 主
643. 校	676. 样	709. 尤	742. 怎	775. 助
644. 笑	677. 药	710. 邮	743. 增	776. 住
645. 些	678. 要	711. 游	744. 展	777. 注
646. 鞋	679. 也	712. 有	745. 占	778. 祝
647. 写	680. 页	713. 友	746. 站	779. 装
648. 谢	681. 业	714. 右	747. 章	780. 准
649. 辛	682. 夜	715. 又	748. 张	781. 桌
650. 新	683. 一	716. 鱼	749. 掌	782. 着
651. 心	684. 医	717. 愉	750. 找	783. 子
652. 信	685. 衣	718. 雨	751. 照	784. 自
653. 星	686. 宜	719. 语	752. 者	785. 字
654. 兴	687. 椅	720. 遇	753. 这	786. 总
655. 行	688. 已	721. 育	754. 真	787. 走
656. 幸	689. 以	722. 预	755. 整	788. 租
657. 姓	690. 艺	723. 元	756. 正	789. 足
658. 休	691. 易	724. 原	757. 政	790. 族
659. 需	692. 亿	725. 园	758. 支	791. 祖
660. 须	693. 意	726. 员	759. 知	792. 组
661. 许	694. 义	727. 圆	760. 之	793. 嘴
662. 续	695. 谊	728. 远	761. 织	794. 最
663. 学	696. 译	729. 愿	762. 直	795. 昨
664. 雪	697. 因	730. 院	763. 指	796. 左
665. 呀	698. 音	731. 月	764. 只	797. 做
666. 研	699. 阴	732. 云	765. 纸	798. 作
667. 言	700. 银	733. 运	766. 志	799. 坐
668. 颜	701. 英	734. 杂	767. 治	800. 座

乙级字 (804)

1. 阿	34. 扁	67. 超	100. 脆	133. 抖
2. 挨	35. 标	68. 抄	101. 存	134. 斗
3. 哎	36. 宾	69. 吵	102. 寸	135. 豆
4. 按	37. 兵	70. 彻	103. 措	136. 逗
5. 暗	38. 冰	71. 沉	104. 搭	137. 独
6. 岸	39. 饼	72. 趁	105. 达	138. 堵
7. 案	40. 并	73. 衬	106. 呆	139. 肚
8. 傲	41. 玻	74. 称	107. 袋	140. 渡
9. 巴	42. 伯	75. 乘	108. 待	141. 端
10. 拔	43. 脖	76. 程	109. 担	142. 断
11. 败	44. 膊	77. 诚	110. 胆	143. 堆
12. 拜	45. 捕	78. 承	111. 淡	144. 队
13. 版	46. 卜	79. 池	112. 弹	145. 吨
14. 扮	47. 补	80. 尺	113. 挡	146. 蹲
15. 榜	48. 猜	81. 翅	114. 党	147. 盾
16. 膀	49. 材	82. 充	115. 岛	148. 夺
17. 傍	50. 踩	83. 冲	116. 稻	149. 躲
18. 薄	51. 采	84. 虫	117. 盗	150. 朵
19. 保	52. 餐	85. 崇	118. 德	151. 鹅
20. 宝	53. 藏	86. 愁	119. 登	152. 耳
21. 碑	54. 厕	87. 臭	120. 滴	153. 乏
22. 悲	55. 策	88. 厨	121. 敌	154. 繁
23. 背	56. 册	89. 触	122. 底	155. 凡
24. 笨	57. 测	90. 传	123. 帝	156. 范
25. 逼	58. 曾	91. 闯	124. 递	157. 犯
26. 鼻	59. 插	92. 创	125. 吊	158. 泛
27. 毕	60. 叉	93. 此	126. 钓	159. 防
28. 币	61. 察	94. 刺	127. 跌	160. 仿
29. 闭	62. 拆	95. 聪	128. 叠	161. 纺
30. 辟	63. 柴	96. 粗	129. 顶	162. 肥
31. 壁	64. 尝	97. 醋	130. 订	163. 肺
32. 避	65. 肠	98. 促	131. 冻	164. 费
33. 编	66. 倡	99. 催	132. 洞	165. 吩

166. 纷	200. 巩	234. 哼	268. 际	302. 敬
167. 粉	201. 贡	235. 猴	269. 夹	303. 镜
168. 奋	202. 狗	236. 厚	270. 稼	304. 竟
169. 份	203. 构	237. 呼	271. 价	305. 竞
170. 愤	204. 购	238. 乎	272. 架	306. 纠
171. 蜂	205. 估	239. 壶	273. 尖	307. 救
172. 逢	206. 鼓	240. 胡	274. 肩	308. 居
173. 佛	207. 古	241. 糊	275. 艰	309. 拒
174. 否	208. 骨	242. 虎	276. 拣	310. 据
175. 肤	209. 固	243. 护	277. 检	311. 巨
176. 扶	210. 瓜	244. 滑	278. 剪	312. 具
177. 幅	211. 拐	245. 环	279. 减	313. 距
178. 符	212. 怪	246. 慌	280. 键	314. 俱
179. 浮	213. 官	247. 皇	281. 箭	315. 剧
180. 腐	214. 冠	248. 灰	282. 渐	316. 卷
181. 副	215. 管	249. 挥	283. 奖	317. 绢
182. 付	216. 灌	250. 辉	284. 酱	318. 绝
183. 妇	217. 贯	251. 恢	285. 降	319. 均
184. 咐	218. 光	252. 悔	286. 郊	320. 菌
185. 盖	219. 逛	253. 昏	287. 骄	321. 军
186. 杆	220. 规	254. 婚	288. 阶	322. 砍
187. 肝	221. 鬼	255. 混	289. 届	323. 扛
188. 赶	222. 跪	256. 伙	290. 巾	324. 抗
189. 港	223. 滚	257. 获	291. 金	325. 烤
190. 糕	224. 锅	258. 货	292. 仅	326. 靠
191. 搁	225. 害	259. 击	293. 禁	327. 颗
192. 胳	226. 含	260. 圾	294. 尽	328. 肯
193. 割	227. 汗	261. 积	295. 劲	329. 恳
194. 革	228. 航	262. 激	296. 京	330. 恐
195. 格	229. 毫	263. 及	297. 惊	331. 孔
196. 隔	230. 盒	264. 即	298. 井	332. 控
197. 攻	231. 贺	265. 迹	299. 警	333. 扣
198. 功	232. 嘿	266. 季	300. 景	334. 裤
199. 供	233. 恨	267. 既	301. 境	335. 跨

336. 筷	370. 量	404. 贸	438. 怒	472. 妻
337. 宽	371. 聊	405. 煤	439. 牌	473. 奇
338. 款	372. 料	406. 美	440. 盘	474. 旗
339. 矿	373. 列	407. 梦	441. 盼	475. 企
340. 捆	374. 烈	408. 迷	442. 判	476. 启
341. 括	375. 林	409. 秘	443. 乓	477. 弃
342. 扩	376. 临	410. 蜜	444. 胖	478. 牵
343. 阔	377. 邻	411. 密	445. 炮	479. 签
344. 垃	378. 龄	412. 棉	446. 赔	480. 欠
345. 拦	379. 铃	413. 免	447. 陪	481. 歉
346. 懒	380. 灵	414. 描	448. 配	482. 枪
347. 烂	381. 另	415. 秒	449. 喷	483. 强
348. 狼	382. 令	416. 庙	450. 盆	484. 抢
349. 郎	383. 龙	417. 妙	451. 捧	485. 敲
350. 朗	384. 漏	418. 灭	452. 披	486. 悄
351. 浪	385. 露	419. 命	453. 脾	487. 瞧
352. 捞	386. 陆	420. 摸	454. 疲	488. 巧
353. 雷	387. 虑	421. 模	455. 皮	489. 侵
354. 类	388. 律	422. 磨	456. 匹	490. 庆
355. 泪	389. 率	423. 墨	457. 偏	491. 穷
356. 厘	390. 略	424. 默	458. 骗	492. 区
357. 梨	391. 轮	425. 漠	459. 飘	493. 渠
358. 李	392. 萝	426. 某	460. 拼	494. 趣
359. 丽	393. 落	427. 亩	461. 品	495. 圈
360. 厉	394. 码	428. 慕	462. 乒	496. 劝
361. 励	395. 骂	429. 木	463. 坡	497. 缺
362. 粒	396. 埋	430. 耐	464. 泼	498. 却
363. 璃	397. 麦	431. 脑	465. 追	499. 裙
364. 哩	398. 迈	432. 闹	466. 扑	500. 群
365. 怜	399. 脉	433. 泥	467. 铺	501. 燃
366. 恋	400. 馒	434. 鸟	468. 朴	502. 染
367. 粮	401. 猫	435. 扭	469. 普	503. 嚷
368. 梁	402. 矛	436. 浓	470. 欺	504. 扰
369. 良	403. 貌	437. 弄	471. 戚	505. 绕

506. 惹	540. 失	574. 塑	608. 土	642. 席
507. 忍	541. 狮	575. 肃	609. 吐	643. 戏
508. 扔	542. 施	576. 随	610. 兔	644. 吓
509. 仍	543. 湿	577. 碎	611. 拖	645. 掀
510. 荣	544. 诗	578. 损	612. 托	646. 鲜
511. 入	545. 石	579. 缩	613. 挖	647. 纤
512. 软	546. 式	580. 塔	614. 哇	648. 闲
513. 锐	547. 士	581. 台	615. 歪	649. 显
514. 弱	548. 柿	582. 毯	616. 弯	650. 献
515. 撒	549. 势	583. 探	617. 王	651. 县
516. 洒	550. 释	584. 趟	618. 网	652. 羡
517. 伞	551. 守	585. 烫	619. 微	653. 限
518. 嗓	552. 授	586. 掏	620. 违	654. 线
519. 扫	553. 受	587. 逃	621. 维	655. 箱
520. 嫂	554. 瘦	588. 套	622. 委	656. 乡
521. 森	555. 蔬	589. 梯	623. 尾	657. 详
522. 杀	556. 殊	590. 替	624. 未	658. 享
523. 沙	557. 叔	591. 添	625. 味	659. 项
524. 傻	558. 暑	592. 填	626. 胃	660. 象
525. 晒	559. 属	593. 田	627. 谓	661. 晓
526. 衫	560. 述	594. 甜	628. 慰	662. 效
527. 闪	561. 刷	595. 挑	629. 卫	663. 歇
528. 善	562. 摔	596. 贴	630. 温	664. 斜
529. 扇	563. 甩	597. 铁	631. 稳	665. 械
530. 伤	564. 顺	598. 厅	632. 污	666. 型
531. 稍	565. 撕	599. 铜	633. 无	667. 形
532. 勺	566. 私	600. 童	634. 武	668. 醒
533. 蛇	567. 司	601. 桶	635. 伍	669. 性
534. 舌	568. 丝	602. 统	636. 雾	670. 兄
535. 射	569. 似	603. 偷	637. 悟	671. 胸
536. 伸	570. 松	604. 投	638. 析	672. 雄
537. 牲	571. 俗	605. 透	639. 吸	673. 熊
538. 升	572. 素	606. 途	640. 牺	674. 修
539. 绳	573. 速	607. 涂	641. 悉	675. 秀

676. 袖	702. 摇	728. 油	754. 粘	780. 终
677. 虚	703. 咬	729. 于	755. 战	781. 众
678. 序	704. 爷	730. 余	756. 涨	782. 珠
679. 绪	705. 野	731. 与	757. 丈	783. 株
680. 宣	706. 叶	732. 羽	758. 招	784. 逐
681. 选	707. 液	733. 玉	759. 召	785. 竹
682. 血	708. 依	734. 援	760. 折	786. 煮
683. 寻	709. 移	735. 源	761. 哲	787. 著
684. 训	710. 仪	736. 约	762. 针	788. 筑
685. 讯	711. 疑	737. 越	763. 阵	789. 抓
686. 迅	712. 姨	738. 跃	764. 睁	790. 专
687. 压	713. 忆	739. 阅	765. 征	791. 转
688. 牙	714. 益	740. 允	766. 争	792. 庄
689. 咽	715. 议	741. 灾	767. 证	793. 撞
690. 烟	716. 异	742. 暂	768. 职	794. 状
691. 盐	717. 姻	743. 赞	769. 植	795. 追
692. 严	718. 引	744. 遭	770. 执	796. 捉
693. 延	719. 印	745. 糟	771. 值	797. 资
694. 沿	720. 营	746. 造	772. 址	798. 紫
695. 厌	721. 硬	747. 皂	773. 止	799. 仔
696. 央	722. 映	748. 燥	774. 至	800. 综
697. 洋	723. 拥	749. 择	775. 致	801. 钻
698. 仰	724. 勇	750. 则	776. 置	802. 醉
699. 养	725. 优	751. 扎	777. 制	803. 尊
700. 邀	726. 悠	752. 摘	778. 秩	804. 遵
701. 腰	727. 由	753. 窄	779. 质	

丙级字（590 + 11）

1. 唉	7. 扒	13. 瓣	19. 暴	25. 辩
2. 哀	8. 叭	14. 绑	20. 爆	26. 柄
3. 癌	9. 坝	15. 棒	21. 辈	27. 丙
4. 碍	10. 罢	16. 磅	22. 奔	28. 菠
5. 熬	11. 柏	17. 胞	23. 甭	29. 拨
6. 奥	12. 伴	18. 剥	24. 彼	30. 波

31. 博	65. 串	99. 盯	133. 鸽	167. 喉
32. 勃	66. 垂	100. 钉	134. 耕	168. 吼
33. 怖	67. 唇	101. 陡	135. 宫	169. 蝴
34. 裁	68. 纯	102. 督	136. 弓	170. 哗
35. 财	69. 蠢	103. 毒	137. 钩	171. 华
36. 蚕	70. 辞	104. 兑	138. 勾	172. 猾
37. 残	71. 瓷	105. 哆	139. 沟	173. 怀
38. 惭	72. 囱	106. 俄	140. 辜	174. 缓
39. 惨	73. 匆	107. 额	141. 孤	175. 患
40. 灿	74. 丛	108. 恶	142. 谷	176. 唤
41. 苍	75. 凑	109. 尔	143. 股	177. 幻
42. 舱	76. 窜	110. 罚	144. 雇	178. 荒
43. 仓	77. 摧	111. 番	145. 寡	179. 煌
44. 侧	78. 搓	112. 返	146. 乖	180. 晃
45. 铲	79. 挫	113. 妨	147. 灌	181. 毁
46. 颤	80. 逮	114. 废	148. 归	182. 慧
47. 尝	81. 耽	115. 沸	149. 轨	183. 汇
48. 畅	82. 旦	116. 氛	150. 柜	184. 魂
49. 钞	83. 诞	117. 坟	151. 棍	185. 浑
50. 潮	84. 档	118. 粪	152. 裹	186. 肌
51. 炒	85. 蹈	119. 峰	153. 旱	187. 饥
52. 扯	86. 蹬	120. 疯	154. 憾	188. 辑
53. 撤	87. 瞪	121. 缝	155. 焊	189. 籍
54. 尘	88. 凳	122. 讽	156. 豪	190. 疾
55. 陈	89. 堤	123. 袱	157. 耗	191. 寂
56. 撑	90. 抵	124. 俯	158. 呵	192. 佳
57. 匙	91. 垫	125. 傅	159. 核	193. 甲
58. 齿	92. 惦	126. 溉	160. 阁	194. 嫁
59. 赤	93. 奠	127. 甘	161. 痕	195. 歼
60. 斥	94. 殿	128. 缸	162. 狠	196. 监
61. 酬	95. 雕	129. 纲	163. 横	197. 煎
62. 仇	96. 爹	130. 岗	164. 衡	198. 兼
63. 丑	97. 蝶	131. 膏	165. 洪	199. 碱
64. 喘	98. 丁	132. 稿	166. 宏	200. 荐

201. 鉴	235. 酷	269. 窿	303. 鸣	337. 凭
202. 贱	236. 库	270. 垄	304. 摩	338. 婆
203. 舰	237. 夸	271. 拢	305. 抹	339. 剖
204. 溅	238. 垮	272. 搂	306. 末	340. 葡
205. 僵	239. 筐	273. 喽	307. 寞	341. 漆
206. 浆	240. 狂	274. 炉	308. 陌	342. 棋
207. 疆	241. 亏	275. 驴	309. 谋	343. 恰
208. 椒	242. 愧	276. 铝	310. 墓	344. 谦
209. 焦	243. 昆	277. 卵	311. 幕	345. 腔
210. 胶	244. 廓	278. 掠	312. 牧	346. 侨
211. 浇	245. 喇	279. 逻	313. 奈	347. 翘
212. 搅	246. 蜡	280. 锣	314. 嫩	348. 俏
213. 狡	247. 辣	281. 骆	315. 捏	349. 琴
214. 揭	248. 兰	282. 络	316. 凝	350. 勤
215. 截	249. 滥	283. 瞒	317. 宁	351. 倾
216. 捷	250. 廊	284. 漫	318. 拧	352. 顷
217. 竭	251. 牢	285. 盲	319. 努	353. 丘
218. 洁	252. 姥	286. 氓	320. 噢	354. 曲
219. 筋	253. 楞	287. 茅	321. 哦	355. 屈
220. 谨	254. 黎	288. 梅	322. 偶	356. 娶
221. 浸	255. 隶	289. 霉	323. 趴	357. 权
222. 鲸	256. 帘	290. 眉	324. 攀	358. 拳
223. 径	257. 梁	291. 闷	325. 畔	359. 壤
224. 揪	258. 僚	292. 蒙	326. 抛	360. 饶
225. 灸	259. 疗	293. 盟	327. 袍	361. 溶
226. 舅	260. 裂	294. 猛	328. 泡	362. 揉
227. 矩	261. 劣	295. 眯	329. 培	363. 柔
228. 聚	262. 猎	296. 谜	330. 佩	364. 辱
229. 倦	263. 淋	297. 泌	331. 蓬	365. 润
230. 刊	264. 陵	298. 眠	332. 棚	366. 若
231. 壳	265. 溜	299. 勉	333. 膨	367. 塞
232. 坑	266. 柳	300. 苗	334. 屁	368. 丧
233. 枯	267. 咙	301. 蔑	335. 譬	369. 骚
234. 窟	268. 笼	302. 敏	336. 贫	370. 纱

371. 删	405. 搜	439. 蚊	473. 叙	507. 婴
372. 赏	406. 艘	440. 纹	474. 悬	508. 蝇
373. 尚	407. 孙	441. 吻	475. 旋	509. 哟
374. 哨	408. 嗦	442. 翁	476. 循	510. 踊
375. 摄	409. 索	443. 卧	477. 旬	511. 涌
376. 涉	410. 锁	444. 诬	478. 询	512. 犹
377. 申	411. 塌	445. 侮	479. 押	513. 幼
378. 审	412. 踏	446. 晰	480. 鸭	514. 愚
379. 婶	413. 摊	447. 锡	481. 芽	515. 渔
380. 甚	414. 滩	448. 稀	482. 崖	516. 予
381. 慎	415. 坦	449. 惜	483. 亚	517. 娱
382. 盛	416. 叹	450. 袭	484. 讶	518. 屿
383. 圣	417. 倘	451. 媳	485. 淹	519. 宇
384. 蚀	418. 萄	452. 瞎	486. 岩	520. 域
385. 驶	419. 桃	453. 虾	487. 掩	521. 御
386. 逝	420. 腾	454. 峡	488. 艳	522. 愈
387. 饰	421. 蹄	455. 咸	489. 燕	523. 狱
388. 氏	422. 惕	456. 嫌	490. 焰	524. 浴
389. 寿	423. 亭	457. 宪	491. 秧	525. 寓
390. 售	424. 筒	458. 陷	492. 氧	526. 裕
391. 兽	425. 徒	459. 厢	493. 遥	527. 豫
392. 梳	426. 吞	460. 巷	494. 窑	528. 冤
393. 署	427. 驮	461. 削	495. 谣	529. 猿
394. 耍	428. 驼	462. 宵	496. 耀	530. 缘
395. 衰	429. 妥	463. 涓	497. 钥	531. 怨
396. 拴	430. 蛙	464. 协	498. 冶	532. 悦
397. 霜	431. 娃	465. 胁	499. 伊	533. 匀
398. 税	432. 瓦	466. 卸	500. 遗	534. 晕
399. 烁	433. 顽	467. 欣	501. 倚	535. 砸
400. 斯	434. 丸	468. 凶	502. 乙	536. 栽
401. 伺	435. 挽	469. 朽	503. 抑	537. 载
402. 饲	436. 亡	470. 锈	504. 毅	538. 凿
403. 颂	437. 枉	471. 绣	505. 饮	539. 躁
404. 诵	438. 威	472. 墟	506. 隐	540. 泽

541. 赠	551. 胀	561. 蒸	571. 肿	581. 砖
542. 渣	552. 障	562. 挣	572. 粥	582. 赚
543. 炸	553. 罩	563. 症	573. 皱	583. 桩
544. 宅	554. 遮	564. 枝	574. 宙	584. 壮
545. 债	555. 珍	565. 殖	575. 骤	585. 幢
546. 沾	556. 枕	566. 帜	576. 烛	586. 姿
547. 盏	557. 诊	567. 智	577. 嘱	587. 宗
548. 崭	558. 震	568. 稚	578. 柱	588. 纵
549. 帐	559. 振	569. 忠	579. 铸	589. 阻
550. 仗	560. 镇	570. 衷	580. 驻	590. 罪

丙级字附录（11）

1. 赵	4. 陕	6. 朱	8. 欧	10. 沈
2. 刘	5. 宋	7. 孟	9. 葛	11. 浙
3. 吴				

丁级字（670＋30）

1. 霭	18. 谤	35. 鞭	52. 诧	69. 秤
2. 艾	19. 雹	36. 贬	53. 搀	70. 痴
3. 隘	20. 堡	37. 辨	54. 掺	71. 驰
4. 昂	21. 卑	38. 辫	55. 蝉	72. 耻
5. 凹	22. 贝	39. 憋	56. 馋	73. 侈
6. 袄	23. 狈	40. 滨	57. 谗	74. 畴
7. 芭	24. 惫	41. 秉	58. 缠	75. 踌
8. 捌	25. 崩	42. 搏	59. 阐	76. 稠
9. 笆	26. 绷	43. 舶	60. 昌	77. 筹
10. 疤	27. 蹦	44. 泊	61. 猖	78. 绸
11. 霸	28. 鄙	45. 驳	62. 敞	79. 躇
12. 掰	29. 碧	46. 簸	63. 嘲	80. 锄
13. 斑	30. 蔽	47. 埠	64. 臣	81. 储
14. 扳	31. 毙	48. 睬	65. 辰	82. 川
15. 颁	32. 痹	49. 槽	66. 呈	83. 疮
16. 拌	33. 臂	50. 蹭	67. 惩	84. 炊
17. 邦	34. 弊	51. 岔	68. 澄	85. 捶

86. 锤	120. 镀	154. 钙	188. 徊	222. 轿
87. 雌	121. 妒	155. 竿	189. 瘊	223. 皆
88. 慈	122. 缎	156. 秆	190. 蝗	224. 劫
89. 葱	123. 跺	157. 冈	191. 凰	225. 杰
90. 粹	124. 舵	158. 杠	192. 谎	226. 戒
91. 翠	125. 惰	159. 疙	193. 徽	227. 诫
92. 蹉	126. 堕	160. 阁	194. 惠	228. 津
93. 瘩	127. 蛾	161. 梗	195. 贿	229. 锦
94. 歹	128. 讹	162. 恭	196. 秽	230. 晋
95. 贷	129. 恩	163. 躬	197. 绘	231. 兢
96. 怠	130. 贰	164. 汞	198. 豁	232. 茎
97. 丹	131. 伐	165. 拱	199. 惑	233. 晶
98. 氮	132. 阀	166. 菇	200. 霍	234. 颈
99. 荡	133. 帆	167. 棺	201. 祸	235. 玖
100. 叨	134. 贩	168. 瑰	202. 讥	236. 鞠
101. 捣	135. 坊	169. 硅	203. 吉	237. 拘
102. 悼	136. 芳	170. 龟	204. 嫉	238. 菊
103. 笛	137. 肪	171. 闺	205. 脊	239. 锯
104. 涤	138. 匪	172. 桂	206. 剂	240. 惧
105. 蒂	139. 诽	173. 函	207. 忌	241. 捐
106. 缔	140. 芬	174. 罕	208. 嘉	242. 掘
107. 颠	141. 锋	175. 捍	209. 颊	243. 君
108. 掂	142. 奉	176. 浩	210. 奸	244. 峻
109. 淀	143. 凤	177. 荷	211. 茧	245. 俊
110. 刁	144. 敷	178. 禾	212. 柬	246. 凯
111. 叼	145. 辐	179. 恒	213. 俭	247. 慨
112. 碟	146. 伏	180. 轰	214. 剑	248. 堪
113. 叮	147. 俘	181. 哄	215. 姜	249. 勘
114. 董	148. 扶	182. 烘	216. 桨	250. 慷
115. 栋	149. 斧	183. 虹	217. 匠	251. 糠
116. 兜	150. 赴	184. 琥	218. 娇	252. 亢
117. 睹	151. 覆	185. 葫	219. 嚼	253. 炕
118. 赌	152. 赋	186. 狐	220. 缴	254. 磕
119. 杜	153. 腹	187. 槐	221. 绞	255. 啃

256. 垦	290. 磷	324. 枚	358. 柠	392. 泣
257. 抠	291. 玲	325. 酶	359. 钮	393. 掐
258. 寇	292. 伶	326. 媒	360. 纽	394. 洽
259. 挎	293. 凌	327. 镁	361. 挪	395. 迁
260. 框	294. 岭	328. 昧	362. 殴	396. 钳
261. 眶	295. 硫	329. 萌	363. 呕	397. 潜
262. 旷	296. 瘤	330. 檬	364. 徘	398. 遣
263. 葵	297. 榴	331. 弥	365. 叛	399. 谴
264. 馈	298. 珑	332. 绵	366. 庞	400. 嵌
265. 溃	299. 聋	333. 渺	367. 刨	401. 锹
266. 腊	300. 隆	334. 铭	368. 沛	402. 乔
267. 赖	301. 陋	335. 谬	369. 烹	403. 茄
268. 栏	302. 芦	336. 蘑	370. 坯	404. 怯
269. 揽	303. 虏	337. 膜	371. 劈	405. 窃
270. 唠	304. 鲁	338. 魔	372. 僻	406. 钦
271. 涝	305. 碌	339. 莫	373. 撇	407. 芹
272. 勒	306. 赂	340. 漠	374. 瞥	408. 禽
273. 蕾	307. 鹿	341. 拇	375. 频	409. 蜻
274. 垒	308. 侣	342. 姆	376. 聘	410. 氢
275. 棱	309. 履	343. 暮	377. 萍	411. 趋
276. 犁	310. 屡	344. 睦	378. 屏	412. 驱
277. 篱	311. 滤	345. 穆	379. 颇	413. 泉
278. 狸	312. 抡	346. 纳	380. 魄	414. 犬
279. 荔	313. 螺	347. 乃	381. 仆	415. 券
280. 栗	314. 罗	348. 囊	382. 谱	416. 瘸
281. 俐	315. 箩	349. 挠	383. 瀑	417. 鹊
282. 沥	316. 骡	350. 恼	384. 凄	418. 榷
283. 莲	317. 蚂	351. 尼	385. 柴	419. 雀
284. 镰	318. 蛮	352. 拟	386. 洵	420. 仁
285. 廉	319. 芒	353. 逆	387. 歧	421. 韧
286. 链	320. 茫	354. 撵	388. 淇	422. 饪
287. 晾	321. 氄	355. 捻	389. 岂	423. 刃
288. 辽	322. 茂	356. 酿	390. 乞	424. 融
289. 潦	323. 玫	357. 尿	391. 砌	425. 熔

426. 绒	460. 讼	494. 秃	528. 厦	562. 絮
427. 乳	461. 苏	495. 屠	529. 仙	563. 喧
428. 瑞	462. 蒜	496. 屯	530. 贤	564. 靴
429. 腮	463. 穗	497. 椭	531. 衔	565. 穴
430. 叁	464. 隧	498. 拓	532. 弦	566. 熏
431. 桑	465. 笋	499. 唾	533. 馅	567. 巡
432. 砂	466. 唆	500. 豌	534. 镶	568. 汛
433. 刹	467. 蹋	501. 湾	535. 翔	569. 逊
434. 啥	468. 泰	502. 惋	536. 祥	570. 鸦
435. 筛	469. 汰	503. 汪	537. 橡	571. 雅
436. 珊	470. 贪	504. 旺	538. 销	572. 哑
437. 擅	471. 瘫	505. 妄	539. 孝	573. 炎
438. 晌	472. 坛	506. 桅	540. 肖	574. 衍
439. 裳	473. 痰	507. 唯	541. 啸	575. 雁
440. 梢	474. 潭	508. 惟	542. 挟	576. 殃
441. 捎	475. 碳	509. 伪	543. 携	577. 杨
442. 奢	476. 炭	510. 畏	544. 邪	578. 痒
443. 呻	477. 塘	511. 瘟	545. 谐	579. 妖
444. 绅	478. 膛	512. 窝	546. 泄	580. 壹
445. 肾	479. 唐	513. 沃	547. 泻	581. 蚁
446. 渗	480. 涛	514. 巫	548. 屑	582. 役
447. 尸	481. 滔	515. 呜	549. 薪	583. 疫
448. 屎	482. 淘	516. 乌	550. 锌	584. 亦
449. 誓	483. 陶	517. 梧	551. 衅	585. 翼
450. 侍	484. 藤	518. 晤	552. 腥	586. 吟
451. 疏	485. 涕	519. 勿	553. 刑	587. 淫
452. 薯	486. 剃	520. 膝	554. 杏	588. 樱
453. 鼠	487. 屉	521. 夕	555. 汹	589. 鹰
454. 竖	488. 帖	522. 熄	556. 羞	590. 盈
455. 帅	489. 蜓	523. 溪	557. 嗅	591. 颖
456. 爽	490. 艇	524. 隙	558. 徐	592. 佣
457. 肆	491. 桐	525. 霞	559. 蓄	593. 庸
458. 寺	492. 捅	526. 辖	560. 酗	594. 咏
459. 耸	493. 凸	527. 狭	561. 畜	595. 幽

596. 忧	611. 咋	626. 斩	641. 侄	656. 妆
597. 铀	612. 宰	627. 彰	642. 旨	657. 缀
598. 诱	613. 攒	628. 沼	643. 挚	658. 拙
599. 榆	614. 葬	629. 兆	644. 掷	659. 卓
600. 舆	615. 枣	630. 辙	645. 滞	660. 啄
601. 郁	616. 噪	631. 蔗	646. 舟	661. 酌
602. 吁	617. 灶	632. 贞	647. 州	662. 浊
603. 喻	618. 贼	633. 侦	648. 洲	663. 咨
604. 欲	619. 轧	634. 筝	649. 昼	664. 滋
605. 誉	620. 闸	635. 郑	650. 蛛	665. 籽
606. 曰	621. 眨	636. 芝	651. 诸	666. 棕
607. 蕴	622. 榨	637. 蜘	652. 拄	667. 踪
608. 酝	623. 诈	638. 肢	653. 瞩	668. 奏
609. 韵	624. 寨	639. 脂	654. 爪	669. 揍
610. 孕	625. 瞻	640. 汁	655. 拽	670. 琢

丁级字附录（30）

1. 澳	7. 侯	13. 聂	19. 赫	25. 粤
2. 邓	8. 沪	14. 潘	20. 秦	26. 邢
3. 冯	9. 淮	15. 彭	21. 萨	27. 殷
4. 戈	10. 蒋	16. 曹	22. 魏	28. 袁
5. 耿	11. 卢	17. 崔	23. 匈	29. 埔
6. 郭	12. 吕	18. 冀	23. 匈	30. 埃

附录三 《汉字等级大纲》甲级字音、形、义学习难度等级表[①]

（800 字，按音序排列）

序列号	汉字	字形	字音	字义
1	啊	中等	中等	中等
2	矮	较难	高难	较难
3	爱	中等	中等	中等
4	安	中等	中等	中等
5	八	较易	中等	中等
6	吧	较易	中等	中等
7	把	较易	较易	较易
8	爸	中等	中等	中等
9	白	较易	中等	中等
10	百	较易	中等	中等
11	摆	中等	中等	中等
12	班	中等	中等	中等
13	搬	中等	中等	较难
14	般	中等	中等	中等
15	板	中等	中等	中等
16	半	较易	中等	中等
17	办	较易	中等	中等
18	帮	中等	中等	中等
19	包	中等	中等	中等
20	饱	中等	较难	较难

① 徐彩华. 汉字认知与汉字学习心理研究［M］. 北京：知识产权出版社，2010：275-304.

（续上表）

序列号	汉字	字形	字音	字义
21	抱	中等	中等	中等
22	报	中等	中等	中等
23	杯	中等	较难	较难
24	北	中等	中等	中等
25	倍	中等	较难	较难
26	备	较难	中等	中等
27	被	中等	中等	中等
28	本	较易	中等	中等
29	比	较易	中等	中等
30	笔	中等	中等	中等
31	必	中等	中等	中等
32	边	较易	中等	中等
33	便	中等	中等	中等
34	变	较易	中等	中等
35	遍	中等	中等	中等
36	表	中等	中等	中等
37	别	较易	中等	中等
38	病	中等	中等	中等
39	播	较难	较难	较难
40	不	较易	较易	较易
41	布	中等	中等	中等
42	步	中等	中等	中等
43	部	中等	中等	中等
44	擦	中等	较难	中等
45	才	较易	中等	中等
46	彩	较难	中等	较难

（续上表）

序列号	汉字	字形	字音	字义
47	菜	中等	中等	中等
48	参	较难	中等	中等
49	操	较难	较难	较难
50	草	中等	中等	中等
51	层	中等	中等	中等
52	茶	中等	中等	中等
53	查	较难	中等	中等
54	差	中等	中等	中等
55	产	中等	较易	较易
56	常	中等	中等	中等
57	长	较易	较易	较易
58	厂	较易	中等	中等
59	场	中等	中等	中等
60	唱	中等	中等	中等
61	朝	中等	中等	中等
62	车	较易	中等	中等
63	晨	较难	中等	较难
64	城	中等	中等	中等
65	成	较易	较易	较易
66	吃	较易	中等	中等
67	持	较难	中等	中等
68	迟	中等	较难	较难
69	抽	中等	中等	中等
70	初	较易	高难	较难
71	出	较易	较易	较易
72	除	中等	中等	中等

（续上表）

序列号	汉字	字形	字音	字义
73	楚	中等	中等	中等
74	础	中等	中等	中等
75	处	中等	中等	中等
76	穿	中等	中等	中等
77	船	中等	中等	中等
78	窗	中等	中等	中等
79	床	中等	中等	中等
80	吹	中等	中等	中等
81	春	中等	中等	中等
82	磁	较难	中等	较难
83	词	中等	高难	较难
84	次	较易	中等	中等
85	从	较易	较易	中等
86	村	中等	中等	中等
87	错	中等	中等	中等
88	答	较难	中等	中等
89	打	较易	中等	中等
90	大	较易	较易	较易
91	戴	中等	较难	较难
92	带	中等	中等	中等
93	代	中等	中等	中等
94	单	中等	中等	中等
95	但	较易	中等	中等
96	蛋	较难	较难	中等
97	当	较易	较易	中等
98	刀	中等	中等	中等

（续上表）

序列号	汉字	字形	字音	字义
99	倒	较难	中等	中等
100	导	较难	中等	中等
101	到	较易	较易	较易
102	道	中等	中等	中等
103	得	中等	较易	较易
104	的	较易	中等	较易
105	灯	中等	中等	中等
106	等	中等	中等	中等
107	低	较易	中等	中等
108	地	较易	中等	较易
109	第	中等	中等	中等
110	弟	较难	中等	中等
111	点	中等	中等	较易
112	典	较难	较难	较难
113	电	中等	中等	较易
114	店	中等	中等	中等
115	掉	中等	中等	中等
116	调	较难	中等	中等
117	定	中等	较易	中等
118	丢	中等	较难	较难
119	东	中等	中等	中等
120	冬	中等	中等	中等
121	懂	中等	中等	中等
122	动	中等	中等	较易
123	都	中等	中等	较易
124	读	中等	中等	中等

（续上表）

序列号	汉字	字形	字音	字义
125	度	中等	中等	中等
126	短	中等	中等	中等
127	锻	较难	较难	较难
128	段	中等	中等	中等
129	对	较易	中等	较易
130	顿	中等	较难	较难
131	多	较易	中等	较易
132	饿	中等	较难	较难
133	而	较易	较易	较易
134	儿	中等	中等	中等
135	二	较易	较易	中等
136	发	较易	较易	较易
137	法	中等	中等	中等
138	翻	中等	中等	中等
139	烦	较难	较难	较难
140	反	较易	中等	中等
141	饭	中等	中等	中等
142	方	中等	较易	较易
143	房	中等	中等	中等
144	访	较难	较难	较难
145	放	较易	中等	中等
146	非	中等	中等	中等
147	啡	中等	高难	较难
148	飞	较易	中等	中等
149	分	较易	较易	较易
150	丰	较易	中等	中等

（续上表）

序列号	汉字	字形	字音	字义
151	封	中等	中等	中等
152	风	较易	中等	中等
153	夫	中等	中等	中等
154	服	中等	中等	中等
155	福	较难	中等	中等
156	辅	较难	高难	较难
157	府	较难	中等	中等
158	复	较难	中等	中等
159	傅	中等	中等	较难
160	父	中等	中等	中等
161	负	中等	中等	中等
162	富	较难	中等	中等
163	附	较难	中等	中等
164	该	中等	中等	中等
165	改	中等	中等	中等
166	概	较难	中等	中等
167	干	较易	中等	中等
168	感	较难	中等	中等
169	敢	中等	中等	中等
170	刚	中等	中等	中等
171	钢	中等	中等	中等
172	高	中等	较易	较易
173	搞	中等	中等	中等
174	告	中等	中等	中等
175	哥	中等	中等	中等
176	歌	中等	中等	中等

（续上表）

序列号	汉字	字形	字音	字义
177	个	较易	中等	中等
178	各	较易	中等	中等
179	给	中等	中等	中等
180	根	中等	中等	中等
181	跟	中等	中等	中等
182	更	较易	中等	中等
183	工	中等	较易	较易
184	公	中等	中等	中等
185	共	中等	中等	中等
186	够	中等	中等	中等
187	姑	较难	中等	中等
188	顾	较难	中等	中等
189	故	较难	中等	中等
190	刮	中等	高难	较难
191	挂	中等	中等	中等
192	关	中等	中等	中等
193	观	中等	中等	中等
194	馆	中等	中等	中等
195	惯	较难	中等	较难
196	广	中等	中等	中等
197	贵	较难	中等	中等
198	国	较易	中等	较易
199	果	中等	中等	中等
200	过	较易	中等	较易
201	哈	较难	中等	中等
202	孩	中等	中等	中等

（续上表）

序列号	汉字	字形	字音	字义
203	海	中等	中等	中等
204	寒	较难	较难	中等
205	喊	中等	中等	中等
206	汉	较难	较难	较难
207	好	较易	中等	较易
208	号	中等	中等	中等
209	喝	中等	中等	中等
210	和	较易	较易	较易
211	何	中等	中等	中等
212	合	中等	中等	中等
213	河	较易	中等	中等
214	黑	中等	中等	中等
215	很	中等	中等	较易
216	红	较易	中等	中等
217	候	较难	中等	中等
218	后	较易	较易	较易
219	忽	较难	中等	中等
220	湖	中等	中等	中等
221	互	中等	中等	中等
222	户	中等	中等	中等
223	花	较易	中等	中等
224	画	中等	中等	中等
225	划	中等	中等	中等
226	化	较易	中等	中等
227	话	较易	中等	中等
228	坏	中等	中等	中等

（续上表）

序列号	汉字	字形	字音	字义
229	欢	较难	中等	中等
230	还	较易	中等	中等
231	换	中等	中等	中等
232	黄	中等	中等	中等
233	回	较易	较易	中等
234	会	较易	较易	较易
235	活	中等	中等	中等
236	火	中等	中等	中等
237	或	较易	中等	中等
238	基	中等	中等	中等
239	机	较易	较易	中等
240	鸡	中等	中等	中等
241	极	中等	中等	中等
242	集	较难	中等	中等
243	急	中等	中等	中等
244	级	中等	中等	中等
245	挤	中等	较难	较难
246	几	较易	较易	中等
247	己	中等	较易	中等
248	绩	中等	较难	较难
249	技	较易	中等	中等
250	济	较难	中等	中等
251	寄	较难	较难	较难
252	计	中等	中等	中等
253	记	中等	中等	中等
254	继	较难	中等	较难

（续上表）

序列号	汉字	字形	字音	字义
255	纪	较难	中等	中等
256	家	中等	中等	较易
257	加	中等	中等	中等
258	假	中等	中等	中等
259	驾	较难	较难	较难
260	坚	较难	中等	中等
261	间	中等	中等	中等
262	检	较难	中等	中等
263	简	较难	中等	中等
264	践	中等	中等	中等
265	见	较易	较易	较易
266	件	较易	中等	中等
267	健	较难	中等	较难
268	建	中等	中等	中等
269	将	中等	中等	中等
270	江	中等	中等	中等
271	讲	较易	中等	中等
272	蕉	中等	高难	较难
273	交	中等	中等	中等
274	脚	中等	中等	中等
275	角	中等	中等	中等
276	饺	中等	高难	较难
277	教	中等	中等	中等
278	较	中等	中等	中等
279	叫	较易	中等	中等
280	接	中等	中等	中等

（续上表）

序列号	汉字	字形	字音	字义
281	街	中等	中等	中等
282	节	中等	中等	中等
283	结	较难	中等	中等
284	解	较难	中等	中等
285	姐	中等	中等	中等
286	界	中等	中等	中等
287	借	中等	较难	中等
288	介	较易	中等	较难
289	斤	中等	中等	中等
290	今	中等	中等	中等
291	紧	中等	中等	中等
292	进	较易	中等	较易
293	近	中等	中等	中等
294	睛	中等	高难	较难
295	精	较难	中等	中等
296	经	中等	较易	较易
297	静	中等	中等	中等
298	净	中等	较难	较难
299	究	较难	中等	中等
300	久	中等	中等	中等
301	九	较易	中等	中等
302	酒	中等	中等	中等
303	旧	中等	中等	中等
304	就	中等	中等	较易
305	局	中等	中等	中等
306	橘	较难	高难	较难

（续上表）

序列号	汉字	字形	字音	字义
307	桔	中等	高难	较难
308	举	中等	中等	中等
309	句	较易	中等	中等
310	觉	较难	中等	中等
311	决	中等	中等	中等
312	咖	较易	高难	较难
313	卡	中等	较难	较难
314	开	较易	较易	较易
315	看	中等	中等	较易
316	康	中等	高难	较难
317	考	中等	中等	中等
318	棵	中等	高难	较难
319	科	较难	中等	中等
320	咳	较难	较难	较难
321	可	较易	较易	中等
322	渴	较难	高难	较难
323	克	较难	中等	较难
324	刻	中等	中等	中等
325	客	较难	中等	中等
326	课	中等	中等	中等
327	空	中等	中等	中等
328	口	较易	中等	较易
329	哭	中等	中等	中等
330	苦	中等	中等	中等
331	块	较易	中等	中等
332	快	较易	中等	中等

（续上表）

序列号	汉字	字形	字音	字义
333	况	较难	中等	中等
334	困	较难	中等	中等
335	拉	较易	中等	中等
336	啦	中等	中等	中等
337	来	较易	较易	较易
338	蓝	较难	较难	较难
339	篮	较难	高难	较难
340	览	中等	高难	较难
341	劳	较难	中等	中等
342	老	较易	较易	较易
343	乐	中等	中等	中等
344	累	中等	中等	中等
345	冷	中等	中等	中等
346	离	中等	中等	中等
347	理	较难	较易	中等
348	里	较易	较易	较易
349	礼	中等	较难	较难
350	历	中等	中等	中等
351	利	中等	中等	中等
352	例	较难	中等	中等
353	立	中等	中等	中等
354	力	较易	较易	中等
355	俩	中等	中等	较难
356	联	较难	中等	中等
357	连	中等	中等	中等
358	脸	中等	中等	中等

（续上表）

序列号	汉字	字形	字音	字义
359	炼	中等	中等	中等
360	练	中等	中等	中等
361	凉	较难	较难	较难
362	两	较易	较易	较易
363	辆	中等	中等	较难
364	亮	中等	中等	中等
365	谅	较难	高难	较难
366	了	较易	较易	中等
367	零	中等	中等	中等
368	领	中等	中等	中等
369	留	中等	较难	中等
370	流	中等	中等	中等
371	六	较易	中等	中等
372	楼	较难	中等	中等
373	路	中等	中等	较易
374	录	较难	中等	较难
375	旅	较难	中等	较难
376	绿	中等	中等	中等
377	乱	中等	中等	中等
378	论	中等	中等	中等
379	妈	较易	中等	中等
380	麻	较难	较难	较易
381	马	较易	中等	较难
382	嘛	中等	中等	中等
383	吗	较易	中等	较难
384	买	较易	中等	中等

（续上表）

序列号	汉字	字形	字音	字义
385	卖	中等	中等	中等
386	满	中等	中等	中等
387	慢	中等	中等	中等
388	忙	中等	中等	中等
389	毛	中等	中等	中等
390	冒	中等	较难	较难
391	帽	较难	中等	中等
392	么	中等	较易	中等
393	没	较易	中等	较易
394	每	较易	中等	中等
395	妹	较难	中等	中等
396	门	较易	中等	中等
397	们	较易	较易	较易
398	米	较易	中等	中等
399	面	中等	较易	较易
400	民	中等	较易	较易
401	明	中等	中等	中等
402	名	较易	高难	较难
403	母	中等	中等	中等
404	目	中等	中等	中等
405	拿	中等	中等	中等
406	哪	中等	中等	中等
407	呐	较易	中等	较难
408	那	较易	高难	较易
409	奶	中等	较易	中等
410	南	中等	中等	中等

（续上表）

序列号	汉字	字形	字音	字义
411	男	中等	中等	中等
412	难	中等	中等	中等
413	呢	较易	中等	中等
414	内	较易	中等	中等
415	能	中等	中等	较易
416	嗯	中等	较易	中等
417	你	较易	中等	较易
418	年	较易	中等	较易
419	念	中等	较易	中等
420	娘	中等	中等	中等
421	您	中等	中等	中等
422	牛	中等	中等	中等
423	农	中等	中等	中等
424	努	较难	中等	较难
425	女	中等	中等	中等
426	暖	较难	中等	较难
427	爬	中等	中等	中等
428	怕	较易	较难	较难
429	拍	中等	中等	中等
430	排	中等	中等	中等
431	派	中等	中等	中等
432	旁	中等	中等	中等
433	跑	中等	中等	中等
434	朋	较易	中等	中等
435	碰	中等	中等	中等
436	批	中等	中等	中等

（续上表）

序列号	汉字	字形	字音	字义
437	啤	中等	高难	较难
438	篇	中等	中等	中等
439	片	较易	中等	中等
440	漂	较难	较难	较难
441	票	中等	较难	中等
442	苹	较易	较难	较难
443	平	中等	中等	中等
444	瓶	中等	较难	较难
445	评	较难	中等	中等
446	破	中等	中等	中等
447	期	较难	中等	中等
448	七	中等	中等	中等
449	其	中等	中等	中等
450	齐	中等	中等	中等
451	骑	中等	较难	较难
452	起	中等	中等	较易
453	器	中等	中等	中等
454	气	较易	较易	中等
455	汽	中等	中等	中等
456	铅	较难	较难	较难
457	千	较易	中等	中等
458	钱	中等	中等	中等
459	前	中等	较易	较易
460	浅	中等	较难	较难
461	墙	中等	中等	中等
462	桥	中等	较易	较难

（续上表）

序列号	汉字	字形	字音	字义
463	切	中等	中等	中等
464	且	中等	中等	中等
465	亲	较难	中等	中等
466	青	中等	中等	中等
467	轻	中等	中等	中等
468	清	中等	中等	中等
469	晴	中等	中等	中等
470	情	较难	中等	中等
471	请	中等	中等	中等
472	秋	较难	较难	中等
473	球	中等	中等	中等
474	求	中等	中等	中等
475	取	中等	中等	中等
476	去	较易	较易	较易
477	全	较易	较易	中等
478	确	较难	中等	中等
479	然	较难	较易	中等
480	让	较易	中等	中等
481	热	中等	中等	中等
482	人	较易	较易	较易
483	任	中等	中等	中等
484	认	中等	中等	中等
485	日	较易	中等	中等
486	容	较难	中等	中等
487	肉	中等	中等	中等
488	如	较易	中等	中等

（续上表）

序列号	汉字	字形	字音	字义
489	赛	较难	较难	较难
490	三	较易	较易	中等
491	散	较难	中等	中等
492	色	中等	中等	中等
493	山	较易	中等	中等
494	商	较难	中等	中等
495	上	较易	较易	较易
496	烧	中等	中等	中等
497	少	较易	中等	中等
498	绍	较易	较难	较难
499	舍	较难	较难	较难
500	社	中等	中等	中等
501	设	中等	中等	中等
502	身	较易	中等	中等
503	深	中等	中等	中等
504	神	较难	中等	中等
505	声	较易	中等	中等
506	生	中等	较易	较易
507	省	中等	中等	中等
508	剩	中等	中等	较难
509	胜	较难	中等	中等
510	师	中等	中等	中等
511	十	较易	较易	较易
512	拾	较难	高难	较难
513	时	较易	中等	较易
514	什	较难	较易	中等

（续上表）

序列号	汉字	字形	字音	字义
515	食	较难	中等	中等
516	实	中等	中等	中等
517	识	较难	中等	中等
518	史	中等	中等	中等
519	使	较易	中等	中等
520	始	较难	中等	中等
521	示	较难	中等	较难
522	世	中等	中等	中等
523	事	较易	较易	较易
524	是	中等	较易	较易
525	适	较难	中等	较难
526	市	中等	中等	中等
527	室	中等	中等	中等
528	视	较难	中等	中等
529	试	中等	中等	中等
530	收	中等	中等	中等
531	手	较易	较易	较易
532	首	中等	中等	中等
533	输	较难	中等	中等
534	舒	较难	较难	较难
535	书	较易	中等	中等
536	熟	中等	中等	中等
537	术	中等	中等	中等
538	树	中等	中等	中等
539	束	较难	中等	中等
540	数	中等	中等	中等

（续上表）

序列号	汉字	字形	字音	字义
541	双	中等	中等	中等
542	谁	中等	中等	中等
543	水	较易	较易	较易
544	睡	中等	中等	中等
545	说	中等	中等	较易
546	思	较难	中等	中等
547	死	较易	中等	中等
548	四	较易	中等	中等
549	送	中等	中等	中等
550	嗽	较难	高难	较难
551	宿	较难	高难	较难
552	诉	较难	中等	中等
553	酸	较难	较难	较难
554	算	中等	中等	中等
555	虽	较难	中等	较难
556	岁	中等	中等	中等
557	所	较易	中等	中等
558	他	较易	中等	较易
559	它	较易	较易	中等
560	她	较易	中等	较易
561	抬	中等	中等	中等
562	太	较易	中等	中等
563	态	较难	中等	中等
564	谈	中等	中等	中等
565	汤	中等	高难	较难
566	堂	较难	中等	中等

（续上表）

序列号	汉字	字形	字音	字义
567	糖	较难	较难	较难
568	躺	中等	较难	中等
569	讨	中等	中等	中等
570	特	较难	中等	中等
571	疼	较难	较难	较难
572	踢	较难	高难	较难
573	提	中等	中等	中等
574	题	较难	中等	中等
575	体	中等	中等	中等
576	天	中等	较易	较易
577	条	较易	中等	中等
578	跳	中等	中等	中等
579	听	较易	中等	中等
580	停	中等	中等	中等
581	庭	较难	中等	较难
582	挺	中等	中等	中等
583	通	中等	中等	中等
584	同	较易	较易	较易
585	痛	较难	中等	中等
586	头	较易	较易	较易
587	突	较难	中等	中等
588	图	中等	中等	中等
589	团	中等	中等	中等
590	推	中等	中等	中等
591	腿	中等	中等	中等
592	退	中等	中等	中等

（续上表）

序列号	汉字	字形	字音	字义
593	脱	中等	中等	中等
594	袜	较难	高难	较难
595	外	较易	中等	中等
596	玩	中等	中等	中等
597	完	较易	中等	中等
598	碗	中等	中等	中等
599	晚	中等	中等	中等
600	万	较易	中等	中等
601	往	较易	中等	中等
602	望	中等	中等	中等
603	忘	中等	中等	中等
604	危	较难	中等	中等
605	围	中等	中等	中等
606	为	较易	较易	较易
607	伟	较易	中等	中等
608	喂	中等	较难	较难
609	位	较易	中等	中等
610	文	中等	中等	中等
611	闻	较难	较难	较难
612	问	较易	中等	中等
613	我	较易	较易	较易
614	握	较难	中等	中等
615	屋	中等	中等	中等
616	五	中等	中等	较难
617	午	较易	中等	中等
618	舞	较难	中等	中等

（续上表）

序列号	汉字	字形	字音	字义
619	物	中等	较易	中等
620	务	较难	中等	中等
621	误	较难	中等	中等
622	西	中等	中等	中等
623	息	较难	中等	中等
624	希	较易	中等	中等
625	习	中等	中等	中等
626	喜	较难	中等	中等
627	洗	中等	中等	中等
628	系	中等	中等	中等
629	细	中等	中等	中等
630	下	较易	较易	较易
631	夏	较难	中等	中等
632	先	较易	中等	中等
633	险	较难	中等	中等
634	现	中等	较易	较易
635	相	中等	中等	中等
636	香	中等	中等	中等
637	想	中等	较易	较易
638	响	中等	中等	中等
639	像	较难	中等	中等
640	向	较易	较易	中等
641	消	较难	中等	中等
642	小	较易	较易	中等
643	校	较难	中等	较易
644	笑	中等	中等	中等

（续上表）

序列号	汉字	字形	字音	字义
645	些	较易	中等	较易
646	鞋	中等	中等	中等
647	写	较易	中等	中等
648	谢	较难	高难	较难
649	辛	较难	较难	较难
650	新	中等	中等	中等
651	心	较易	较易	较易
652	信	中等	中等	中等
653	星	较难	中等	中等
654	兴	较难	中等	中等
655	行	较易	中等	较易
656	幸	较难	中等	中等
657	姓	中等	较难	中等
658	休	较难	较难	中等
659	需	较难	中等	中等
660	须	较难	中等	中等
661	许	中等	中等	中等
662	续	较难	中等	中等
663	学	较易	较易	较易
664	雪	中等	中等	中等
665	呀	较易	中等	中等
666	研	较难	中等	中等
667	言	中等	中等	中等
668	颜	中等	较难	较难
669	眼	中等	中等	较易
670	演	较难	中等	中等

（续上表）

序列号	汉字	字形	字音	字义
671	宴	较难	高难	较难
672	验	较难	中等	中等
673	扬	中等	中等	中等
674	羊	中等	中等	中等
675	阳	较难	中等	中等
676	样	中等	较易	较易
677	药	中等	中等	中等
678	要	中等	较易	较易
679	也	较易	较易	较易
680	页	中等	高难	较难
681	业	中等	中等	中等
682	夜	中等	中等	中等
683	一	较易	较易	较易
684	医	中等	中等	中等
685	衣	中等	中等	中等
686	宜	较难	较难	较难
687	椅	较难	较难	较难
688	已	较易	较易	中等
689	以	较易	较易	较易
690	艺	较难	中等	中等
691	易	中等	中等	中等
692	亿	中等	中等	较难
693	意	较难	较易	中等
694	义	中等	较易	较易
695	谊	中等	高难	较难
696	译	中等	较易	较难

（续上表）

序列号	汉字	字形	字音	字义
697	因	较难	中等	中等
698	音	中等	中等	中等
699	阴	较难	较难	中等
700	银	较难	中等	中等
701	英	较难	中等	中等
702	应	较易	中等	中等
703	迎	中等	中等	中等
704	赢	中等	高难	中等
705	影	较难	中等	中等
706	泳	较难	高难	较难
707	永	较易	中等	中等
708	用	中等	较易	较易
709	尤	较易	较难	较难
710	邮	较难	较难	较难
711	游	较难	中等	中等
712	有	较难	较易	较易
713	友	较易	中等	中等
714	右	中等	中等	中等
715	又	较易	中等	较易
716	鱼	中等	较易	中等
717	愉	中等	中等	较难
718	雨	中等	较难	中等
719	语	较难	中等	中等
720	遇	较难	中等	中等
721	育	较难	中等	中等
722	预	中等	中等	中等

（续上表）

序列号	汉字	字形	字音	字义
723	元	中等	中等	中等
724	原	中等	中等	中等
725	园	中等	中等	中等
726	员	中等	中等	中等
727	圆	较易	中等	中等
728	远	中等	中等	中等
729	愿	较易	中等	中等
730	院	较难	中等	中等
731	月	中等	中等	中等
732	云	较易	中等	中等
733	运	中等	中等	中等
734	杂	中等	中等	中等
735	再	中等	中等	中等
736	在	较易	较易	较易
737	咱	较易	中等	中等
738	脏	较难	较难	较难
739	早	较易	中等	中等
740	澡	较难	高难	较难
741	责	较难	中等	中等
742	怎	较难	中等	中等
743	增	较难	中等	中等
744	展	较难	中等	中等
745	占	中等	较易	较易
746	站	中等	中等	中等
747	章	较难	中等	中等
748	张	较易	中等	中等

（续上表）

序列号	汉字	字形	字音	字义
749	掌	较难	中等	中等
750	找	较易	中等	中等
751	照	中等	中等	中等
752	者	较易	中等	中等
753	这	较易	中等	较易
754	真	中等	中等	中等
755	整	中等	中等	中等
756	正	较易	较易	中等
757	政	较难	中等	中等
758	支	中等	中等	中等
759	知	中等	中等	中等
760	之	较易	中等	中等
761	织	中等	中等	中等
762	直	中等	中等	中等
763	指	中等	中等	中等
764	只	较易	中等	较易
765	纸	中等	中等	中等
766	志	中等	中等	中等
767	治	较难	中等	中等
768	中	中等	中等	较易
769	钟	较易	较易	中等
770	种	中等	中等	较易
771	重	中等	较易	中等
772	周	中等	中等	中等
773	猪	较难	高难	较难
774	主	中等	较易	较易

（续上表）

序列号	汉字	字形	字音	字义
775	助	较难	中等	中等
776	住	较易	中等	中等
777	注	较难	中等	中等
778	祝	较难	高难	较难
779	装	中等	中等	中等
780	准	中等	中等	中等
781	桌	中等	中等	中等
782	着	中等	中等	中等
783	子	中等	较易	较易
784	自	中等	较易	较易
785	字	中等	中等	中等
786	总	中等	中等	中等
787	走	较易	较易	较易
788	租	较难	高难	较难
789	足	中等	中等	中等
790	族	中等	中等	中等
791	祖	较难	中等	中等
792	组	中等	中等	中等
793	嘴	中等	中等	中等
794	最	中等	中等	中等
795	昨	较难	较难	中等
796	左	中等	中等	中等
797	做	中等	中等	中等
798	作	中等	中等	较易
799	坐	较易	中等	中等
800	座	中等	中等	中等